DATE DUE

Jac.			
GAYLORD			PRINTED IN U.S.A.

COLLECTION IDÉES

Maurice Nadeau

Le roman français depuis la guerre

**NOUVELLE ÉDITION
REVUE ET AUGMENTÉE**

Gallimard

L'artiste et son temps

Comme celle de 1914-18, la Guerre mondiale de 1939-45 a profondément ébranlé la société occidentale.

Ce que l'événement et ses suites ont manifesté correspondait à des changements moins visibles qui s'étaient depuis longtemps opérés dans les structures économiques et sociales autant que dans les esprits.

La montée des fascismes européens, le sursaut, en France, d'un libéralisme faiblement teinté de socialisme, l'écrasement de la révolution espagnole — aspects divers d'une même crise — avaient réuni les conditions de l'énorme affrontement sanglant qui mit aux prises, presque partout à la surface du globe, des millions de combattants dont tous n'étaient pas volontaires.

L'événement devait outrepasser les limites qui lui avaient été tacitement reconnues et dérouler, à son tour, une série de conséquences imprévues. Quand on sortit du cauchemar, on s'aperçut que des valeurs depuis longtemps mises en doute étaient bien mortes. Le temps du nihilisme, dont on attendait et redoutait la venue, cette fois nous le vivions. La faim, les ruines, des exactions, les tortures, les millions de cadavres, l'assassinat délibérément perpétré de masses humaines, dans les camps de concentration ou les grandes cités urbaines et qui devait culminer dans l'anéantissement instantané des habitants d'Hiroshima, tendaient à l'homme européen une image de lui-même qu'il ne reconnaissait pas. Les croyances, morales, philosophies, métaphysiques qui représentaient la conquête dure et patiente des meilleurs esprits de tous les siècles avaient été consumées dans l'événement. On avait vu fleurir l'exaltation des instincts biologiques et raciaux, les fanatismes religieux et nationaux, la confiance aveugle en Dieu ou dans le Destin. L'homme d'Occident reprenait pied, hagard, dans un univers saccagé.

Les plaies furent assez rapidement pansées, les ruines relevées. La Science et la Technique, démobilisées, prenaient un nouveau départ qui menait à une restauration des richesses, à leur augmentation dans des proportions considérables. Avec la domestication de l'énergie atomique, de nouveaux horizons s'ouvraient, prometteurs de merveilles. Aux nations rivales, dont les antagonismes avaient conduit en moins de cinquante ans à des incendies gigantesques, se substituaient de grands empires continentaux qui maintiennent « l'ordre » et « la paix » dans leurs sphères d'influence respectives.

Pourtant, la confiance n'est pas revenue. Le nouvel équilibre mondial, précaire, est sans cesse à la merci d'une pesée un peu plus forte sur l'un des plateaux de la balance. Les conquêtes de la Science et de la Technique effraient plus qu'elles n'enthousiasment : au terme d'une série de causes et d'effets qui n'obéissent pas tous à la volonté des hommes, elles peuvent immédiatement mettre en question l'humanité tout entière, cette humanité qui comprend encore un milliard d'hommes sous-alimentés. Tout se passe comme si le mal dont souffrait l'Europe et qui l'a menée au bord du suicide, au lieu de se résorber, avait fait tache d'huile. Après les nations d'autrefois, ce sont les empires dont dépend le sort du monde qui s'abandonnent aux fanatismes conquérants, aux patriotismes bornés, aux menaces d'anéantissement réciproque. Un « équilibre de la peur» s'instaure, dans la perspective redoutée d'un suicide généralisé qui agit en même temps comme une terrible tentation.

Quand la France sort de l'occupation étrangère et de la guerre, elle s'aperçoit qu'elle est passée au rang de nation de second ordre. Réveil brutal, qui la pousse dans un délire compensatoire de grandeur dont elle a de la peine à sortir. Perturbée dans ses structures intimes, divisée, du fait de l'événement, en camps rivaux dont chacun figurait aux yeux de l'autre la « trahison », elle n'a cependant point voulu envisager d'autre avenir que celui du retour impossible au rang de puissance dirigeante. Le rêve de rénovation nourri dans la Résistance, et qui paraissait prendre corps à la Libération, s'évanouissait cinq ou six ans plus tard. Avec le consentement des nouvelles équipes les hommes d'autrefois reprenaient leur place, tandis qu'était replâtré l'ordre ancien. Le temps jouait en faveur de la « conservation ».

Avec des forces diminuées et dans de mauvaises conditions, le pays devait en outre faire face à de nouveaux problèmes suscités par l'éveil des nationalismes coloniaux, le désir d'indépendance de masses africaines et asiatique regimbant à la tutelle politique, à l'exploitation économique de maîtres affaiblis et s'entre-dévorant. Au lieu de faire, à l'exemple d'autres

nations européennes, la part du feu, la France choisit
la politique de l'entêtement conservateur qui l'entraîna
dans une suite de défaites et de pertes sans retour. Plus
gravement, elle y compromit les idéaux dont, depuis
1789, elle passait pour la gardienne, mobilisant dans des
guerres injustifiables et afin de maintenir un état de
choses périmé, des moyens dont elle avait réprouvé l'emploi dix ou quinze ans plus tôt, et qui faisaient désormais horreur, légalisant la torture, se faisant mettre
solennellement au ban des nations civilisées. Sous
le poids des rancœurs, de l'amertume, d'un sentiment d'impuissance qui avait gagné la plus grande
partie de ses élites politiques, elle laissa crouler sa
façade démocratique et libérale, s'abandonnant à des
militaires soucieux de prendre une revanche sur des
« civils » indifférents. Elle s'en remettait corps et âme
à un souverain d'ancien régime, tuteur de la société
entière.

Plus qu'homme au monde, le Français de ce temps a
le sentiment que son propre destin lui échappe. Il assiste
à l'avènement d'une société industrielle dont le type
se généralise à l'Est comme à l'Ouest et qui satisfait en
gros ses revendications matérielles. Il ne se sent nullement lié à elle. Ses idéaux démocratiques, portés par
des politiciens affairistes, il les a quittés à la façon de
vêtements usagés. Le rêve d'une société juste et libre,
confronté à la réalité des pays de l'Est, s'est évanoui.
Nul avenir autre que celui d'une Europe antédiluvienne
des « patries », nulle perspective d'envergure. La mauvaise conscience paraît même au Français d'aujourd'hui
un luxe d'antan. Il lui préfère le scepticisme, la raillerie,
l'humour macabre. Il caresse l'espoir, non formulé, que
viendra peut-être le courage de croire à ces nouvelles
raisons de vivre dont il soupçonne l'existence dans une
jeunesse qui porte, à bon droit, au compte des pères

l'humiliation dans laquelle elle est née. La révolte estu-
diantine de mai 1968, la grève générale qu'elle a entraî-
née, révèlent l'existence de forces bouillonnantes et
profondes qui cherchent confusément à se libérer des
carcans anciens. De nouveaux ébranlements sont à
prévoir.

Sur cette toile de fond sombre, le mouvement artistique et littéraire d'après-guerre a déroulé des fastes
brillants. Si d'autres foyers se sont allumés ici et là,
notamment aux États-Unis et au Japon, Paris demeure un des centres où s'élaborent de nouvelles
techniques de création artistique, où peintres, écrivains
et musiciens trouvent encore un climat qui les nourrit
et les porte. Sans doute, est-ce aujourd'hui l'Amérique
qui consacre, mais après avoir réglé sa montre à l'heure
parisienne. Dans le cas où il ne s'agit pas là d'une simple survivance, l'affirmation selon laquelle l'art et la
littérature (parmi d'autres « superstructures ») sont con-
ditionnés par un état économique, social et politique
dont ils seraient le « reflet », reçoit apparemment un
démenti.

En littérature, plus précisément dans le roman (mais
c'est vrai de tout art), on a pris l'habitude d'enfermer
dans une même dénomination des produits bien différents. Quelle commune mesure existe-t-il entre le roman, souvent d'excellente facture, qu'on lit en chemin
de fer, afin de tuer le temps, et l'œuvre — assez rare
il est vrai — dont on a le sentiment qu'elle peut infléchir le cours d'une existence ? Le produit porte, ici
et là, la même étiquette, ses artisans l'un et l'autre le
nom de romancier. Feraient-ils partie tous deux de

la même famille ? Sans recourir à ces exemples extrêmes, tout ne se passe-t-il pas comme s'il existait des courants de hauteurs différentes, dont les uns se tiennent près de la surface, les autres du fond avec, entre eux, toutes sortes de courants mêlés et intermédiaires ? Selon son tempérament, sa culture et aussi ce qu'il demande au roman de lui apporter, le lecteur choisit, à des étages différents, le plaisir d'assouvissement ou la réponse aux questions qu'il se pose. Et comment les courants de surface ne « refléteraient-ils » pas le ciel et ses nuages, les événements et les états d'esprit communs, un certain ordre des choses dont ils épousent les contours, alors que d'autres, suivant un cours autonome et moins sensibles, semble-t-il, aux agitations du dehors, continuent de forcer ces diverses résistances que sont l'homme, le monde, la réalité complexe qu'on nomme la vie ? Sans négliger tout à fait ce que nous apporte l'écume des jours, réservons le terme de littérature à ces œuvres dont André Gide disait qu'elles ne laissent pas le lecteur dans l'état où elles l'ont trouvé.

Cette distinction nous préserve de la facile tentation du tableau d'histoire-panorama dans les cases duquel viennent se loger, en bon ordre, tendances, mouvements, genres, générations, tempéraments (et gare aux oublis!). Au sein d'une production proliférante où toutes les esthétiques, toutes les traditions, toutes les innovations et toutes les modes sont représentées, elle trace un chemin entre l'accessoire et l'essentiel. Enfin, elle permettra peut-être au lecteur de voir se profiler entre les lignes de cet ouvrage le portrait du romancier (de l'artiste) tel qu'il se présente à nous : vivant dans un milieu, une société, une époque, certes, et capable d'en capter les ondes sensibles, de les traduire en un langage qui leur donne forme, couleur et vibration particulières, mais davantage soucieux de les faire passer par sa modu-

lation, à son tour porteuse d'ondes et, se logeant dans des
cœurs et des esprits, devenant matière vivante, source
de réflexion, de connaissance, d'action. De l'homme à
l'homme l'art opère son circuit par l'intermédiaire d'individus que ne suffisent pas à définir les coordonnées d'une
époque. Elle se reconnaît pourtant en eux. Ils lui ajoutent ce quelque chose par quoi Platon ne saurait être
uniquement considéré comme le porte-parole d'une société esclavagiste, Samuel Beckett comme le reflet d'une
société qui a vécu jusqu'à l'abjection la « déshumanisation » de l'homme.

Le roman, genre cinq fois centenaire en notre pays
et pourtant parfois considéré encore comme frivole,
est devenu un moyen courant d'expression littéraire. Les
artistes les plus difficiles l'emploient, même et surtout
quand leur propos n'a plus grand-chose à voir avec le
genre légué par Stendhal, Balzac, Flaubert ou Zola.
Félicitons-nous et de ceci et de cela, en attendant de
voir plus attentivement ce que nous ont apporté Sartre, Camus, Nimier et Robbe-Grillet, dans cet après-
guerre cacophonique et brumeux où une souris prend
facilement la taille d'une montagne, et *vice versa*. Nous
avons le nez sur notre époque ; tout recul et perspective nous font défaut ; courons le risque de nous
tromper.

1. *Évolution du roman*

Le siècle d'or du roman, c'est le XIXᵉ, avec ses géants : Balzac, Tolstoï, Dickens, auteurs d'œuvres qui sont autant de mondes, édifiés avec conscience et bonne conscience. En donnant au genre ses lettres de noblesse, de nouvelles règles et conventions, Balzac, Tolstoï ou Dickens se préoccupent d'exprimer une réalité sociale et humaine dont ils entendent révéler les dessous, les secrets, les ressorts cachés ; le mystère de l'âme fait écho au mystère des mécanismes sociaux. Il s'agit de les cerner, d'en dresser un inventaire en mouvement, d'incarner dans des « types » la volonté de vivre de certains milieux, de certaines catégories sociales, de certains individus. Omniscient, ubiquiste, semblable à Dieu, le romancier crée un univers qui constitue l'équivalent lisible et significatif du monde qui l'entoure. Son instrument, il le tient parfaitement en main : l'écriture perce à jour, découvre, manifeste.

En France, les successeurs immédiats de ces démiurges entendent faire du roman un moyen plus sûr d'information et de connaissance, donner par lui une image plus exacte de la réalité. Non content d'être un artiste, le romancier doit se poser en savant, substituer à ses écarts d'imagination et à ses intuitions la connaissance des faits, le document. Son terrain d'élection est le cœur humain. Il ne suffit pas qu'il se veuille psychologue ; il doit se faire historien, sociologue, utiliser pour son propos les découvertes des sciences naturelles et expérimentales, la médecine, le droit, la connaissance des métiers. En se proclamant « réalistes », puis « naturalistes », Maupassant, les Goncourt, Zola prétendent ne pas s'écarter d'un pouce de la réalité ou de la nature, c'est-à-dire d'une vérité dont il leur semble que leurs prédécesseurs n'ont pas eu l'audace de la coucher, palpitante, sur le papier. Il suffit de la dire, de la montrer, fût-ce sous ses aspects communs, vulgaires ou sordides, pour qu'un certain voile soit levé qui découvre le monde et l'homme.

Ils veulent suivre l'exemple de Flaubert, dont ils ont été les amis ou les disciples, et qui leur en impose autant par son labeur d'artiste que par son souci d'une documentation exacte et précise. Et Flaubert s'est fait, il est vrai, historien et sociologue dans *l'Éducation sentimentale*, archéologue dans *Salammbô*, philosophe et métaphysicien dans *la Tentation de saint Antoine*, tandis que *Madame Bovary* s'avouait comme peinture des mœurs provinciales. Ils ont été moins sensibles à la phrase : « Madame Bovary, c'est moi », qu'ils ont pris pour une boutade, et au rêve d'écrire un roman qui tiendrait « debout par la seule force interne du style ». Champion de « l'art pour l'art », Flaubert se tient en fait à la croisée des chemins où le roman bifurque, se découvre un pouvoir qui n'est pas seulement de reconstitution vivante et imagée, mais de création artistique autonome. Pour Flaubert, l'art, en révélant une vérité extérieure à lui-même, met en œuvre sa propre vérité. Le roman est moins « miroir qu'on promène le long d'une route » que lentille optique qui recompose les rayons venus la frapper en son foyer, jusqu'à donner des images inattendues, comme dans *Bouvard et Pécuchet*.

Flaubert décrit encore des « types », comme Emma et Charles Bovary, la servante Félicité, des « caractères », comme Frédéric Moreau, mais ses deux excentriques, qui se retirent à la campagne dans un but de connaissance encyclopédique dont ils éprouvent la vanité, font le procès d'une époque, de certaines ambitions du roman, et procèdent de l'auteur, dont ils figurent deux projections. Déjà ils vivent en marge de tout milieu social, comme le Des Esseintes de Huysmans, les créatures de Villiers de l'Isle-Adam. Excentriques également, jusqu'à l'exceptionnel et la folie, les personnages qui semblent sortir tout armés du cerveau de Dostoïevski, à des milliers de kilomètres de Croisset et de Paris. Alors que Zola s'entête à narrer « l'histoire naturelle et sociale d'une famille sous le Second Empire » avec un talent de visionnaire qui fait heureusement oublier ses prétentions scientistes, le roman se gonfle d'une réalité propre où l'auteur se taille de plus en plus une part royale. Plutôt que de se faire greffier, dresseur d'inventaires, savant (amateur), il tend à exprimer par le roman ce que les disciplines scientifiques n'ont précisément point pour but de montrer : l'unicité d'un homme donné, sa particularité d'individu vivant. L'objet qu'il fabrique devient d'autant plus précieux qu'il s'y coule tout entier, qu'œuvre et auteur tendent à devenir un même complexe animé.

Pour n'avoir pas compris cela, « les naturalistes » meurent sans postérité immédiate, cédant la place aux poètes qui, déjà depuis Baudelaire, Rimbaud, Lautréamont, voyaient à la littérature d'autres pouvoirs, d'autres exigences. Montrer, décrire, exprimer, expliquer, les intéresse moins que capter l'inexprimable et

« fixer des vertiges », établir des correspondances secrètes
entre l'œuvre d'art et le monde, donner voix au silence
ou vie à l'inanité. Dans cette même fin de siècle, Zola
exploite une formule et Mallarmé sacrifie sa vie à une
recherche de l'impossible. La poésie a pris le relais du
roman en tant que moyen de création artistique.

Les jeunes gens du début de ce siècle, André Gide,
Paul Valéry, Paul Claudel, qui se veulent écrivains et
artistes, sont plus impressionnés par les recherches de
Mallarmé que par la gloire, alors à son faîte, d'Anatole
France, Paul Bourget, Pierre Loti. Ils répudient le
roman en tant que genre artistique et se veulent poètes.
Dans son manifeste « L'Esprit Nouveau », par lequel
Apollinaire définit la nouvelle « modernité », poètes,
peintres, musiciens sont appelés à former la Phalange
sacrée, nullement les romanciers. Après la Guerre de
1914-18, André Breton et le surréalisme se dressent
encore contre le roman, coupable de faire un sort aux
« moments nuls » d'une vie qu'il importe de « changer ».
Et si au même moment André Gide, qui exerce une
semi-dictature morale sur la *NRF*, refuse le premier
ouvrage de Marcel Proust, c'est moins comme il le dit
parce qu'il s'est trompé sur l'homme, que sur l'artiste :
il n'imaginait pas qu'un romancier pût avoir les mêmes
exigences que lui. Quand il accueille *Jean Barois*, de
celui qui devait devenir son ami, Roger Martin du Gard,
il marque que l'auteur est « sans doute un gaillard,
nullement un artiste ».

Ce discrédit dans lequel est tombé le roman durera
jusque vers 1930, en dépit de ce que Marcel Proust fera
du genre, en dépit des tempéraments neufs et vigoureux
qui l'illustrent. Colette, Mauriac, Duhamel, à un
moindre degré Montherlant et Giraudoux, empruntent
le moule légué par leurs prédécesseurs. Ils peignent des
passions, des milieux, des familles, de petites sociétés

fermées, notamment en province, avec talent, savoir-faire, audace, parfois fantaisie, sans répondre aux questions que se pose l'homme de cette première après-guerre, sans s'apercevoir que le monde a changé. Ils n'ont pas l'inquiétude métaphysique de Martin du Gard ni la volonté, comme Proust, de plier le genre à leur propos. Et parce qu'ils croient à la pérennité de l'homme, du monde et de la société dans laquelle ils vivent, ils se bornent à administrer une œuvre, générale-ment brillante, dont la facticité s'accroît avec les années.

Du moins ont-ils rompu avec cette « impassibilité du romancier » qui constituait le premier acte de foi des « réalistes », avec les prétentions historiques, expérimen-tales, sociologiques. Ils veulent faire entendre leur propre voix et ils y parviennent, créant des atmosphères là où souvent n'existaient qu'inventaires et descriptions, substituant à la démonstration le choc inattendu de « psychologies » singulières. Moins architectes que pein-tres, ils fabriquent des composés colorés et savoureux, pleins de finesse et d'intelligence, voire de poésie ou d'humour.

Un fossé sépare ces humanistes de bonne société, ces rigoureux artisans du roman, des débutants de 1930, inquiets, pressés, excessifs et volontiers porteurs de « messages ». Ce n'est point tant le roman, en tant que genre, qui les préoccupe : plutôt l'urgence qu'ils ont de parler, tout en enrobant leur parole dans une fiction qui le fera mieux recevoir. Ils se saisissent d'un genre qui s'adresse aux sens, aux passions, à l'imagination, qui peut toucher, émouvoir et même bouleverser, qui forme cadre et caisse de résonance à ce qu'ils veulent dire. Et c'est sans le vouloir, sans toujours s'en douter,

qu'ils font tomber les derniers étais du superbe écha-
faudage « réaliste ».

Vers 1930, il apparaît que le monde d'après-guerre
n'a point acquis la stabilité. Une crise financière venue
des États-Unis fait sentir ses effets en Europe, répand
sur les pavés des grandes villes industrielles des millions
de chômeurs. Sur le modèle mussolinien un fascisme
gagne l'Allemagne, et parle de revanche militaire. Il
essaime des théories bizarres qui font appel au sang, à
la race, au sol. Après avoir suscité la moquerie, il inquiète : l'avenir n'est pas sûr.

Pour Gide et Valéry, Duhamel et Mauriac, la Guerre
de 1914-18 avait été un accident, terrible certes, mais
qui ne mettait pas en cause les valeurs fondamentales
sur lesquelles était bâtie la société française. Les Sovié-
tiques en avaient de tout autres, mais ils s'assagissaient ;
de toute façon, ils étaient loin et, dans ce cas, l'éloigne-
ment crée même une certaine sympathie. Le visage sauvage de l'hitlérisme, ses menaces, ses négations primaires
de toutes les valeurs, hors celles qui viennent du fond des
âges, créent une tout autre situation. Pour s'être bornée
à restaurer le fonds humaniste que la Guerre avait en
grande partie dilapidé, la société française se trouv[e]
brusquement démunie devant l'événement, et dépass[é]
par lui.

Les nouveaux venus : Malraux, Giono, Bernano[s],
Céline, Saint-Exupéry, Queneau et quelques autres, n[e]
se demandent plus s'il existe des « droits imprescrip-
tibles de l'esprit », et s'il est licite de croire à une « nature
humaine » semblable sous toutes les latitudes et dans
tous les climats. A leur façon, qui est celle de romanciers
d'une certaine espèce, ils donnent l'image d'un monde
instable, chaotique, en proie aux passions et à la fureur,

insensé ou dérisoire. Sous des formes diverses et sans croire que tout est perdu, ils posent la même question : que peut un individu jeté dans cet univers tragique et incohérent ? Quelle planche de salut peut-il saisir ? Leurs réponses sont diverses et contradictoires, comme il fallait s'y attendre. Elles visent presque toutes à un dépassement par l'homme de sa condition. Leurs modèles sont le saint, l'homme d'action engagé dans l'histoire, le paysan virgilien, le héros mécanicien triomphant des éléments ou des imperfections de sa machine, l'anarchiste à la recherche (en dépit de l'auteur) d'un monde doux et aimant, le philosophe railleur et sceptique. Il s'agit en tous les cas d'attitudes morales, sérieuses et méditées, qui engagent pleinement l'individu.

Au lieu d'imiter leurs prédécesseurs, ces nouveaux romanciers adaptent le roman à leur propos : l'un choisit la sobriété du reportage, l'autre le prêche, le troisième la confidence à peine déguisée, ou la brusque plongée dans l'événement, ou la réflexion en images. Ils en ont fini avec une réalité unique, un monde unique, une unique façon de les appréhender. Toutes les ressources du discours sont utilisées en vue de l'efficacité : il s'agit pour eux, par tous les moyens qui frappent la sensibilité et l'imagination, de convaincre et persuader. La réalité qu'ils veulent communiquer est essentiellement subjective. L'homme, l'auteur, le héros, le narrateur sont souvent une seule et même personne. Le lecteur est au contact d'un « vécu » qui l'investit de toutes parts.

Après la défaite de la révolution espagnole, l'espoir d'endiguer les événements, de maîtriser le destin, se dissipe, et si Malraux intitule précisément *l'Espoir* le roman qu'il consacre à sa plus récente expérience, c'est un peu pour rallier ceux qui *désespèrent* d'arrêter l'évolution d'un monde qui part à la dérive. Toute la société occidentale se prépare à la guerre, afin de défendre des causes diverses auxquelles elle ne croit plus guère, qui déguisent des instincts agressifs depuis longtemps comprimés, ou une volonté têtue de conservation.

L'homme, gagné de vitesse par les événements, n'est plus en état d'écouter objurgations, vaticinations, exhortations ; la parole perd toute efficacité ; l'activité romanesque risque de paraître dérisoire. Pourtant, un jeune auteur publie *la Nausée*, qui fait sensation. Michel Leiris donne *l'Age d'Homme*. Et les hostilités sont depuis longtemps commencées, la France vaincue et coupée en deux, quand un jeune journaliste d'Alger, Albert Camus, publie *l'Étranger*.

S'il n'existe pas un parallélisme rigoureux entre les événements et l'activité romanesque, il est tout de même curieux de constater combien les questions ou réponses formulées par les romanciers correspondent à celles de leurs contemporains immédiats. Le temps des attitudes morales est passé (ou n'est pas encore revenu), et c'est au nom de l'individu solitaire, au niveau de ses réactions biologiques, physiologiques, mythiques, que parlent Sartre, Camus, Leiris. Avec eux, nous sommes au-delà de l'espoir ou du désespoir, des valeurs morales, des attitudes de vie. La nausée de Roquentin exprime le refus radical de vivre dans un univers de « salauds » ; « l'étranger » montre sa parfaite indifférence à vivre comme à mourir ; bravant toutes les censures intellectuelles ou morales, l'individu Michel Leiris se montre à nu.

La fiction romanesque est en même temps réduite au minimum. Elle se présente comme le vêtement transparent d'une philosophie, d'une métaphysique, ou de complexes démythifiés. Avec les lois nouvelles que Sartre formule pour le roman, une nouvelle rupture se prépare.

L'occupation ne voit pas, à part *l'Étranger*, la naissance d'une œuvre de grande audience ; la parole passe aux pamphlétaires et aux poètes. Les nouveaux ouvrages de Céline, Giono, Montherlant, Mauriac, ne suscitent qu'une résonance assourdie. D'autres se taisent (comme Malraux) ou choisissent l'exil (comme Bernanos). Ceux qui tiennent le haut du pavé, Drieu la Rochelle ou Robert Brasillach, semblent frappés d'impuissance ou mystérieusement coupés de la réalité. Les romans, ésotériques de Maurice Blanchot (*Thomas l'Obscur, Aminadab*), nostalgique de Louis Guilloux (*le Pain des Rêves*), intemporel de Raymond Queneau (*Pierrot, mon Ami*) semblent moins requérir le Français des deux zones que la relecture des maîtres de son patrimoine littéraire : Balzac, Stendhal, Proust. Il se procure au « marché noir » des romans anglais et américains ; il découvre Kafka. Romanciers et public préparent de nouveaux terrains d'entente. Mais il faudra que l'événement cesse de faire sentir son poids écrasant.

2. *Les morts de la guerre*

Bien que moins meurtrière pour eux que la Guerre de 1914-18, la Guerre de 1939-45 fauche un certain nombre d'écrivains et, parmi eux, trois excellents romanciers : Paul Nizan, Jean Prévost, Antoine de Saint-Exupéry. Ils abordaient ou avaient depuis peu dépassé la quarantaine. Leur œuvre était loin d'être achevée. Pierre Drieu la Rochelle, propagandiste du fascisme et « collaborateur », qui se donne la mort quelques mois après la Libération, peut être également considéré comme une victime de cette guerre. Il avait cinquante-deux ans. Rescapé de la Guerre de 1914-18, il avait été fortement marqué par elle.

PAUL NIZAN

Paul Nizan, qui disparaît dans la bataille de Dunkerque, en 1940, avait été le condisciple de Jean-Paul Sartre à l'École Normale Supérieure et était resté son ami, en dépit de leurs divergences politiques et philosophiques.

Après *Aden Arabie*, qui exprime sous forme de pamphlet la révolte d'un jeune intellectuel contre l'état de choses existant en France vers 1930, il adhère au Parti communiste. Ses romans oscillent entre la peinture de milieux petits-bourgeois (*Antoine Bloyé*, 1933) et celle d'une jeunesse intellectuelle et bourgeoise en révolte contre un cadre étriqué, la vie mesquine qu'on lui prépare. Révolte qui ne trouve pas d'issue et s'enlise dans des aventures dont la police tire les ficelles (*la Conspiration*, 1938).

Comme la plupart des romanciers de sa génération, Nizan innove peu sur le plan de la technique romanesque et se préoccupe plus du contenu que de la forme : solide, brillante, vigoureuse. En dépit du choix politique, de « l'engagement » qu'il préconise, de son action militante, il est plus intéressé par les problèmes que se pose sa génération, irrésolue, vacillante dans ses jugements, inquiète et passionnée, que par ceux d'une foi nouvelle. Il les peint avec lucidité et courage, jouissant par là d'une certaine influence sur les intellectuels communistes.

En 1939, à la signature du pacte germano-russe, il rompt avec le Parti. Il est alors l'objet, de la part de ses anciens camarades communistes, d'une campagne d'injures et de calomnies à laquelle sa mort même ne met pas un terme. Dans la préface à une réédition d'*Aden Arabie* (1960), Sartre exalte son œuvre et rend hommage à l'ami. Les jeunes le découvrent grâce également à une autre réédition : celle de son pamphlet, *les Chiens de garde*, et à la publication d'une des Correspondances les moins apprêtées.

JEAN PRÉVOST

Jean Prévost est tué dans le maquis du Vercors, peu avant la Libération.

Il avait écrit ses premiers romans et essais sur les bancs de l'École Normale Supérieure. *Dix-huitième année* décrit l'inquiétude des jeunes intellectuels de 1930 et leur apprentissage d'une vie dont ils prévoient qu'elle ne sera guère exaltante. Du moins doit-elle être envisagée par eux avec intelligence et lucidité, guidée par une morale dont les valeurs sont toutes laïques.

Moraliste, mais aussi critique (*Vie de Montaigne*, 1926, *les Épicuriens français*, 1931, *la Création chez Stendhal*, 1942) et essayiste (*Plaisir des Sports*, 1925), en même temps que romancier. Dans *les Frères Bouquinquant* (1931), *Rachel* (1932), *le Sel sur la Plaie* (1934), Jean Prévost préconise un héroïsme quotidien dont il voit le modèle chez les simples et les humbles. Intelligent, brillant, attentif et possédant de nombreuses cordes à son arc, il n'enfle jamais la voix et se contente de revigorer les valeurs humanistes traditionnelles que lui a enseignées son maître, Alain. Son œuvre manque de panache et même de prolongements, mais elle a résisté assez bien au temps, surtout dans sa partie critique. Un *Baudelaire* posthume (1952) confirme le talent d'un analyste qui fut aussi connaisseur en poésie, notamment par des traductions jusqu'à présent inégalées (*l'Amateur de Poèmes*).

Ennemi de tout mysticisme, de tout emballement de l'imagination, Jean Prévost a montré qu'une philosophie « radicale-socialiste » (le mot est de Sartre) pouvait fournir de suffisantes raisons de vivre et de mourir. Et il demeure actuel au moins en ce que, dans une œuvre nombreuse et variée, il n'a jamais voulu faire de l'écriture un usage vain. Elle devrait être, pour lui, à la hauteur de l'homme qu'elle exprime.

ANTOINE DE SAINT-EXUPÉRY

Destinée singulière que celle de ce pilote de ligne dont le premier ouvrage, *Courrier Sud* (1928), est remarqué par André Gide, le deuxième, *Vol de Nuit*, préfacé par le même grand aîné, et qui, avant de disparaître au large de la Corse, le 31 juillet 1944, à sa neuvième mission de guerre, s'était imposé, grâce à *Terre des Hommes* (1939) et *Pilote de Guerre* (publié aux États-Unis en 1942), comme écrivain et moraliste. Il recrute sans cesse de nouveaux admirateurs, surtout dans la jeunesse, au point d'être aujourd'hui l'auteur le plus lu par elle, avant Camus, Sartre, Malraux. Un ouvrage posthume inachevé, publié en 1948, alors que sa légende commençait à s'établir, et où il exposait sous une forme plus poétique que romanesque une métaphysique et une philosophie toutes personnelles, *Citadelle*, cristallisa sa gloire.

Les premiers romans de Saint-Exupéry se présentent comme des reportages sur un métier dangereux et sans gloire, le pilotage de ligne, où l'homme, constamment confronté avec lui-même, doit faire appel à ses ressources profondes pour ne point déchoir à ses propres yeux : ténacité, courage, optimisme, qualités modestes mais essentielles qui font son honneur. Ce que « jamais une bête n'aurait fait » c'est, perdu en plein désert, de ne point désespérer et de mobiliser toutes ses forces dans l'attente d'un secours aléatoire ; c'est de croire l'homme plus grand qu'un destin absurde, et capable d'enrayer l'aveugle poussée des choses comme la déroute des instincts. L'avion n'est qu'une machine, le désert une étendue de sable infinie, le courrier à transporter un prétexte. C'est pourtant à l'aide de ces matériaux que l'homme appliqué à sa tâche construit une vie pourvue d'un objet et d'une signification.

Dans *Terre des Hommes* se révèlent de nouvelles préoccupations : celle d'une fraternité qui réunirait tous les hommes de bonne volonté contre la montée d'une barbarie qui ravage l'Espagne, va bientôt recouvrir l'Europe, celle d'une dignité qui ne peut être octroyée par personne, que tout homme doit revendiquer et construire pour lui-même. En dépit de sa philosophie aristocratique, Saint-Exupéry se trouve du côté des Républicains espagnols : ils défendent cette dignité et l'impérissable fierté d'être des hommes.

Dans *Pilote de guerre*, alors qu'exilé aux États-Unis il aurait eu beau jeu d'ajouter sa voix à celle de tous les contempteurs d'un régime qui avait étalé son impéritie, il se déclare solidaire des Français vaincus et se refuse à les accabler. La France, ce n'est pas ce ramas de politiciens corrompus et irresponsables ayant accepté une guerre qu'ils ne sauront pas mener, et qui conduisent la nation au désastre ; c'est un vieux pays, enraciné dans le temps, et dont les siècles passés ont fait la substance, vivante, charnelle, promise à un évident réveil. A condition que la France cesse de croire aux « frigidaires, à la politique, aux bilans et aux mots croisés », qu'elle cesse d'écouter les robots de la propagande pour prêter l'oreille aux « vieux chants villageois du xvᵉ siècle ».

Saint-Exupéry croit à la « nature humaine », comme

aux valeurs éternelles. Sa nostalgie de la France dont il est privé s'accompagne d'une nostalgie des vieilles sociétés closes et immobiles du passé. Dans *Citadelle*, il imagine un royaume dans le désert, gouverné par un roi absolu qui est en même temps chef religieux, philosophe et législateur, et qui règne sur des guerriers et des artisans. Nous voici hors de la réalité technicienne de notre époque, et même hors de l'histoire. Il faut rendre compte de la civilisation à partir de l'homme même.

L'homme! C'est une « tension », une « direction vers », un « champ de forces », un « désir ». Individu, il n'existe pas plus qu'une pierre dans un tas de pierres semblables ; il se définit en fonction du pays qu'il habite, de cette montagne, de ce fleuve, de cette fontaine qui apaisera sa soif, de cet ennemi qui lui donnera l'existence : maillon d'une hiérarchie militaire qui se résorbe en la personne du roi, moellon d'une pyramide dont la pointe est Dieu. Il est également pris dans la chaîne des générations passées et à venir. Au sein de contraintes multiples, joyeusement acceptées, il éprouve sa liberté en transcendance. Ses frères ne sont point ses égaux : ils vivent avec lui dans la relation du commandement et de l'obéissance. Sa vie est injustice originelle. Il la noue à d'autres vies en vue d'une œuvre commune qui les dépasse. Il est l'élément du foyer, du métier, du domaine, de la province, de l'Empire, lesquels existent en dehors de lui et le contiennent, comme la cathédrale les pierres qui la constituent et auxquelles elle donne un sens. La vie est lutte, dépassement et prière, perpétuel devenir. Elle s'exprime dans la création fervente de chacun et de tous, elle est perpétuel échange. Le roi lui-même n'existe qu'en fonction de Dieu qui donne signification à l'univers.

Une civilisation se défait dès le moment où se dénoue le « nœud divin », où les hommes et les choses s'abandonnent à leur pente « qui est que se mélangent les matériaux, que se fondent les glaciers en mare, que s'effritent les temples contre le temps, que se disperse en molle tiédeur la chaleur du soleil, que se brouillent quand l'usure les défait les pages du livre, que se confondent et s'abâtardissent les langages, que s'égalisent les puissances, que s'équilibrent les efforts et que toute construction née du nœud divin se rompe en somme incohérente... » La vie, dit encore Saint-Exupéry, est « structure, ligne de force et injustice ».

L'exposé de cette philosophie qui ne manque ni de séduction ni de grandeur, a sans doute plus fait pour la gloire de Saint-Exupéry que tous ses ouvrages précédents. Les Français y retrouvent leur goût de l'ordre et de la hiérarchie, sans cesse contrarié par leur tempérament et sans cesse reviviscent. Ils puisent dans *Citadelle* une volonté de changement dont les moyens font défaut, le souhait de la transformation profonde d'une société qui se dirige vers un tout autre avenir. Ils bercent leur nostalgie d'un passé de légendes où chacun serait enfin à sa place, immobile dans une communauté hors du temps.

Cette longue incantation révélait un poète et un métaphysicien que n'avaient pas laissé voir les romans, sobres comme des reportages, fermes comme des leçons d'héroïsme, dispensateurs d'une énergie qui triomphait de la pire adversité par une alliance jamais mise en défaut de la patience et du courage. Elle invitait à penser qu'habitait également chez Saint-Exupéry un homme tout prêt à tourner le dos aux problèmes trop vulgaires de son siècle.

PIERRE DRIEU LA ROCHELLE

Pierre Drieu la Rochelle se donne la mort le 15 mars 1945. Une campagne de presse avait attiré l'attention sur cet ex- « collaborateur » qui se cachait et qui, apprit-on beaucoup plus tard, avait déjà manqué de justesse, l'année précédente, deux suicides. Si son procès avait eu lieu, les juges l'auraient condamné pour les articles de journaux où, pendant des années, il avait fait l'apologie du fascisme, de Hitler et de l'Allemagne, pour les responsabilités qu'il avait prises auprès de l'occupant en acceptant de diriger la « Nouvelle Revue Française », pour son appartenance au parti de Jacques Doriot, en somme pour son travail de militant et de propagandiste en faveur de l'ennemi.

Vingt-cinq ans après, on serait moins sévère, et Drieu la Rochelle ne manquerait même pas aujourd'hui de défenseurs, surtout parmi les générations qui n'ont pas pris part aux querelles de cette lointaine époque. Paradoxalement, il s'est fait mieux connaître après sa mort que durant sa vie, et la sympathie qu'on n'aurait pas forcément accordée au fusillé s'est portée sur le suicidé. Cette situation est en partie due à la publication d'écrits posthumes : *Récit secret* et *Journal 1944-1945* où le lecteur découvre les motifs d'une attitude qui, si elle se fonde sur l'adoration maladive de la force, n'en demeure pas moins susceptible d'être débattue. Il est en outre touché par l'honnêteté de l'auteur qui, les yeux finalement dessillés, n'en continue pas moins de rester fidèle au parti qu'il a pris. Il est vrai qu'il avoue avoir eu, dès l'enfance, le goût du suicide.

C'est tout juste avant le déclenchement de la guerre, avec *Gilles*, et pendant l'occupation, avec *l'Homme à cheval*, que Drieu la Rochelle, qui jouit déjà d'une certaine notoriété en tant que romancier, essayiste et publiciste, a probablement écrit ses meilleurs romans. *Gilles*, en même temps qu'une autobiographie transposée — mais tous les écrits de Drieu se fondent sur quelque événement ou situation qu'il a vécus — était une fresque de l'entre-deux-guerres, du moins un vaste tableau de certains milieux intellectuels et politiques entre 1919 et 1936. L'auteur en fait un témoignage, acide et satirique, sur une époque qu'il juge de décadence et où un homme de bonne volonté ne peut que s'essayer à vivre dans la lucidité. L' « homme à cheval », un dictateur d'Amérique latine, c'est « le chef » tel que l'imagine un intellectuel amoureux de la force et épris d'action : non tel qu'on pouvait le voir dans l'Europe de Mussolini et de Hitler, mais dans une Bolivie d'opérette vers 1870. Les relations entre le dictateur et son conseiller — un intellectuel-guitariste-théologien-poète —, entre l'homme d'action et celui que l'auteur appelle « l'homme de rêve », forment la matière principale d'un récit admirablement mené et d'une facture toute classique.

Les romans posthumes, en particulier *les Chiens de paille*, dont un premier tirage avait été détruit à la Libération et qui reparaît en 1964, déçoivent plutôt. Leur publication retardée avait alimenté une légende qui ne trouve guère à se satisfaire. Les débats de conscience d'un intellectuel patriote qui ne sait finalement à quelle cause se vouer — et qui, peut-être, ne saurait en embrasser franchement aucune — n'intéressent plus que pour une meilleure connaissance de l'auteur. Les *Mémoires de Dirk Raspe*, l'ouvrage auquel Drieu travaillait avant de se donner la mort, et dont

il était un peu fatigué, s'il est inspiré par la vie de
Van Gogh, retient moins par ce que l'auteur découvre
de son modèle — c'est « l'artiste » qu'il a voulu camper,
en lui prêtant beaucoup de ses problèmes, de ses hantises,
de ses ambitions spirituelles — que par ce qu'il découvre
de lui-même. Vivant, l'auteur venait constamment
s'interposer entre le lecteur et l'œuvre qu'il lui donnait
à lire. Mort, et dans les conditions qu'on sait, il retient
à lui seul tout l'intérêt. Finalement, c'est au personnage
que Drieu a voulu assumer que vont sympathie ou
antipathie. Quant à prendre la juste mesure d'une
œuvre où l'on remarque *le Feu follet* — publié en 1931
et qui fera une carrière dans les années 60 après le film
qu'on en a tiré —, *la Comédie de Charleroi* et, mis à part
les essais politiques, une demi-douzaine de romans
dont quelques-uns figureront au catalogue du Livre
de poche, c'est s'engager dans un propos malaisé.

L'originalité de Drieu consiste en effet à avoir fait
passer sa vie dans ses livres avec le minimum de transposition qui les font accéder à la littérature. Ce qui le
fait écrire, c'est un incoercible besoin de ce confier,
de confier ses sentiments, ses idées, ses jugements, mais
comme il n'est jamais sûr ni des uns ni des autres, il
passe son temps à s'ausculter, à se définir, à gratter ses
plaies avec une délectation masochiste qu'il nomme lucidité pour, finalement, trouver plus de raisons de mourir
que de raisons de vivre. Il s'accroche à tout ce qui donne
du poids à l'existence : l'argent, les femmes, les convictions politiques et, sur la fin, religieuses, et il flotte désespérément à tous les vents de l'époque : dadaïste en 1920,
surréaliste en 1924, voyageur du « Rien que la Terre »
en 1930, fasciste en 1936, « collaborateur » en 1940,
vivement attiré par le communisme stalinien en 1943-44.
Cependant, il échappe au commun, et toujours par
l'excès : l'argent, c'est les filles de banquiers avec les-

quelles il se marie ; les femmes, ce sont ou les comtesses
ou les putains ; et il est fasciste par dégoût de n'être
qu'un intellectuel, un « homme d'encre ». S'il se donne
des croyances religieuses, ce sont bien sûr les aspects
ésotériques et mystiques des religions orientales qui le
séduisent. L'excès n'est pas de tempérament — sur ce
plan l'auteur paraît assez pauvre — mais de volonté
délibérée et conçu presque comme une ascèse. C'est-à-
dire accompagné de réticences telles qu'en même temps
Drieu se révolte contre le mariage et l'argent, ne peut
être retenu par une maîtresse plus de six mois (et quand
il ne s'en déprend pas au bout de ce temps, l'affaire
tourne à la catastrophe, comme avec Dora, l'Améri-
caine d'un de ses meilleurs récits : « l'Intermède romain »,
publié en 1963). Fasciste et « collaborateur », sans doute,
mais ses convictions n'ont jamais pu faire de lui un
partisan discipliné de Doriot et un militant sincère de
la « collaboration ». Il voit toujours le ver dans le fruit
et montre les hésitations, les scrupules bien connus de
l'intellectuel, toujours prêt à entrer dans les vues de
l'adversaire... à supposer que l'adversaire ne soit pas
déjà dans la place. Cette perpétuelle insatisfaction,
cette lucidité lancinante qui font le prix des écrits de
Drieu la Rochelle, dénoncent-elles un goût de l'absolu ?
Celui-ci suppose une force, une maîtrise, une persévé-
rance que Drieu ne possède pas. Il ressemble plutôt
à l'enfant gâté, qui crache sur ce qu'il a et désire ardem-
ment ce qui lui échappe. Il se meut dans le contingent et,
déclassé social, déclassé congénital, il cherche désespérément à se fixer. Ce qui l'en empêche c'est un vice
assez répandu : se préférer à tout, en toutes circonstances.

Pareille disposition vécue sur le mode dramatique
— d'autant qu'elle est accompagnée des dons les plus
certains — aurait pu nourrir une œuvre en laquelle
elle se serait réalisée et surmontée. Drieu ne croit pas

suffisamment à l'art pour s'y donner, là encore, tout entier. A la sainte fureur de ce qu'on appelait encore de son temps le créateur, il préfère le travail d'artisan, dont il cache les traces afin de rester fidèle à son personnage de dandy. Il lui suffit de disposer des miroirs où il peut se contempler, fût-ce en grimaçant, où peut également se regarder une époque — l'entre-deux-guerres — dans ce qu'elle aura eu de futile et d'éphémère.

Drieu pensait vivre la décadence d'un monde, d'une classe sociale, d'un pays, sans pouvoir échapper pour son compte à la contagion autrement que par des sursauts qu'il juge lui-même puérils. Dans une certaine mesure il a peint cette décadence, et c'est par là que son œuvre surnage. Il l'a fait cependant avec trop de désinvolture, trop de complaisance, trop d'attachement à ce monde, à cette classe, à ce pays, pour passer les limites de la satire de salon. Alors que nous sommes en pleine tragédie, comme en témoignent au même moment Malraux ou Céline, chez Drieu la comédie se mêle au drame sur le mode mineur. Ce qu'il aura réussi — et c'est ce qui le rend sympathique — c'est, dans un incroyable gaspillage de dons, à faire de son œuvre un ratage semblable à celui de sa vie. En perdant sur tous les tableaux il gagnera toujours plus de cœurs dans les générations qui lui succèdent et qui ont appris, très tôt, le cas qu'il convenait de faire et de la vie et des œuvres.

3. L'événement suscite des œuvres

Si, pendant l'occupation, la plupart des romanciers se taisent et cèdent la place aux poètes, ils ne tardent pas, après la libération, à reprendre la parole. Comme toute la société française, ils sont sous le coup de l'événement, et pressés de témoigner. Chez les nouveaux venus, beaucoup de ces témoignages, sur la guerre, les camps de concentration, la Résistance, ne parviennent pas à l'existence littéraire. Ils n'ont qu'une valeur, souvent émouvante, de documents. L'œuvre littéraire demande du recul, un certain « désengagement » de l'événement, un talent enfin, qui visent, non à restituer la réalité dans ses caractéristiques superficielles, confuses et hasardeuses, mais à en donner l'équivalent sensible qui la ressuscitera dans sa nature profonde. Cette réalité a été trop vaste, trop écrasante et stupéfiante parfois, pour que les hommes qui l'ont vécue en aient eu totalement conscience, pour que l'expérience intime qu'ils ont prise d'elle suffise à constituer la matière de l'œuvre littéraire. Il faut d'abord reprendre ses esprits.

Le phénomène aberrant de cette guerre, et que les Français découvrent avec horreur, aura été l'existence des camps nazis, où s'est poursuivie une gigantesque tentative de « déshumanisation ». D'abord, on ne veut pas croire ce que racontent les rescapés ; on les accuse d'exagérer et de mentir. Puis il faut bien se rendre à l'évidence. Elle est si incroyable et porte si ouvertement la marque du mal, que bien peu d'auteurs se sentent capables d'en faire la matière d'un discours à la hauteur de ce qu'ils ont vécu. Dix ans après, quelques-uns s'y essaient encore et ne dépassent pas le témoignage. Toutefois, se révèlent d'entrée de véritables écrivains dont l'œuvre s'établit de façon impressionnante et durable : David Rousset, Robert Antelme, Jean Cayrol.

DAVID ROUSSET

De retour des camps, où il avait été déporté en tant que militant d'extrême-gauche, David Rousset publie presque aussitôt, en 1946, *l'Univers concentrationnaire*. L'ouvrage n' rien d'un roman, mais les procédés romanesques y sont magistralement mis en œuvre. Le titre signale clairement la tentative de l'auteur : décrire un monde qui n'a rien à voir avec le monde habituel. Avec ses lois propres, sa finalité, et que peuple une espèce jusqu'alors inconnue : les concentrationnaires. Voulant témoigner tout en débordant le simple témoignage, l'auteur néglige les moyens d'exposition traditionnels. Il nous plonge d'un coup dans une réalité fantastique et sordide qui porte la marque de Jarry et de Kafka. Choses et hommes y revêtent de nouvelles dimensions. Cette façon d'appréhender la réalité la moins contestable vise à une création qui la dépasse : par la prise de conscience, par l'arrangement contrapuntique en scènes, portraits, anecdotes. L'auteur domine si bien

sa matière qu'il la tire hors de l'événement dont il
marque les prolongements moraux, sociologiques, métaphysiques. Le camp, c'est le produit, logique jusqu'à
la caricature, d'une forme de société. Il en constitue
une excroissance monstrueuse, un cancer.

Dans *Les Jours de notre Mort*, un énorme ouvrage
cette fois, l'auteur, plus soucieux encore d'intégrer son
expérience particulière à une expérience collective et
historique, s'égale au Malraux de *l'Espoir*, au Lawrence
des *Sept Piliers de la Sagesse*.

Ces ouvrages révèlent une démarche romanesque
dans la mesure où s'opère harmonieusement le mariage
d'une réalité intime et de l'événement, dans la mesure
où ces deux réalités se font face, s'équilibrent, s'inter-
pénètrent. David Rousset ne se borne pas à décrire
le monde « concentrationnaire » et à en formuler les
lois. Il descend au fond des consciences, là où s'élaborent les actes, où prennent naissance les conduites.
Ou bien il infère de leur contenu d'après les comportements. Il montre des hommes, S. S. ou détenus, qui, s'ils
n'ont plus grand-chose à voir avec l'humanité, existent
autrement que des ombres ou des mécaniques.

La volonté romanesque se marque également dans
le choix d'une technique. L'auteur ne parle pas seulement de ce qu'il a vu, de ce dont il a été le témoin.
Il reconstitue l'ensemble du phénomène d'après les aspects particuliers qu'il a eu à en connaître. A la fois
encyclopédique et didactique, savant par la connaissance entière de sa matière et artiste par le choix des
éléments mis en œuvre, romancier par la vie qu'il communique à ses personnages, il ne pouvait mieux faire
qu'employer les procédés de Dos Passos dans *42e Parallèle* ou *Manhattan-Transfer*. Son ouvrage est une sym-
phonie avec thèmes, leitmotive, reprises, points d'orgue,
morceaux distincts valant pour eux-mêmes et signifiant

pour le tout, tandis que le mouvement de l'ensemble s'inscrit dans une interminable durée. Nous sommes plongés dans une réalité inconnue dont les éléments étrangers fondent sur nous de toutes parts : une scène de pendaison collective nous accueille ; elle est immédiatement suivie par ce qui la précédait dans le temps : le voyage des déportés de France en Allemagne. Ainsi est brisé le fil de l'autobiographie ou du simple récit. Ce qui nous est restitué, c'est une réalité syncopée et rituelle. La scène d'ouverture a d'autres vertus. Relatant le geste volontaire et non concerté de douze suppliciés se passant eux-mêmes la corde autour du cou, elle montre avant toute autre démonstration la faillite du système. Le livre entier illustre cette leçon.

Rousset analyse ce système dans ses détails et s'efforce de lui découvrir un sens. Il montre comment, fondé sur l'esclavage, la faim et l'assassinat, il l'est davantage sur une « corruption » qui laisse à la morale traditionnelle peu de champ pour s'exercer. Pour les détenus, auxquels les nazis font le cadeau empoisonné de la *self administration* et qui doivent eux-mêmes choisir ceux d'entre eux qu'ils enverront à la mort, le problème n'est pas d'accepter la compromission ou de la refuser : le refus équivaut à la mort. Ils l'acceptent en prenant garde qu'elle n'altère les valeurs qui donnent un sens à leur vie. Il ne s'agit pas pour eux de se sacrifier, mais de se garder, afin que soit préservé l'idéal de libération sociale qu'ils incarnent et qui, au fond de l'abjection, demeure un gage d'avenir.

Il faut que les meilleurs soient sauvés. Qui désignera les « meilleurs » ? La collectivité clandestine dans son ensemble. C'est à elle que les détenus politiques acceptent, volontairement cette fois, de se soumettre. Les « responsables » doivent choisir parmi leurs camarades ceux qu'ils enverront à la mort. Certains refusent et

préfèrent se tuer ; pour eux, « la victime comme le
bourreau sont ignobles : la leçon des camps, c'est la
fraternité de l'abjection ; il n'existe qu'une différence
de rythme dans la décomposition des êtres ». Pourtant,
grâce à cette sélection qui s'opère selon les lois d'une
logique effrayante, les « forts » subsistent et assistent à
l'écroulement du système. Quoique ravalé au niveau de
la bête, l'homme refuse l'assimilation grossière à laquelle
on veut le condamner. Animé de la foi en Dieu ou de la
foi dans le progrès humain, s'il survit, il triomphe.
Rousset montre que le désespoir est impossible à qui
regarde plus loin que sa propre vie.

ROBERT ANTELME

Ce refus essentiel, cette proclamation tenace et silen-
cieuse de la qualité d'homme, nul ne les a mieux expri-
més que Robert Antelme dans *l'Espèce humaine*
(1947). En retrait sur Rousset, l'auteur se prive du
bénéfice de l'explication historique ou sociologique,
comme de la peinture d'un certain pittoresque de
l'horreur. C'est au profit d'une explication essentielle
qui vise à rendre compte du phénomène en tant qu'entreprise humaine et où sont compromis des hommes qui,
bourreaux ou victimes, nous ressemblent de quelque
façon. Il s'agit pour Robert Antelme d'une mise en
question dont seule la littérature peut rendre compte.
Pas plus qu'il ne se livre à une reconstitution historique ou sociologique, il ne raconte des souvenirs. Il
montre un déporté, lui-même, soumis à la faim, au
froid, aux coups, à l'épuisement moral et physique,
objet pitoyable dont la course est commandée par des

volontés étrangères, des événements qui échappent à sa portée, des rencontres de circonstances. Un second personnage, qui ressemble au premier comme un frère, réfléchit l'événement en conscience.

Il ne s'agit pas à proprement parler d'un dédoublement, plutôt d'une « distanciation », au sens où l'entendait Brecht. Nous nous trouvons transportés, par suite, au-delà d'une description ou d'un récit qui, si horribles qu'ils fussent, ne nous toucheraient que par ricochet. L'horreur vécue en tant qu'horreur est transformée sur-le-champ en expérience. Notre conscience s'identifie à celle que nous voyons fonctionner ; à la fin du compte, c'est sur nous-mêmes que nous nous apitoyons. Par cette démarche qui découvre le secret essentiel de la littérature, le camp apparaît comme le lieu où l'humanité était conviée à se contester elle-même, sous ses aspects fondamentaux d'espèce biologique, sous ceux de produit historique.

Le S. S. entend nier toute dépendance à l'égard de l'espèce comme de l'histoire. Sa fureur n'est pas uniquement nihiliste. Par l'eugénisme, la stérilisation, le génocide, le racisme biologique, il entend se substituer à la nature, comme, par l'établissement d'un Reich millénaire, il nourrit la folle conviction d'arrêter l'histoire. A cette double prétention, il lui faut des preuves concrètes, matérielles. Ce n'est pas l'extermination physique de ses ennemis (bien qu'il y recoure) qui peut lui fournir ces preuves, mais la reconnaissance par eux, et à tous les instants, que l'humanité et l'histoire sont des billevesées. Leur comportement doit figurer le consentement désespérément attendu par le S. S. qui s'essaie à forger un nouveau type, mi-S. S. mi-déporté : le kapo, détenu par nature et fonctionnant en S. S.

Quand le S. S. croit avoir gagné, en fait il a perdu : « la mise en question de la qualité d'homme provoque

une revendication presque biologique d'appartenance
à l'espèce humaine ». Ni métaphysique ni morale, cette
revendication possède les caractères de simplicité et
d'urgence d'un absolu : survivre, c'est continuer de
vivre dans son corps ; c'est, surtout, vivre en conscience,
en restant solidaire de l'humanité et de l'histoire.

JEAN CAYROL

Jean Cayrol n'a pas écrit le récit de sa vie concentrationnaire. Il édifie une œuvre poétique (qu'il avait
commencée avant la guerre) et romanesque à partir
de la nouvelle vision qu'un concentrationnaire s'est
faite du monde et qui a bouleversé en lui sentiments,
pensées, concepts. Quand il revient à la vie quotidienne,
il ne retrouve plus l'homme qu'il était : il demeure
« concentrationnaire » à perpétuité.

Pour Cayrol, en effet, les camps n'ont pas constitué
un accident historique. Ils ont figuré, sous une forme
saisissante, l'image de la condition de l'homme sur
terre : condition misérable, qu'il faut souffrir comme une
Passion, en vue d'une Rédemption. Pour le chrétien,
l' « Appelplatz » du camp ressemble au Jardin des
Oliviers : des milliers de Christs y souffrent l'agonie avant
de monter sur la Croix rayonnante. C'est le lieu de la
souffrance et de la communion. Les rescapés du sacrifice
sont autant de Lazares voués à une vie d'ultimes ressus-
cités. La littérature d'après la guerre devient pour
l'auteur une littérature « lazaréenne ». Elle parle de la
solitude de l'homme, de son absence au monde, de la
déréliction, de la non-vie.

La trilogie romanesque, dont les deux premiers volu-

mes obtiennent le Prix Renaudot en 1947 sous le titre
Je vivrai l'Amour des Autres, constitue un exemple de
cette littérature d'outre-tombe. Le porte-parole de
l'auteur, Armand, se présente en véritable « clochard »
de la vie et des sentiments. Il passe comme une ombre
et il n'a pas plus de réalité qu'une ombre, s'accrochant
aux autres et, trop faible pour connaître des sentiments
qui lui appartiennent en propre, vivant par procuration
« l'amour des autres ». « L'amour parasitaire, phénomène
lazaréen, écrit Cayrol, n'est pas la peur de l'amour,
comme pourraient le croire certains, mais la nostalgie
de l'amour dans un amour sans objet où le charnel n'est
plus lié au surnaturel, et dans cette dissociation tout
peut arriver, hormis la création ; ce n'est plus qu'un
fruit de déception. » Armand éprouve la tentation d'une
« double vie », « d'une autre existence supervisant celle
de tous les jours, parfois la débordant à tel point qu'il
apparaîtra comme un falsificateur, un individu louche
et sans scrupule ».

Il se meut dans la vie comme un « étranger » : tout
lui est indifférent, et il n'est pas même susceptible
d'entrer dans une histoire : il est tout le contraire d'un
héros de roman. « Nous sommes pour la plupart, écrit
Cayrol, sujets de l'univers lazaréen sous toutes ses
formes. Nous sommes dévorés par un feu que nous
n'avons pas allumé. » Le premier en date, bien avant
les théoriciens du « nouveau roman », Jean Cayrol signale
l'importance que prennent, dans un monde dont l'homme
est absent, les objets. « Autant le personnage lazaréen est aveuglé, autant ce monde des objets voit pour
lui et garde le reflet, le sens perdu du monde du prochain.
Un objet placé à côté d'un être pourra être plus révéla-
teur, plus accessible que l'être lui-même. » Sur ce monde
flotte, malgré tout, comme une espérance ou une nostalgie. Jean Cayrol n'oublie jamais qu'il est chrétien.

Les mêmes thèmes, sous des formes diverses, se retrouvent dans les œuvres suivantes : *la Noire* (1949) où une femme bâtit un fantôme d'amour qui la laisse plus seule qu'elle n'a jamais été, *le Vent de la Mémoire* (1952), *l'Espace d'une Nuit* (1954) où le héros revit son enfance pour s'apercevoir qu'elle a été ratée, *le Déménagement* (1956) où un couple se débat dans le monde étrange et fuyant des objets, *la Gaffe* (1957) où se confesse un individu « louche et sans scrupule » qui revit l'angoisse de son abandon par une maîtresse qu'il n'a pas eu la force d'aimer, *les Corps étrangers* (1959) où un trafiquant de l'occupation se souvient d'un passé sans cohérence où tout lui a fui entre les mains, *le Froid du Soleil* (1963). D'autres romans suivront encore, un recueil poétique suscité par l'événement (*Poésie Journal*, 1969), des scénarios de films, par lesquels Jean Cayrol apparaît comme l'un des témoins les plus sensibles de l'après-guerre.

Les personnages de Cayrol donnent l'impression de ne pas pouvoir s'ancrer dans la vie réelle ; ils flottent au-dessus d'elle, à l'intérieur d'un rêve qu'ils construisent à mesure. Pourtant, la force convaincante du romancier nous oblige à nous demander si les fuligineuses apparences à travers lesquelles il nous promène ne constituent pas une part importante de notre réalité ; elles postulent l'avènement d'un monde solide et vrai.

La rencontre de Jean Cayrol avec le phénomène concentrationnaire apparaît autre que l'épisode fortuit d'une vie : elle a inspiré et fait fructifier un talent de romancier qui s'est découvert par elle, à travers elle.

La guerre elle-même (c'est-à-dire les batailles de fin 1939 et 1940, la retraite généralisée et l'exode) n'a pas inspiré des récits comparables à ceux de Henri Bar-

busse, Maurice Genevoix ou Roland Dorgelès pour la
guerre précédente. Elle s'est déroulée trop rapidement,
et seule une faible partie de l'armée française y a été
engagée. Les souffrances qu'elle a causées ont vivement
été recouvertes par des souffrances pires : celles de
l'occupation étrangère ou de la captivité. Le phénomène
nouveau de la Résistance, s'il a suscité beaucoup de
témoignages, n'apparaît chez la plupart des romanciers
d'après-guerre que comme une suite d'épisodes vécus
par des personnages qui n'ont point été durablement
affectés par eux. La vie les a recouverts et continue...

Week-end à Zuydcote, de Robert Merle qui, avec cet
ouvrage obtint le Prix Goncourt en 1949, se trouve être
néanmoins plus qu'un témoignage, ou un reportage
sur la bataille et l'évacuation de Dunkerque. L'auteur
s'y efforce d'intégrer le destin de personnages fortement
typés dans le cours général de la guerre, de donner à sa
peinture une portée qui la dépasse. Dans *la Mort est
mon Métier* (1953) il vise à reconstruire les mécanismes
psychologiques d'un bourreau concentrationnaire. Avec
l'Ile (1962), peut-être son meilleur livre, il approfondit
davantage l'événement, sous le couvert d'une aventure maritime au XVIIIe siècle. *Un Animal doué de raison*
(1968) l'entraîne vers une science-fiction humaniste.

Jules Roy, ancien aviateur bombardier, fait une entrée
remarquée en littérature avec *la Vallée heureuse* (1946),
qui raconte la vie quotidienne et les angoisses de pilotes
de bombardement appelés à pilonner chaque nuit les
villes de la Ruhr. Disciple de Saint-Exupéry et de Malraux, ami d'Albert Camus, il incarne le guerrier humaniste qui trouve une amère satisfaction dans la fraternité d'armes. Il ne découvre aucune grandeur à une
tâche qu'il se borne à juger nécessaire. La guerre moderne n'est plus à la taille de l'homme, robot de la mort
et dont le sacrifice même, obéissant à la loi de la statis-

tique, est dépourvu d'utilité. Jules Roy, officier de
métier, se pose les questions qui nourrissent *le Métier
des Armes*, réplique tardive de *Servitude et Grandeur
militaires*. Il voudrait que le soldat fût un chevalier,
non un mercenaire, et il est d'abord exagérément porté
à voir cette chevalerie s'exercer dans les guerres les
moins justifiées, celle d'Indochine par exemple. Originaire d'Algérie, il est amené à changer son fusil d'épaule
durant la guerre coloniale, à prendre parti, lui pied-noir,
pour les Arabes. En 1967, il inaugure, avec *les Chevaux
du soleil*, une vaste histoire romancée de son pays,
depuis le débarquement, en 1830, des premières troupes
françaises. Elle comprendra « huit ou neuf volumes ».

Jacques Perret est plus conteur que romancier.
Son *Caporal épinglé* est moins un roman de la captivité
en Allemagne qu'un recueil d'histoires et de souvenirs,
d'ailleurs savoureux. L'auteur a de la verve, de l'humour
et il sait raconter, comme le prouvent les nombreux
ouvrages qu'il publie ensuite et qui, sauf *Bande à part*
(1951), sont surtout des recueils de nouvelles. Il échappe
en grande partie à notre propos.

Romain Gary est moins inspiré par la guerre qui s'est
déroulée en France que par ses incidences européennes.
Ce qu'il voudrait exprimer, à travers beaucoup de
maladresses, c'est le malaise d'une civilisation dont il
dénonce la décadence et qui rejette les non-conformistes
de tout acabit. *Éducation européenne*, son premier
roman, publié en 1945, est aussi le meilleur de ceux qu'il
a écrits en dépit d'un Goncourt donné tardivement à
une œuvre pétrie de bons sentiments : *les Racines du
Ciel* (1956). Dans *Éducation européenne*, qui racontait
un épisode de la Résistance polonaise, l'humanisme
que professe l'auteur avait plus de raison de s'exercer
que dans l'appel à la protection des éléphants. *Tulipe*,
le Grand Vestiaire, *les Couleurs du Jour*, publiés entre-

temps, touchent par une certaine chaleur communica-
tive. *Les Promesses de l'Aube* (1960) est une autobiographie à peine déguisée, *Lady L.* (1963) une satire
amusante. Les romans suivants tournent de plus en
plus au pamphlet philosophique ou social.

Parmi les romanciers de la Résistance il faut signaler
Dominique Ponchardier qui, avec *les Pavés de l'Enfer*,
parvint à restituer l'atmosphère de la clandestinité,
le climat dangereux et cruel dans lequel vécurent ses
participants. L'auteur ne s'embarrasse d'aucune idéologie, et la complaisance un peu morbide qu'il montre
pour les « tueurs » devait le faire basculer rapidement dans
le roman policier où, sous le nom de A. L. Dominique,
il a poursuivi une brillante carrière. Le seul écrivain
véritable qu'ait inspiré la Résistance et qui s'est établi
ensuite comme un des meilleurs romanciers français
de l'après-guerre est Roger Vailland.

ROGER VAILLAND

En 1945 parut un récit plutôt qu'un roman, *Drôle
de Jeu*, qui fut immédiatement remarqué. Il était inspiré
par la Résistance. Il tranchait sur les récits du même
genre par un ton de liberté désinvolte qui rappelait les
mémorialistes du XVIIe siècle, Retz ou Saint-Simon, et
qui posait un curieux cas de « désengagement » dans
« l'engagement ». Le héros de l'histoire, Marat (son
nom de clandestinité), croit à la Résistance et prend son
combat contre les Allemands au sérieux. Toutefois la
Résistance n'est pour lui qu'une forme de vie, imposée
par les circonstances, et qui ressemble à un excitant,
comme l'alcool ou la drogue : destiné à le faire vivre

plus intensément, à le porter au-dessus de lui-même.
Marat veut bien sacrifier sa vie, et il sait que ce sacrifice
ne sera pas inutile, mais il préfère vivre afin d'utiliser,
par le prétexte qui lui est fourni, toutes les possibilités
que recèle son être. Or, la vie c'est l'aventure, les rencontres imprévues, le danger, l'amour et le libertinage.
Il paraît aussi important à Marat de réussir un « sabo-
tage » que de conquérir une jolie femme. Et il existe
même dans ce climat d'existence hors la loi, dans cette
vie en marge, un piment qui donne aux actes et aux
sentiments une saveur inconnue. Marat vit la Résistance comme un « jeu » auquel peut se livrer l'homme
dégagé de toutes les attaches, l'esprit supérieur.

Il ne faut pas chercher dans *Drôle de Jeu* une peinture
exacte, ressemblante de la Résistance. Les événements
auxquels l'auteur a participé n'ont été que l'occasion
pour lui d'exprimer une philosophie de la vie, un tempérament, une attitude qui contrastaient avec ceux des
romanciers de l'immédiate après-guerre et qui ten-
taient d'acclimater avec un retard d'un siècle, ou davantage, la manière des libertins du xviiie siècle ou la
« sensibilité », cachée sous une feinte désinvolture, d'un
Stendhal. Roger Vailland s'annonce comme un « égotiste ». Rien ne l'intéresse plus que son « moi », qu'il
cherche à comparer à celui des individus qu'il admire.

Il s'efforce, par la suite, de demeurer fidèle à ce trait
dominant de son tempérament, jusqu'à « poser », avec
un peu d'outrecuidance, par ses études sur Laclos ou
le Cardinal de Bernis, à « l'homme de qualité ». Pourtant,
les raisons qui l'avaient fait participer à la Résistance
le font se rapprocher du Parti communiste. Sans jamais
donner dans les théories du « réalisme socialiste », il
tente néanmoins d'écrire des romans susceptibles de
« servir » la classe ouvrière. Dans *Bon Pied bon Œil*
il exalte le militantisme. Dans *les Mauvais coups* il

raconte l'histoire de la conversion d'un libertin aux beautés du syndicalisme. Dans *Beau Masque* il oppose la futilité de milieux bourgeois à la gravité, au sens des responsabilités de la classe ouvrière. Dans *325 000 Francs* il marque l'impossibilité pour un ouvrier de sortir de sa classe.

Ces romans d'édification, où l'auteur déploie beaucoup de talent, sont peints en noir et blanc et font combattre les deux hommes que Roger Vailland porte en lui : le libertin et le communiste. Le premier est sceptique à l'égard de tout ce qui ne se rapporte pas au culte bien compris du « moi ». Le second ne croit qu'aux valeurs collectives et à la nécessité de la révolution sociale. Tout ce qui vient à la traverse de celle-ci : l'égoïsme de l'amour et la recherche des plaisirs individuels, doit être piétiné. Et c'est toujours le communiste qui triomphe du libertin. Il triomphe sans convaincre le lecteur, plus intéressé par la peinture des « vices » de la classe bourgeoise que par les vertus des militants. La conversion ressemble le plus souvent à un coup de théâtre et frappe à la manière de la grâce chrétienne. Au lieu d'exalter le converti et de lui faire adopter avec allégresse une nouvelle vie, elle le mène à une « bonne fin » et le confine à la solitude parmi des millions d'hommes dont il voudrait faire ses frères, alors qu'ils diffèrent de lui du tout au tout et se tiennent aux antipodes de ses préoccupations.

De même que *Drôle de Jeu* donnait une image très personnelle de la Résistance, *la Loi* (Prix Goncourt, 1957) peint une Italie de convention : elle sert de cadre pittoresque, par les paysages aussi bien que par les mœurs, à ce que le romancier veut exprimer de lui-même et qui apparaît en définitive comme l'exaltation d'un état d'esprit « féodal ». Le héros et porte-parole de l'auteur, Don Cesare, potentat local qui dispose de

la vertu des filles, concentre sur lui à peu près tout
l'éclairage. Qu'est-il d'autre, sinon un libertin tel que
se le figure Roger Vailland, tel que Roger Vailland
voudrait l'être ? On doute qu'il ait sa place dans un
monde communiste. Il n'a même plus sa place dans le
monde actuel, où il vit à l'état de relique. « Désintéressé »,
il ne s'occupe que de chasse, d'amour et de fouilles ar-
chéologiques. Il se contente de percevoir, dirait Marx,
les droits de la rente foncière.

Le vrai pouvoir, qui est économique et financier,
est passé en d'autres mains : propriétaires, notables,
prêtres, fonctionnaires, gangsters même. Et les ouvriers
ne sont pas de vrais ouvriers : ce sont des « désoccupés »,
adossés durant tout le jour aux murs de la grande place
de Porto-Manacore, dans l'attente d'un improbable
travail.

Dans cette société désuète et hors du temps, il n'est
pas question de lutte de classes. L'auteur la remplace,
symboliquement, par ce jeu de la « loi » qui permet aux
vainqueurs de faire subir toutes sortes de brimades aux
perdants. L'auteur troque son marxisme d'antan contre
une allégorie qui lui permet d'atteindre à la seule vérité
qui lui importe : la vérité des mœurs, et de montrer
des individus hors série dont il exalte les qualités naturelles : courage, virilité, liberté d'allure et d'esprit.

Débarrassé de ses entraves idéologiques, Roger Vailland construit son monde romanesque d'athée et de
libertin du xviiie siècle égaré dans un univers que se
disputent, les armes à la main, les fidèles de diverses
croyances. Allant jusqu'à mettre en doute la nécessité,
pour un romancier, de créer « dans le sens de l'histoire »,
voire de se préoccuper de « l'histoire », il a opéré une
« conversion » contraire à celle qu'il attendait.

On s'en aperçoit surtout dans *la Fête* (1960), récit de
la brillante séduction d'une jeune femme par un roué.

Celui-ci joue son personnage plus qu'il ne le vit. Il se donne une tâche, pratique des exercices, additionne des points, à la façon d'un héros de Laclos. Sa mollesse et sa suffisance, le laisser-aller d'une structure romanesque dans laquelle viennent s'enchâsser des morceaux de bravoure, inclinent à penser que l'auteur a résolu les contradictions intellectuelles et sentimentales d'où il tirait sa force de romancier.

La mort a mis un terme à la carrière brillante d'un écrivain de race qui, dès sa première œuvre, avait conquis un public de qualité. La publication posthume de ses *Écrits intimes* (1969), parfois irritants, parfois bouleversants, lui assure une audience parmi les générations plus jeunes.

4. La génération de 1930 reprend la parole

Si la guerre, l'occupation, la Résistance, les camps de concentration ont été à l'origine d'une nouvelle littérature romanesque essentiellement déterminée par l'événement, ils ont fourni l'occasion, pour la génération antérieure, apparue dix ou quinze ans plus tôt, de nouvelles prises de conscience et, parfois, d'un renouvellement sensible. Avant de passer en revue les écrivains qui se sont fait un nom après la guerre, il n'est pas inutile de se demander ce que sont devenus les anciens. Ils reprennent la parole, souvent avec une autorité accrue. Ils constituent une part importante de la nouvelle littérature. Certains parviennent à la consécration.

LOUIS-FERDINAND CÉLINE

La rentrée en France de Louis-Ferdinand Céline, parti dans les bagages des Allemands en 1944, puis réfugié au Danemark où il est emprisonné, suscite des

mouvements divers. L'importance de son *Voyage au
bout de la Nuit*, publié en 1932, a été telle, il a influencé
tant d'écrivains (à commencer par Sartre et Queneau),
il a été si ouvertement à l'origine d'une certaine façon
de sentir et d'écrire, qu'une bonne part de la littérature
d'après-guerre n'existerait pas sans lui, ou aurait été
autre.

Dès le *Voyage au bout de la Nuit* et alors que ses
contemporains espéraient encore infléchir les événements
qui nous menaçaient, appelaient l'homme à dépasser
sa condition, Céline est le seul à formuler un « non »
catégorique. Il n'existe pas de salut possible dans un
monde voué à la « vacherie universelle », nulle possibilité
pour l'homme de se dépasser. « La vérité de ce monde,
c'est la mort », et la vérité de l'homme, c'est la pure et simple sauvegarde de sa peau. Tous les moyens sont bons pour
« se sauver de l'étripade », et jusqu'aux plus moralement
condamnables : le mensonge, la trahison, la lâcheté.
N'ayant pas choisi d'être ce que nous sommes, il nous
faut nous accepter tels que nous sommes : pervers,
hypocrites, égoïstes, menteurs, et surtout lâches à n'en
plus finir. Le monde depuis qu'il est monde ne peut
apparaître que comme une entreprise organisée de
banditisme et d'assassinat dont les pauvres seront
perpétuellement les victimes. La seule sagesse est d'ap-
prendre à se garer des coups. On n'y parvient qu'après
un déploiement infini de ruses et de soumissions appa-
rentes, puis, quand le maître a le dos tourné, par la fuite.
Et Bardamu fuit la guerre, l'Afrique, l'Amérique, la
banlieue, la médecine, l'amour, fuit les hommes...
jusqu'à Copenhague. « Il faut choisir : mourir ou mentir.
Je n'ai jamais pu me tuer, moi. »

Cette vue foncièrement pessimiste du monde et de
l'homme, qui devait ensuite influencer toute une littérature « noire », ne peut que paraître insupportable.

Elle vient de ce qu'il y a de plus animal en nous, de plus viscéral. La haine qu'a suscitée Céline, et qui a eu la chance de se vêtir de prétextes politiques ou raciaux, parut à son tour organiquement nécessaire. Personne n'a le droit, s'il n'est supérieur à l'humanité courante, de nous mettre le nez dans notre ordure, jusqu'à l'asphyxie. S'il s'arroge ce droit, il doit en supporter les conséquences. Quand Céline parle du « procès de sorcellerie » qu'on lui intente ; quand, avant son retour en France, il se plaint d'être un « bouc émissaire », il n'a pas tellement tort.

Il existe pourtant chez Céline, surtout dans *Mort à Crédit* (1936), un vaste canton poétique où l'on se promène dans les jardins de l'enfance au son d'une musique douce. Si le monde n'était pas si « méchant », s'il avait laissé à l'auteur la possibilité de vivre, Céline aurait chanté de touchants airs d'autrefois, raconté de belles histoires de fées et de rois Krogold. Il rêve à d'émouvants ballets au clair de lune, à des fantasmagories agrestes. Plus que des romans, beaucoup de ses livres, le *Voyage*, *Mort à Crédit*, *Guignol's Band*, *Féerie pour une autre Fois*, sont des poèmes : ils transforment une réalité insupportable en une sorte de songe noir et visqueux. Céline sait évoquer les petits matins livides porteurs de toutes les souffrances de la journée, le climat de l'enfance brimée, incomprise, martyrisée, la nostalgie de l'évasion impossible.

Il se montre surtout novateur dans le langage. Il est le premier écrivain moderne à enfreindre les interdits du langage littéraire, à piétiner les tabous de l'expression policée, à écrire « comme on parle », à faire accéder en somme à la dignité littéraire la langue de tous les jours. Cette langue parlée ne répond à aucune des règles du bien dire ; elle est truffée d'incorrections, d'à-peuprès et de redites, mais c'est une langue vivante, imagée,

charnelle et qui porte directement l'émotion ou la
sensation. Elle se tient tout près de l'exclamation,
du cri, de la plainte. Elle redonne vie à l'expression.
Céline, d'ailleurs, est trop bon écrivain pour se contenter
d'un langage « photographique ». Au langage parlé, en
tant que tel, il fait subir un traitement qui le désarticule,
brise ses associations fossilisées et ses lieux communs,
et quand il ne le trouve pas tout fait, il l'invente. Il ne
donne pas la parole à l'homme de la rue, mais à Louis-
Ferdinand Céline qui parle selon son propre rythme.

Le Céline d'après la guerre n'est plus celui du *Voyage*
et de *Mort à crédit*. Son invention est devenue laborieuse,
ses trouvailles sont attendues, ses procédés se sont
transformés en tics. Pour quelques pages prodigieuses
qui émergent de *D'un Château l'autre* (1957), de *Nord*
(1960), de *Rigodon* (1969), combien de pages mortes,
gorgées d'éloquence (fût-elle célinienne), de naïvetés
voulues, de futilités peintes en noir ! Puis, soudain,
paraît un roman posthume, *le Pont de Londres* (1964),
suite inachevée de *Guignol's Band*, où se manifeste à
plein le génie de l'écrivain. On mesure mieux la façon
dont, à la fin, ce génie s'est perdu. Perte émouvante :
elle est le terme d'un long processus d'autodestruction.
A la différence de beaucoup de littérateurs, celui-ci
faisait viscéralement corps avec son œuvre.

GEORGES BERNANOS

Pendant la guerre, Georges Bernanos s'est exilé au
Brésil. Il revient sitôt la guerre terminée et donne im-
médiatement la parole au pamphlétaire de *la Grande
Peur des Bien-pensants* (1931) et des *Grands Cimetières*

sous la Lune (1938). On ne lira plus qu'un roman de
lui : *Monsieur Ouine*, écrit en 1943, qui ne tranche ni
par la manière ni par l'inspiration sur *Sous le Soleil de
Satan* (1926) ou le *Journal d'un Curé de Campagne* (1936).
Sur le plan de la création il se dirige plutôt vers le théâtre,
pour lequel il écrit sa dernière œuvre avant de mourir :
Dialogues des Carmélites (1948).

Chrétien et romancier, Bernanos n'est pas un romancier chrétien. Ce qu'on désigne sous ce nom est trop
souvent synonyme de fadeur ou d'édification, alors
que Bernanos s'apparente, par le génie de l'intrigue
souvent policière, par la puissance visionnaire, par la
préoccupation du salut et des valeurs spirituelles à un
autre romancier dont on a fini par oublier qu'il était
également chrétien : Dostoïevski. Sans avoir la puissance de celui-ci, ni ses aspects surprenants, il apparaît
comme un des plus vigoureux romanciers de sa génération. Son influence s'est largement fait sentir sur des
écrivains plus jeunes : Luc Estang, Jean Cayrol.

Si, par Bernanos, existe bien l'univers chrétien de la
grâce et de la charité, notre monde donne davantage
le spectacle de la lutte, du « combat des âmes » contre
les entreprises du Démon (qui possède l'empire de ce
monde), et c'est une lutte, sinon sans espoir, du moins
sans fin. Elle justifie l'homme : tant qu'elle dure, rien
n'est perdu ; quand elle cesse, s'abolissent avec elle le
sentiment de l'honneur, celui de la dignité. Même les
âmes tombées entièrement sous l'emprise du Malin sont
un jour ou l'autre susceptibles de rachat, capables de
susciter le pardon du Père. La grâce vient visiter, s'ils
la méritent, jusqu'aux déchus.

Apparemment, l'aire de Bernanos romancier semble
moins vaste que celle de Bernanos pamphlétaire, qui
s'en prend à toutes les manifestations, voire sociales et
politiques, de notre société moderne. Ses héros sont

souvent des prêtres et le monde dans lequel ils évoluent
est un monde clérical. C'est que, pour Bernanos, le
prêtre est justement le lieu privilégié où se combattent
le Mal et le Bien, et le sacrement du sacerdoce ne le pro-
tège nullement de toutes les faiblesses humaines. À la
différence de beaucoup de romanciers catholiques, ce
ne sont pas ses faiblesses (le péché) qui intéressent l'auteur de *Sous le Soleil de Satan*, il en excuse facilement
ses héros, mais la tension de l'âme pour parvenir à
Dieu, et par des voies souvent inattendues. Le pire des
péchés est celui de l'indifférence : indifférence à soi,
indifférence au salut ; c'est le mal dont souffre Monsieur
Ouine dans le roman qui porte ce nom ; semblable à un
cancer qui ronge l'individu, l'indifférence se répand
sur le monde et fait de l'homme un être creux, un robot.
À tout prendre, le romancier préfère le voir habité par
le Diable.

L'homme n'est pas seulement une « âme ». Il participe de trois réalités essentielles : biologique, par l'enra-
cinement dans une famille, un sol, un pays ; sociale par
l'appartenance à une communauté édifiée sur la foi
et la tradition ; spirituelle, par le besoin qu'il a de dépasser sa condition. S'il échappe à l'une de ces composantes
ou s'il la renie, il perd sa qualité d'homme et devient un
« imbécile », c'est-à-dire un simple objet social, économique, politique ou religieux. Il lui faut en outre le
sentiment de l'honneur et celui de la liberté. La théo-
logie du romancier se fonde sur un humanisme, ou elle
le postule. Par là, Bernanos rejoint le souci commun de
bien des romanciers de l'après-guerre : montrer l'homme
dans sa réalité charnelle, dans l'exercice de ses instincts
et au sein d'un environnement géographique, social et
religieux, sans rien celer de la vérité. Il les rejoint encore
par l'appréhension pessimiste d'un monde voué à la
décrépitude, d'un homme qui se laisse peu à peu gagner

par le confort matériel, intellectuel et moral. L'activité
du romancier, comme celle du pamphlétaire qui le
double, est moins d'édification que de dénonciation.
Et tous deux font aussi peu confiance au rationalisme,
ou ce qu'ils appellent avec mépris le « réalisme ». L'un
touche par la chaleur fougueuse de son verbe indigné,
l'autre, le romancier, par son pouvoir visionnaire.

JEAN GIONO

Après la guerre, le romancier d'*Un de Baumugnes*,
le Grand Troupeau, *Jean le Bleu*, prophète du retour
à la nature et militant pacifiste, fut condamné momentanément au silence. Il en sort vers 1950, transformé.
Durant sa retraite forcée il a écrit une dizaine d'ouvrages qu'il publie coup sur coup et qui n'ont plus que
de lointains rapports avec les anciennes rhapsodies
agrestes, les bergeries en pantalons de velours des
paysans de Haute-Provence. Giono est devenu un
romancier qui s'essaie à organiser de complexes et mystérieuses histoires, à camper des caractères, à exprimer
la vie. Si *Noé*, sorte de journal poétique d'un « créateur
de personnages », porte encore les traits du vieil homme,
Un Roi sans Divertissement, *Mort d'un Personnage*,
les Ames fortes, et surtout *le Hussard sur le Toit* (1951),
le Moulin de Pologne (1952), *le Bonheur fou* (1957),
sont de véritables romans, aux intrigues souvent
compliquées et d'où se détachent des personnages
murés sur leurs secrets. L'un des plus attachants,
Angelo Pardi, dont on nous narre les aventures pendant l'épidémie de choléra qui dévasta la Haute-
Provence en 1838 (*le Hussard sur le Toit*) ou pen-

dant les flux et reflux d'une révolution de 1848 en
Italie (*le Bonheur fou*), veut être un petit-fils spirituel de Stendhal et presque un homologue de Fabrice
del Dongo. Il en a la jeunesse, la fougue généreuse, le
goût de l'aventure égotiste, et le même appétit de
bonheur. Quand il se lance dans l'action c'est pour
éprouver ses forces, plus encore son courage, sa virilité,
sa force d'âme. Les personnages qui lui font cortège
possèdent la même tension simple et l'auteur ne s'embarrasse pas de nuances psychologiques. Tout d'une
pièce, on dirait qu'ils sont chargés d'une « mission » à
laquelle ils s'attachent avec entêtement, dans la volonté d'annihiler tout ce qui la contrarie. Ils vont dans
leur sens comme portés sur des rails, que le but auquel
ils parviennent soit, du point de vue de la morale, bon
ou mauvais. Il y a chez Giono des « âmes fortes » vouées
au bien, d'autres vouées au mal ; l'important est qu'elles
soient « fortes ».

Le romancier se préoccupe peu de vraisemblance,
et les situations qu'il organise sont souvent incroyables.
On a pu à ce propos l'accuser de verser dans le mélo-
drame. C'est plutôt la tragédie qu'il vise, et la tragédie
à l'antique, avec chœurs et récitatifs. L'ancien Giono
n'est pas tout à fait mort — en particulier dans
Ennemonde et autres caractères (1968), dans *l'Iris de
Suse* (1970) — qui entendait donner une grandeur épique
aux moindres événements villageois. Plus que par
le folklore paysan cette grandeur est parfois donnée
par l'histoire, et c'est souvent à des reconstitutions
historiques que se livre l'ancien chantre de la terre et
des étoiles. Cette évasion dans le temps garde l'auteur
de prendre parti dans les querelles de notre époque, lui
permet mieux encore qu'autrefois de se détourner d'un
monde qui l'a déçu et qu'il refuse.

LOUIS ARAGON

Des luttes de l'occupation et de la Résistance, Aragon sort en grand vainqueur. Pendant la guerre, l'ancien surréaliste est devenu le chantre officiel de la France occupée.

Le poète officiel se double d'un romancier qui avait fait ses premières armes avant la guerre avec *les Cloches de Bâle* et *les Beaux Quartiers*. En 1945 il publie *Aurélien*, en 1947 il donne l'édition définitive, « seule conforme à l'original », d'un livre publié en 1943, *les Voyageurs de l'Impériale*. Dans son esprit ces deux ouvrages constituent la suite des romans publiés avant la guerre. Ils sont destinés à fournir une image exacte de « la vie réelle ».

En dépit de sa position politique, Aragon peut passer pour un excellent romancier bourgeois. Plus que le monde du travail, l'intéresse le milieu dont il est issu et dans lequel toute une partie de son être est engagée. Dans les *Voyageurs de l'Impériale*, fresque de la IIIe République, on voit s'agiter affairistes, politiciens, gens du monde, et le regard du romancier est suffisamment aigu pour percer les apparences, pour détecter les vrais mobiles des actions, pour dénoncer les hypocrisies et les faux-semblants. En ce sens l'ouvrage est de dénonciation, mais la révolte en est curieusement absente. *Aurélien*, où se voit en filigrane la propre jeunesse de l'auteur est davantage encore nostalgique. On y voit percer les regrets et les attendrissements.

En tant que porte-parole en France de la théorie du « réalisme socialiste », Aragon se devait de donner l'exemple. Il entreprend de raconter dans une suite de romans les batailles, les inquiétudes et les victoires de ses amis politiques. Toutefois, dans ces *Communistes*, la vérité historique est si maltraitée, les personnages si flous et si faux, la manière même de raconter si étrangère à l'auteur, qu'en 1968, ses convictions politiques ayant évolué, il recommencera toute l'entreprise. En 1958, *la Semaine sainte* avait, en revanche, suscité les éloges presque unanimes de la critique.

Bien que l'auteur s'en défende, *la Semaine sainte* est un roman historique, qui raconte la fuite de Louis XVIII et des royalistes avant le retour de Napoléon. L'auteur s'est documenté pendant de nombreuses années et connaît la couleur des uniformes des divers régiments de l'armée royaliste comme le nombre de leurs boutons. Il excelle dans le tableau de genre, et il sait susciter chez des personnages dont l'histoire s'est emparée des conflits psychologiques vraisemblables. Son héros, le peintre Géricault, un peu écrasé dans la foule de tant de personnages, parvient à intéresser par lui-même. Ce qu'on admire c'est, plus que le talent du romancier, celui du peintre de fresque, et les qualités de la composition. Une dimension supplémentaire est donnée à l'ouvrage par le rappel sourd de faits contemporains : l'exode de 1940, la fuite des Allemands en retraite, et par les confessions que l'auteur mêle au récit. Cependant, ce récit lui-même obéit à tant de conventions venues de loin : d'Alexandre Dumas ou des feuilletonistes du XIXᵉ siècle, qu'il semble écrit en marge des préoccupations de notre époque. Ce n'est pas le moindre paradoxe que cet ouvrage étincelant de talent et qui révèle une maîtrise consommée ait été écrit par un communiste. Dans *la Mise à mort* (1965), *Blanche ou l'oubli* (1967), l'auteur revient à des problèmes plus personnels, et le roman sert davantage de véhicule à la

confidence. On y voit paraître, en filigrane ou même
ouvertement, l'épouse de l'auteur, la romancière Elsa
Triolet, et le réel s'y mêle habilement à l'imaginaire
dans l'analyse complexe et savante des rapports conju-
gaux.

LOUIS GUILLOUX

Louis Guilloux a commencé de publier de courts
récits, mi-témoignages mi-romans, vers 1930. De
famille pauvre, attiré par les idées de gauche, il peint
la vie des humbles, des ouvriers et des syndicalistes
dans *Maison du peuple* (1927), *Compagnons* (1930),
Hyménée (1931) et s'affirme dans un roman plus vaste
de proportions, l'un des grands livres de l'avant-guerre,
le Sang noir (1935) où, dans le climat de luttes provinciales, il peint un héros excentrique et touchant,
professeur de philosophie. Pendant la guerre il publie
Pain des Rêves qui raconte son enfance et, en 1949,
le Jeu de Patience où, sous forme de notes apparemment
distribuées au hasard, il brosse un tableau de la vie
provinciale dans ses rapports avec les grands événements de l'histoire du monde, entre les deux guerres.
Les Batailles perdues (1960) est un nouveau *Jeu de
Patience* où s'affiche, surtout, un talent de narrateur.
Les ouvrages de Louis Guilloux relèvent plus de la
chronique que du roman. L'auteur est guidé par un
souci de vérité et c'est la vie qu'il veut ressusciter,
avec ses couleurs et son goût particulier, telle qu'elle
apparaît dans l'instant. Le narrateur est toujours un
témoin qui s'interdit de plier le récit à ses propres fins,
comme il s'interdit d'intervenir dans la destinée de ses

personnages, dans le choix de leurs aventures. Il s'ensuit
une impression de naturel, voire de laisser-aller, une
absence de composition et d'architecture qui semble
provenir de la vie elle-même dans son cours hasardeux.
L'auteur ne veut être qu'un meneur de jeu, celui qui
présente les personnages, les laisse parler puis les esca-
mote. Toutefois, il se différencie de l'historiographe ou
du chroniqueur en ce que ses personnages sont « vus du
dedans ». Leurs aventures, ou les récits qu'ils en font,
possèdent une signification : Guilloux expose les mi-
sères, les souffrances, les luttes et la solitude de ceux qui
se trouvent au bas de l'échelle sociale. Il exalte la soli-
darité des humbles, la fraternité et le dévouement des
militants. Il se garde, heureusement, du prêche social :
c'est toujours au lecteur de conclure. Ses derniers
ouvrages constituent des incursions dans une littérature moins assujettie à son contenu (*Parpagnacco*,
1954, *La Confrontation*, 1967), même si, çà et là, trans-
paraissent quelques accents d'un discret désespoir.

ANDRÉ DHÔTEL

André Dhôtel, qui fit son entrée en littérature en
1930 par *Campements*, est un auteur resté longtemps
secret, quoique prolifique (il a publié une vingtaine de
romans) et qui a eu de la peine à s'imposer. Un Prix
Fémina tardif (en 1955, pour *le Pays où l'on n'arrive
jamais*) l'a enfin fait connaître au grand public.

Il est peu de romanciers dont les ouvrages possèdent
un tel air de parenté. Ils mettent généralement en
scène des mystères villageois tels qu'on en déroulait
autrefois, le soir, à la veillée, et ils baignent dans une

poésie naturelle qui semble faite du tissu même des rêves. Leurs personnages, toujours étonnants, sont faits de la même matière.

A première vue, il semble que l'auteur n'enfreint pas les lois d'un strict réalisme. Il « nomme » les lieux, les choses, les individus et les événements, mais avec un luxe scrupuleux du détail. Il se borne à décrire les comportements de ses personnages, mais ce sont à peu près tous de doux extravagants. Il raconte des histoires, mais elles sont embrouillées et pleines de rebondissements. Si bien que le « réalisme » bascule constamment dans l'irréel, voire le surréel, sans que nous nous en soyons aperçus. Par un parti pris de banalité, l'auteur verse le plus naturellement du monde dans le merveilleux. Et c'est finalement le climat même de l'enfance, dans sa liberté, son mépris des conséquences, son absence de responsabilité, qui nous est restitué.

Dans tous les romans de Dhôtel il existe un enfant, ou un adolescent, qui, par une révolte inconsciente, secouant les conformismes, brisant avec les habitudes de son milieu, modifie subtilement l'atmosphère autour de lui. De même que l'auteur, qui force les apparences jusqu'à traverser le miroir, les personnages d'*Un village pathétique*, des *Rues dans l'Aurore*, de *l'Homme de la Scierie*, du *Plateau de Mazagran* découvrent au-delà des apparences, dans la vie même, un but et une justification à leur existence. Le cancan de village s'est alors transformé jusqu'à devenir une chanson de geste, une épopée. Le roman n'en reste pas moins un prodigieux roman d'aventures avec enlèvements, disparitions, rencontres inattendues, événements stupéfiants. Tel qu'il est conçu par Dhôtel, il ressemble à une histoire racontée par un enfant qui se prendrait peu à peu à ses imaginations. L'artiste est derrière l'enfant. Il le guide selon les recettes d'un art subtil et envoûtant.

MARGUERITE YOURCENAR

Marguerite de Crayencour, fille de grands bourgeois belges et née à Bruxelles au début du siècle, reçoit de son père une éducation humaniste dont elle tirera le plus grand profit pour son œuvre d'écrivain et de romancière. Après la mort du père, qui s'était installé à Paris, elle mène une vie nomade entre l'Italie, la Suisse, la Grèce et commence à publier. En 1937 elle fait un premier séjour aux États-Unis où elle devient professeur en 1939, avant de se fixer, depuis 1958, dans une petite ville de l'État du Maine.

Alexis, ou le traité du vain combat, son premier roman publié en 1929 sous le nom de Marguerite Yourcenar, est un récit de forme gidienne où, au cours d'un long monologue, un artiste tente de justifier, par des raisons morales et intellectuelles, l'échec de son mariage. Avant que la guerre ne survienne elle aura publié quatre autres romans ou récits — dont *la Nouvelle Eurydice* et le *Coup de grâce* — qui font surtout honneur à ses qualités de conteur et de moraliste. Un public traditionaliste et cultivé est toujours sensible aux dons d'écriture, à la pudeur des sentiments, à la finesse des analyses. C'est après la guerre, en 1951, que Marguerite Yourcenar atteint à la fois la notoriété et le grand public avec les *Mémoires d'Hadrien.*

Cet ouvrage, auquel un historien ne trouverait rien à redire, se tient en même temps éloigné de la littérature à succès. Sans doute les mémoires imaginaires flattent un certain goût du public pour l'histoire romancée, mais c'est plus qu'à reconstituer une atmosphère : celle

de l'empire romain à la veille de périr, qu'a visé l'auteur.
Hadrien est un empereur, certes, conscient de sa charge
et soucieux de la bien assumer. C'est aussi un homme,
avec toutes ses faiblesses. C'est enfin et surtout l'émi-
nent représentant d'une culture et d'une philosophie
de la vie. Hadrien croit au bonheur, à la beauté, à
l'accomplissement humain dans le respect des valeurs
qu'incarnent les dieux du Panthéon. Il est néanmoins
conscient que ces dieux, plus aimables que farouches,
vont céder le pas à de nouvelles divinités, obscures et
mystérieuses, venues de l'Orient, tandis que l'empire,
au faîte de sa grandeur, échappe de jour en jour à l'emprise des forces qui l'ont constitué. Il perçoit le premier craquement de ce vaste édifice et il envisage ce
qui pour lui ne peut être que la fin du monde avec la
même sérénité que sa propre fin, tout aussi inéluctable.
Il prend conscience et de sa solitude et de son impuissance à maîtriser le cours des choses : le fatum est plus
fort que la volonté des hommes, fussent-ils empereurs et
demi-dieux. Du moins l'homme, au poste où le destin
l'a placé, se revanche-t-il par sa lucidité, par l'acceptation sereine des devoirs attachés à sa charge, quelque
inefficace qu'en soit l'action qui en découle. Avec un
talent qui donne au romancier le pas sur l'historien, au
moraliste le pas sur le romancier, Marguerite Yourcenar ressuscite une conception de l'homme et de la vie
que nos contemporains, conscients eux aussi qu'ils
assistent à la fin d'une civilisation, pourraient méditer.
C'est en quoi ces mémoires imaginaires échappent à
l'étroite définition du roman historique et, sans ana-
chronisme, relèvent de nos préoccupations.

Après le succès des *Mémoires d'Hadrien*, Marguerite
Yourcenar s'applique à récrire quelques-uns de ses ouvrages d'avant-guerre, publie des essais, des poèmes,
des pièces de théâtre, traduit des ouvrages de Virginia

Woolf et d'Henry James, fait connaître le grand poète
grec moderne Cavafis ou les Negro Spirituals qu'elle a
elle-même recueillis aux États-Unis, poursuivant de
cent façons sa tâche de grande dame nourrie d'une culture universelle, sans doute à l'ancienne mode, mais qui,
par elle, semble encore recéler des trésors qui font honte
aux nouveaux barbares.

En 1968 un nouveau roman, *l'Œuvre au noir*, connaît un succès comparable à celui des *Mémoires d'Hadrien*, tandis qu'il est reconnu par la plupart des critiques comme le meilleur ouvrage de l'année dans le
domaine de la fiction. C'est, de nouveau, une œuvre
qui fait revivre une époque, des modes de penser et de
vivre bien particuliers : un XVIe siècle qui, au temps de
la splendeur des Flandres et de l'Espagne, à travers la
redécouverte de l'antiquité gréco-romaine, fourbit les
premières armes d'un nouvel humanisme. Le héros en
est un alchimiste, moins soucieux de transformer le
plomb en or que de percer des secrets jusque là consi-
dérés par le christianisme comme hors de la portée humaine. Cette fois, c'est le héros qui est imaginaire. Il
n'en incarne pas moins, avec toute la vraisemblance
désirable et cependant des préoccupations modernes
une époque de transition, elle aussi florissante et, pour
nous, digne de considération.

Sans doute Marguerite Yourcenar prend-elle malaisément place dans le grand courant qui, après la guerre,
porte les romanciers français vers de nouvelles terres,
à l'aide de nouvelles méthodes d'approche. Elle n'innove
pas davantage dans l'expression. Elle est une héri-
tière qui rallie à elle bien des nostalgies et des regrets.
A la façon de ses héros, elle est consciente de vivre elle
aussi une époque en train de s'achever et dont la guerre
a sonné le glas. L'éclat qu'elle donne au genre quelque
peu périmé qui lui a valu le succès, la lucidité dont elle

fait preuve et l'antique trésor de sagesse dont elle cherche à faciliter le passage vers des contemporains qui disent n'en avoir que faire, lui assurent néanmoins une place enviable parmi les romanciers d'une avant-guerre dont la voix commence à redevenir audible au cours des années cinquante.

5. *A partir de valeurs surréalistes*

Dans son histoire vivante, le surréalisme appartient à l'entre-deux-guerres. Sans jamais devenir une école littéraire, il a profondément modifié le climat des idées, des sentiments et de l'expression artistique, renouvelé les genres et abattu les cloisons qui les séparaient, en moins de quinze années. Il a surtout inspiré des poètes et des peintres. Il est peu riche en romanciers.

On s'en étonne d'autant moins que pour son théoricien et chef de file, André Breton, le roman a toujours constitué un genre mineur et le refuge des « littérateurs ». Or, le surréalisme s'est élevé avec force contre la littérature, au profit d'une expression directe et essentielle de l'inconscient sous toutes ses formes, de l'insolite, du merveilleux. Pour Breton, le roman n'a jamais réussi à se dégager de l'ornière naturaliste ou psychologique, et c'est Breton qui fait prononcer à Paul Valéry la fameuse phrase : « je me refuserai toujours à écrire : la marquise sortit à cinq heures ».

Toutefois, en même temps que le genre romanesque subissait les plus rudes assauts, et en raison même des coups qui lui étaient portés, il évoluait et changeait de forme. Au lieu d'être simplement une « histoire », ou

pis : une tranche de vie, il devenait un genre protéi-
forme qui englobait peu à peu tous les autres : prose
lyrique, poème, confession, manifeste, et faisait bon
marché des règles traditionnelles, plus ou moins tacitement codifiées à la fin du xixe siècle. Toute fiction devenait roman. L'étiquette ne servait plus qu'à différencier du document ou de la chose vue, du témoignage
ou du journal, ce qui se faisait passer ouvertement
pour un produit de l'imagination de l'auteur. Encore
faut-il préciser qu'entre le roman et ce qui n'est pas
lui les frontières sont indécises, certains romanciers se
flattant d'exprimer par la fiction la réalité même, le
« vécu », et s'interdisant précisément d'inventer, afin
de restituer la vie dans sa vérité nue. La définition
du roman est si fluctuante que Gide, se défendant
d'écrire des romans, avoue seulement comme tel *les Faux-
Monnayeurs*, bien qu'à la complication près, ce « roman »
ne diffère guère d'une sotie comme *les Caves du Vatican*. Malraux se reconnaît comme un romancier, mais il
est sûr que *l'Espoir* se veut autre chose qu'un roman.
Quelle étiquette mettre sur l'œuvre de Leiris ou de
Beckett ?

Les frontières du genre s'étant démesurément éten-
dues, et le roman devenant peu à peu une forme privilégiée d'expression, la plus courante et la plus ouverte, il eût été étonnant que l'influence du surréalisme
ne s'y fît pas sentir. S'il n'existe pas de romanciers surréalistes à proprement parler (la forme excessivement surveillée d'un Julien Gracq, la prose travaillée et précieuse
d'un Mandiargues, contredisant aux canons de l'écriture automatique), il existe néanmoins des romanciers
(au sens large du mot) qui, ayant fait leurs classes dans
le groupe surréaliste ou ayant côtoyé celui-ci d'assez
près, ont tiré parti de ses découvertes, acclimaté son
esprit dans leurs œuvres. On retrouve chez eux le

même goût pour le merveilleux ou l'insolite, le même
appétit de libération, susceptible de secouer les formes
désuètes de la vie ou de l'expression, le même désir de
« changer », d'un même mouvement, « le monde » et
« la vie », bref, de découvrir et d'utiliser l'écriture
comme un instrument de transformation profonde de
l'être. Toutes les caractéristiques de l'esprit surréaliste
ne se retrouvent pas chez chacun d'eux. Toutefois, chacun d'eux a pris une partie de son bien au surréalisme.

GEORGES LIMBOUR

Exclu du groupe surréaliste pour complaisance envers la « littérature », le discret Georges Limbour est,
peut-être, plus poète et conteur que romancier. Ami,
dans sa jeunesse, de Max Jacob qui faisait grand cas de
lui, il a commencé par publier des vers qui ont été redé-
couverts vingt-cinq ans plus tard (*Soleil bas*) et suscité
les éloges publics d'Aragon, de Cocteau, qui le tiennent pour un de leurs maîtres.

En 1930, il réunit sous le titre *l'Illustre Cheval blanc*
des contes écrits bien plus tôt. Puis ce sont des romans
chargés de poésie, d'ironie et d'émotion : *les Vanilliers*
(1938), *la Pie voleuse* (1939), *le Bridge de Madame Lyane*
(1948). Limbour revient ensuite à son activité de conteur et s'intéresse à la critique d'art. Il s'accommode de
la méconnaissance relative où on le tient, jusqu'à ce
qu'en 1963 *la Chasse au Mérou* le mette soudain en
vedette.

Esprit essentiellement poétique, Georges Limbour
n'a qu'à se laisser aller à son naturel pour créer un climat de magie et de merveilleux qui semble sourdre

des objets, des événements, des personnages. Toutefois, l'illusion qu'il crée avec des moyens apparemment simples est ancrée dans la vie de tous les jours, solidement rattachée à une réalité où se laissent discerner les grands événements, les grandes inquiétudes de l'époque. *Les Vanilliers*, chargé d'un exotisme colonial très xviiie siècle, laisse présager la dure vie des récolteurs de vanille. *La Pie voleuse*, qui montre la vie d'un village espagnol avant, puis après la guerre civile, dénonce les horreurs de cette guerre. L'action du *Bridge de Madame Lyane* se déroule dans des pays balkaniques qui vont être mis sens dessus dessous par la Seconde Guerre mondiale. Sur l'Espagne de la *Chasse au Mérou* règne un sordide « tyran callypige ».

Le merveilleux, l'insolite ne constituent pas pour l'auteur une évasion. Ils sont issus directement, et naturellement, d'une réalité qui les recèle : généralement inaperçus, ils font partie de cette réalité. Pour être discrète, ironique et gracieuse, la voix de Georges Limbour couvre un assez vaste registre. Dans le concert des voix de l'après-guerre elle fait entendre un chant unique.

RAYMOND QUENEAU

Raymond Queneau a été longtemps surréaliste. En 1929, au moment de la crise la plus grave qui ait secoué le groupe, il est des fidèles qui approuvent les exclusions annoncées par André Breton dans le *Deuxième Manifeste du Surréalisme*. Pourtant, quelques mois plus tard, il rompt avec Breton et, après s'être intéressé aux fous littéraires (il intégrera ce travail aux *Enfants du Limon*, publié en 1938), il publie, en 1933, son premier roman, *le Chiendent*. D'autres suivent, dont il alterne la publication avec des poèmes : *les Derniers Jours* (1936), *Odile* (1937), *Un Rude Hiver* (1939), *Pierrot, mon Ami* (1942), *Loin de Rueil* (1944), *le Dimanche de la Vie* (1951), enfin *Zazie dans le métro* (1959) qui, de façon assez inattendue, le place au rang des « best-sellers ». Entretemps, il est élu membre de l'Académie Goncourt.

L'activité romanesque de Raymond Queneau double une activité au moins aussi importante de poète. Elles sont toutes deux ignorées du grand public jusqu'après la guerre. La notoriété vient à Queneau avec *Exercices de style* (1947) qui se présente pourtant comme un pur passe-temps rhétorique, mais où l'invention et la cocasserie se donnent libre cours de façon provocante. Un cabaret de Saint-Germain-des-Prés en fait un spectacle, et le succès vient brusquement à l'auteur.

De son passage à travers le surréalisme il reste à Raymond Queneau un certain goût pour les aspects humoristiques et dérisoires de la vie quotidienne. Il nous promène dans les banlieues, les fêtes foraines, les quartiers suburbains, partout où s'ébat une humanité fuligineuse ou en marge qui prend la vie comme elle vient, sans se poser de grands problèmes. Toutefois, l'auteur les pose pour eux et les leur fait vivre sans qu'ils s'en aperçoivent : le problème de l'existence (de son pourquoi et de ses comment), celui du temps qui passe, ceux de la vieillesse et de la mort, ceux des mille ennuis qui guettent à chaque moment les simples et les anonymes. *Le Chiendent* a été écrit sur le modèle du *Discours de la Méthode*, *le Dimanche de la Vie* s'ouvre sur un exergue de Hegel, *les Fleurs bleues* (1965), sur un mot de Platon, *le Vol d'Icare* (1968) sur un vers d'Ovide. Sous ses aspects nonchalants et bon enfant, Queneau est un auteur concerté, féru de philosophie comme de mathématiques — *Une Histoire modèle* (1966)

voudrait être un traitement mathématique de l'Histoire — et qui semble s'abandonner aux hasards de l'inspiration pour mieux donner le change. L'humoriste cache
un « philosophe » désabusé, un peu amer et pessimiste.

Il n'a pas non plus abordé le roman sans préparation.
Grand admirateur de Flaubert, du Flaubert de *Bouvard et Pécuchet* avec qui il partage la même dilection
ricanante pour la « bêtise » humaine, les idées reçues, les
conventions de la vie en société, et trouvant à les montrer un plaisir acide, il a étudié les moyens propres à
« boucler » un roman, à lui donner un mouvement circu-
laire, soit fermé sur lui-même comme dans *le Chiendent*, soit ouvert sur l'avenir comme dans *Odile* ou *les
Derniers jours*. Dans ses écrits théoriques, réunis dans
Bâtons, Chiffres et Lettres (1950), il insiste sur le fait
qu'on ne saurait être romancier sans posséder et mettre en œuvre une technique, que rien, dans le roman, ne
saurait être laissé au hasard. Le romancier doit faire
preuve de rigueur, d'un souci d'architecture et de construction, d'une volonté inflexible de composition. Il
faut en même temps que ces divers soucis ne soient
pas visibles afin que l'œuvre ne paraisse avoir d'autre
nécessité que naturelle, mais cette « nature » est, en
définitive, un effet de l'art.

Outre une admiration foncière pour l'ancêtre de
toute littérature, Homère, Queneau a cité ses pères
spirituels : James Joyce, Louis-Ferdinand Céline,
Charles Péguy, à un moindre degré Marcel Proust. Il
leur a pris à tous : aux uns, le souci d'exprimer une action
dans la durée (le roman est essentiellement un temps
qui se déroule), aux autres, surtout Joyce et Céline, la
nécessité de se forger un instrument à soi, un langage.
Comme Joyce, il a voulu créer des mots qui ne se trouvent dans aucun dictionnaire et qui, pourtant, correspondent seuls à ce que l'auteur veut exprimer. Comme

Céline, il a voulu porter un coup mortel au langage de convention (langage littéraire dégénérant parfois en langage académique). Il dénonce une police du langage, formée par les études, les humanités, la lecture des classiques et des grands écrivains du passé. Devant tout auteur nouveau, elle dresse des interdits et formule des tabous. Contre cette convention du langage littéraire, Raymond Queneau exalte la perpétuelle invention, jaillissante, du langage parlé, près de la réalité, émotionnel, viscéral. Il acclimate de nouveaux termes, savoureux et pittoresques, forgés par le « populaire » et relevant parfois de l'argot. Il désarticule la syntaxe, la rapprochant du langage parlé. Il s'essaie à écrire les mots tels qu'on les prononce. Il ne pousse pas, toutefois, sa révolution jusqu'à vouloir susciter des obstacles à une communication fondée sur quelques bonnes habitudes. Son dessein est de la rendre au contraire plus aisée, plus naturelle, plus vraie.

Ce côté concerté de l'art de Raymond Queneau l'a paradoxalement fait considérer comme une sorte de mandarin, amateur de jeux intellectuels. Sous l'apparent laisser-aller de ses romans, sous leur humour et leur cocasserie, on pressentait trop l'existence d'intentions qui invitaient à une lecture sur un autre plan, dans d'autres dimensions. Par un aspect ou un autre, ses ouvrages « échappaient » au lecteur. *Zazie dans le métro* n'est pas moins chargé de ces intentions et il n'est pas sûr que ses cent mille lecteurs les aient toutes perçues, mais le mouvement qui emporte l'action est cette fois plus visible et il entraîne avant même qu'on ait eu le temps de s'alarmer ou de se poser des questions. Alors que seuls les lecteurs chevronnés de Queneau peuvent s'arrêter à celles-ci, un vaste public peut se laisser aller, en le lisant, à goûter un plaisir simple, grâce au pittoresque des personnages, au déroulement d'une logique

aberrante mais impitoyable des situations, grâce surtout à des expressions du langage populaire qui ont fait
immédiatement fortune.

Il n'en reste pas moins que, pour la critique, Raymond Queneau demeure un cas dont la résolution né-
cessiterait une longue exégèse. Elle a été tentée. On
peut se demander en effet si son œuvre s'établit comme
une négation de la littérature, ou comme sa dérision,
ou encore comme un monument exagérément littéraire.
Les trois thèses peuvent être étayées d'arguments doués
d'une force égale. Il est sûr, en tout cas, qu'en cette
occurrence il n'est pas fait de la littérature, ou du roman,
un usage innocent. Raymond Queneau se trouve au
cœur des problèmes qui agitent notre époque à propos
des rapports entre la littérature et la vie, entre l'expression et la communication. S'il a trouvé pour lui-
même une solution, il la tient, malgré ses explications,
soigneusement cachée. C'est probablement ce qui donne
à cette œuvre une allure paradoxalement ésotérique.

MICHEL LEIRIS

Ancien membre du groupe surréaliste, et poète lui
aussi, Michel Leiris ne se tient sûrement pas pour un
romancier. Ses œuvres essentielles, où la fiction se
mêle à la confession autobiographique pour les dépasser toutes deux dans une sorte de création mythique,
sont toutefois d'une telle importance et exercent une
influence si profonde sur les jeunes écrivains d'aujour-
d'hui qu'il faut briser les cadres de cet ouvrage pour
les y faire entrer. Il se pourrait même que Michel Leiris
ait inauguré un nouveau genre littéraire auprès du-

quel les genres traditionnels : roman, journal, confession, montrent leurs insuffisances et accusent leurs limites. Il n'a pas seulement répondu pour lui-même aux interrogations pressantes que formule la littérature depuis vingt ans, il indique une voie.

Comme tous les surréalistes, Michel Leiris a commencé par écrire des récits de rêves et des poèmes automatiques. Comme eux tous, il était intrigué par certaines propriétés du langage, par la faculté, notamment, qu'a celui-ci de fabriquer, instantanément, de la pensée. Qu'on change de place les mots dans une expression toute faite, qu'on renverse les termes d'un proverbe, et un sens nouveau apparaît qui étonne. Le simple rapprochement des mots par allitération ou assonance, amène lui aussi des résultats inattendus, parfois fascinants. Ces « jeux de mots » auxquels s'étaient livrés Marcel Duchamp, Paul Éluard, Robert Desnos, sont repris systématiquement par Michel Leiris qui en tire plus que des effets amusants.

Il a pris en effet au sérieux l'affirmation de Breton selon laquelle « la littérature doit mener quelque part ». A celle-ci il cherche une fin, et la première qu'il lui découvre est d'abord l'engagement total de l'auteur dans l'expression. Après avoir montré le soubassement érotique, tragique, et peut-être mystique, d'un banal spectacle de tauromachie, il veut concevoir également la littérature comme une tauromachie, cérémonie d'un certain genre, avec son rituel et ses règles, qui se termine par une mise à mort, avec tous les risques que comporte une pareille fin. Sans doute l'écrivain n'est-il pas un torero; mais s'il refuse de s'engager comme s'engage le torero, dans un corps à corps rituel et dangereux avec ce qu'il faut exprimer de lui-même et du monde, il fait de la littérature un usage futile et extérieur.

Comme premier effet de cette esthétique, l'auteur s'en prend à lui-même. Il se compromet publiquement en révélant ce qu'un écrivain n'est jamais tenu de dire : ses impulsions, ses instincts, ses phantasmes, sa mythologie personnelle, voire les particularités de son organisation physique ou physiologique. *L'Age d'Homme* que Michel Leiris publie en 1939, renouvelle la littérature de confession et suscite une transformation en profondeur du contenu de nos lettres après la guerre. Conçu comme une confession psychanalytique, l'ouvrage tire son importance de la synthèse artistique qu'a faite l'auteur des matériaux décelés par l'analyse. Tout lecteur peut être amené, par ce contagieux exemple, à faire la propre analyse et histoire de sa mythologie personnelle, tuf intime sur quoi il a inconsciemment bâti sa vie, ses comportements, sa vision du monde.

Après la guerre, Michel Leiris se lance dans une œuvre de longue haleine avec *la Règle du Jeu*, non encore terminée et dont ont paru trois tomes : *Biffures*, en 1948, *Fourbis*, en 1955, *Fibrilles*, en 1966. Il est symptomatique qu'ayant à les ranger sous une étiquette il ait choisi celle d' « essais », voulant sans doute signifier par là qu'il ne faut pas les tenir pour des fictions. En effet, c'est de lui-même que parle Michel Leiris, de la façon la plus précise, la plus circonstanciée, la plus sincère.

L'auteur, choisissant de parler de lui, trouvant en lui la matière de son discours, ne peut se voir, ne désire pas même se voir avec les yeux d'un observateur objectif. Il participe à l'observation et il s'engage en elle, la part de cet engagement constituant pour Leiris la raison même d'écrire. Et la fiction réside précisément en ce qu'au lieu de répudier l'invention, l'imagination, la « mythisation », l'auteur les mobilise au contraire pour contribuer à édifier solidement ce qui ne doit être ni un rapport scientifique ou médical, ni un journal de

la vie quotidienne, mais une œuvre d'art. Encore, pour
Leiris, ce dernier but est-il secondaire. Poussant plus
loin son investigation, il entend que l'œuvre soit
l'homme même, c'est-à-dire l'auteur, pourvu de nouvelles
dimensions, non son pur et simple reflet, mais la création à laquelle il aboutit à partir de lui-même par
l'écriture. Du même coup voici comblé l'écart qui sépare
l'exprimé de « l'exprimant », la littérature de la vie,
la création artistique de la réalité. L'importance de la
tentative de Michel Leiris réside en ce qu'elle fournit aux
questions que se pose aujourd'hui la littérature une
réponse qui n'est pas seulement personnelle. Elle vaut
pour tous les écrivains, du moins ceux qui n'ont
pas pris le parti de vouloir simplement distraire et
amuser. Elle apporte une preuve à l'affirmation selon
laquelle la littérature doit en effet mener « quelque
part ».

La *Règle du jeu* trouve son point de départ dans des
phénomènes de langage. Ce sont, mystérieux ou aberrants, ceux qui se révèlent à l'enfant qui les perçoit pour
la première fois. Un mot ou une expression, communé-
ment entendus et employés, répétés par l'enfant, cris-
tallisent plus ou moins des sentiments, des idées, des
comportements qui donnent au mot ou à l'expression
une signification souvent fort éloignée de son sens véritable. Ils forment autour de ce mot ou de cette expression
un climat affectif, une « aura » colorée par la terreur ou
le désir, et porteurs pour l'enfant d'une certaine réalité.
Quand l'auteur cherche à percer la nature de cette réalité, il découvre un soubassement instinctif, mythologique et affectif qui s'identifie avec lui-même, avec la
vision qu'il avait du monde dans lequel il gravitait. De
proche en proche, avec l'aide de l'homme qu'il est devenu, il construit l'édifice unique qui porte son nom,
exprime sa personnalité, répond de lui-même devant les

autres. Les matériaux lui en sont fournis par la mémoire
et l'éclairement rétrospectif du passé. S'enfonçant à
mesure dans un labyrinthe obscur, il débouche de temps
à autre sur de grandes nappes de clarté. Se découvrant,
il se construit. Au lieu d'être un simple produit de son
activité écrivante, l'œuvre coopère à l'évolution d'un
moi et en marque les diverses étapes. Jamais on n'a
mieux souligné l'activité transformatrice de l'écriture
ni mieux administré les preuves de cette métamorphose.

Fourbis et *Fibrilles* montrent que le monde de l'adulte
ne diffère que sur peu de points du monde de l'enfant.
En dépit d'une activité rationnelle et parfois même rai-
sonnante, de la pression d'un monde qui réclame des
comportements typiques, l'adulte vit dans une fantasmagorie. Elle l'exprime avec plus de justesse et d'exactitude que les catégories rationnelles dans lesquelles il
est obligé de se mouvoir. Michel Leiris ne se contente
pas d'analyser cette fantasmagorie ; il la recrée à travers les mille circonstances où elle a un jour affleuré ;
il la revit tout entière, lui confère une seconde et nouvelle
existence. A cette tâche que Proust déjà avait menée à
bien, il adjoint cette autre, incomparablement plus
difficile, de faire revivre, dans une incarnation circonstanciée, les mythes particuliers, collectifs ou ancestraux qui ont commandé son action.

Par là, il brise en outre les frontières du moi. Reliant
l'homme qu'il a été, ou qu'il est, au monde qui souvent
en tire les fils, il passe également les limites de la confession, du roman, pour aboutir à un équivalent significatif et conscient de ce monde. Le lecteur ne peut que
tenir cette construction pour indestructible. Fait littéraire, elle est devenue un fait du monde lui-même.

JULIEN GRACQ

André Breton a annexé au surréalisme Julien Gracq
qui appartient à une génération postérieure à celle de
Limbour, Queneau et Leiris. Pourtant, Julien Gracq
n'a connu que par ouï-dire les fastes surréalistes de la
belle époque : il a publié son premier livre, *Au Château d'Argol*, en 1938. Sept ans plus tard, en 1945, il publie *Un Beau Ténébreux*, puis, en 1951, *Le Rivage des
Syrtes* (pour lequel il refuse le Goncourt), en 1958 *Un
Balcon en Forêt*. On lui doit également des poèmes en
prose (*Liberté grande*), une pièce de théâtre, *le Roi pê-
cheur*, une sorte de journal où il a enserré observations
aiguës et réflexions percutantes : *Lettrines*.

Julien Gracq est un écrivain appliqué, cérémonieux,
volontiers solennel. Il est amoureux de la belle prose,
drapée, hiératique, fortement évocatoire. Il mise tout
sur la phrase et le mot. Voilà qui, déjà, a pu plaire à
André Breton, lui-même prosateur fort surveillé. Breton
a été sensible, en outre, au pouvoir que possède Gracq
de nous plonger par une sorte d'hypnose dans un climat romantique exacerbé. L'auteur du *Château d'Argol*
et d'*un Beau Ténébreux* a emprunté aux romantiques
français, davantage aux romantiques allemands, tout
l'arsenal de terreur et de mystère : vieux châteaux
forts, forêts mystérieuses, apparitions nocturnes, amours
contrariées et fatales, goût pour l'aventure dangereuse
qui réclame un engagement à corps ou cœur perdus, désir d'évasion hors des limites terrestres, soif d'inconnu.
Sous l'apparente glace des phrases bouillonne un monde
de désirs, de rêves, d'incantations plus ou moins infer-
nales. L'homme est tiré de son univers coutumier, mis

en rapport avec un au-delà pagano-mystique où il croit trouver sa vraie place.

Cherchant plus loin encore dans le passé son inspiration, dans le Moyen Age du Graal, dans les villes italiennes en lutte de la Renaissance (*le Rivage des Syrtes*), l'auteur suit un fil qui traverse toute son œuvre, le garde de la simple description ou évocation. Comme pour les chevaliers du Graal, c'est celui qui mène à une justification de l'homme par la reconnaissance d'un destin qui lui échappe. Il se manifeste à lui en certaines circonstances privilégiées, lui signale la présence obscure d'un salut. L'auteur est habile à placer son lecteur dans ce climat d'attente et de préparation à la découverte du merveilleux. Quand il se contente de l'insolite, notre déception est à la mesure de l'angoisse ou de l'envoûtement qu'il a fait naître en nous.

L'inspiration comme la manière de Julien Gracq le placent en marge des romanciers contemporains, généralement soucieux d'évoluer dans un monde plus proche de nos questions, de nos inquiétudes. Il s'y est pourtant essayé dans *Un Balcon en Forêt* qui romance un épisode vécu de la « drôle de guerre ». Cependant, il s'agit de la forêt d'Ardenne, traditionnellement riche en mystères, et la femme qui y apparaît ne pourrait bien être qu'un nouvel avatar de Mélusine. L'action pourrait se passer en d'autres temps, avec d'autres personnages. Julien Gracq n'a nulle envie de franchir les limites de son monde, riche en surprises, en mystères poétiques.

ANDRÉ PIEYRE DE MANDIARGUES

Également reconnu par André Breton pour un écrivain surréaliste, André Pieyre de Mandiargues est

poète et conteur plus que romancier. Il a commencé
à publier pendant l'occupation, à Monaco, où il était
réfugié, une suite de contes et nouvelles d'une inspiration précieuse et fantastique, d'une forme ouvragée,
recueillis plus tard sous le titre *Dans les Années sordides.*
D'autres recueils devaient suivre : *Le Musée noir* (1946),
Soleil des Loups (Prix des critiques, 1951), *Marbre*
(1953). *Le Lis de Mer* (1956), *la Motocyclette* (1963), *la
Marge* (Prix Goncourt 1967), sacrifient davantage aux
lois du roman.

Pieyre de Mandiargues est amoureux de l'insolite
sous toutes ses formes : celui qui se manifeste dans les
créations de la nature et des hommes, celui qu'on rencontre dans la vie quotidienne. Il est ennemi du banal,
du coutumier, de l'habituel, de tout ce qui se manifeste à un nombre trop grand d'exemplaires. Esthète
(à la façon dont on disait « décadent » à la fin du
xixe siècle), il s'enflamme pour le détail d'un tableau,
pour le motif ornemental d'un meuble, pour la forme
bizarre d'un rocher. L'insolite n'est pas pour lui le signe
d'une présence mystérieuse et ne renvoie à aucun au-
delà. Il existe par lui-même et pour lui-même ; la joie
qu'il communique est purement esthétique. Comme toute
apparition de « baroquisme » en notre civilisation
industrielle et utilitaire, il témoigne des mille possibilités
de l'homme livré à lui-même, hors des contingences,
des mille formes que peut revêtir son désir d'évasion. Il
fonctionne dans notre monde comme une soupape de
sûreté.

Mandiargues ajoute à ces manifestations aberrantes
d'une vie en marge ses propres imaginations et constructions. Il crée lui aussi des monstres et des chimères,
des humains caressés par l'ange du bizarre. Il se meut
dans un climat fantastique qui s'empare insensiblement du lecteur, le dépayse sans l'envoûter ni le terro-

riser (moyens de capter l'intérêt jugés trop grossiers
par l'auteur). L'émotion esthétique prend toujours le
pas sur les autres, et le frisson qu'elle cause est d'étonnement ou de surprise. Quand l'inspiration se fait érotique et revêt alors une certaine brutalité, l'auteur parvient à la canaliser en des apparitions qui déguisent
l'animalité, donnent au « lâchez tout » des instincts
mués en perversions un air de civilité.

Il n'est pas pour autant un écrivain mièvre ou rassurant. Dans les interstices d'une phrase maîtrisée, cise-
lée comme un bibelot de grand prix, passe parfois le
souffle brûlant d'un monde infernal. Le romantisme
allemand (celui d'Achim d'Arnim plus que celui de
Novalis) se laisse reconnaître. Mandiargues l'a lati-
nisé, souvent même italianisé, c'est-à-dire débarrassé,
en lui gardant sa force, de ses puérilités les plus visibles.

6. *Métamorphoses du roman*

Dès avant 1940, une évolution s'opérait dans les esprits, les courants littéraires, les façons communes ou philosophiques de penser. Une littérature dont les maîtres demeuraient Gide, Claudel, Valéry, Montherlant, Giraudoux, et, pour la génération suivante, Malraux, Giono, Bernanos, donnait des signes d'essoufflement.

Le renouveau romanesque des années trente avait produit des œuvres marquantes. Quelques questions angoissantes n'avaient toutefois pas été résolues. Des romanciers avaient préconisé le salut par la révolution, la sainteté, le retour à la nature : leurs solutions, au moment où battaient les tambours hitlériens, n'étaient cruellement plus de saison. Il allait falloir affronter, nu et désarmé, l'orage qui s'amassait. Quelles valeurs désormais défendre ? Les unes, l'humanisme de Gide et de Valéry, le catholicisme panique de Claudel, paraissent exténuées. Les autres sont ouvertement dénoncées et foulées aux pieds par les bandes d'un dictateur hystérique. Littérature, pensée, philosophie semblent frappées de stupeur. Aux lueurs des autodafés nazis, deux entraînements contradictoires mais apparentés se font jour : un scepticisme qui se transforme en indifférence totale et en désespoir, un fougueux appétit pour la vie élémentaire, l'instinctif, la brutalité animale.

La transformation ne s'opère pas d'un coup. L'intelligentsia cherche à oublier les problèmes qu'elle va devoir résoudre, trouve des refuges provisoires dans la futilité ou le mysticisme. C'est l'époque où Giraudoux, mis en scène par Louis Jouvet, fait les beaux soirs de l'*Athénée* entre deux ultimatums d'Hitler, celle où MM. Romains et Maurois font figure de penseurs. Ailleurs s'opèrent des conversions aux doctrines ésotériques de l'Inde, à la mystique tibétaine, plus banalement, à un catholicisme philosophique. Tous les moyens paraissant bons pour un appel à l'aide, les yeux se tournent vers l'étranger.

Sur le plan romanesque, les Français n'attendent plus grand-chose de la Russie. Elle est lancée dans l'édification d'une littérature aux préoccupations trop particulières. Le dernier grand poète, Maïakovski, s'est tué. Quelques romanciers de valeur, Boris Pilniak, Isaac Babel, ont disparu, déportés ou fusillés. Si Dostoïevski et le Tolstoï de *Guerre et Paix* sont toujours évoqués, les problèmes romanesques qui les occupaient semblent dépassés. C'est plus tard qu'on reviendra à Dostoïevski, et pour d'autres raisons.

D'Allemagne et d'Italie, ne parviennent plus que des voix isolées : celles de Jünger, de Moravia. Les meilleurs ou les plus célèbres, comme Thomas Mann, ont choisi l'exil. Et c'est un Italien en exil, Ignazio Silone, que les Français découvrent, avec *Fontamara*.

Même silence en Espagne. C'est la voix d'une victime de la guerre civile qu'on entend, du poète assassiné Federico Garcia Lorca.

Par l'entremise de Gide et de quelques autres, la littérature romanesque anglaise avec Conrad, Meredith, Galsworthy, D. H. Lawrence, avait joui d'une grande considération. Cette considération s'effrite au profit de l'influence toute-puissante de l'Irlandais James Joyce, dont l'étoile est au zénith. Mais Joyce, qui vit en Italie, en France, en Suisse, est plus Européen qu'Anglais. Seuls, T. E. Lawrence, outlaw et aventurier plus qu'homme de lettres, Virginia Woolf, défendent les couleurs de leur île.

La vraie découverte vient des États-Unis. On a traduit, publié, lu Theodore Dreiser, Upton Sinclair, Sinclair Lewis, Sherwood Anderson. Ils ont suscité la curiosité. *Sanctuaire*, préfacé par André Malraux, révèle William Faulkner, dont la fortune, en France, rejaillira jusque dans son pays. On se passionne pour *42e Parallèle, Manhattan Transfer*, de John Dos Passos, pour *l'Adieu aux Armes* d'Ernest Hemingway, pour *le Petit Arpent du Bon Dieu* et *la Route au Tabac* d'Erskine Caldwell, pour *Des Souris et des Hommes* de John Steinbeck. Alors que le roman français désespère de lui-même et d'une civilisation condamnée, les Américains lui révèlent un continent neuf, de nouvelles manières de considérer les vivants et d'appréhender le monde. Il existe une autre matière romanesque que les sempiternelles histoires d'amour ou d'héroïsme, d'autres façons de la traiter que la sempiternelle analyse psychologique. Préparés par Malraux, Céline, Giono, Bernanos, à s'engager dans des voies nouvelles, les jeunes romanciers français sont prêts à assimiler l'apport américain.

Ils découvrent en lui la vie, sous ses aspects parfois brutaux et élémentaires, les grandes pulsions d'une humanité « moderne », urbaine et industrielle, qui s'accommode mal du joug social comme des limites de sa condition, la violence des rapports sociaux et celle des passions, la franchise souvent audacieuse de l'expression. Sans doute, tout n'est-il pas nouveau dans cet apport, et la critique discerne ce que les Américains doivent à Flaubert, à l'école naturaliste. Du moins, Hemingway, Dos Passos, Steinbeck et Faulkner apportent-ils de l'air, de l'eau, de la lumière à un roman français en voie de dessèchement et à bout de souffle. Ils lui permettent de renouveler ses thèmes et ses techniques. Déjà, Camus, dans *l'Étranger*, profite de la leçon. Elle sera bénéfique pour les romanciers de l'après-guerre.

Une autre influence, inattendue (elle vient d'un écrivain solitaire, mort, et dont la nationalité ne saurait jouer un grand rôle), se fait jour au même moment : celle de Kafka.

Son ouvrage le plus célèbre, *le Procès*, publié en France en 1933, est passé inaperçu. En 1938, sont publiés *le Château* et *la Métamorphose*, que les Français sont portés à considérer attentivement. Kafka passe d'abord pour un écrivain fantastique et ésotérique, pour un conteur de fables obscures dont on ne voit pas la morale, mais qui impressionnent. Ce qui, en tout cas, étonne et subjugue, c'est l'actualité brûlante des questions que l'écrivain de Prague s'est posées vingt ans plus tôt. Le héros du *Procès*, c'est aussi l'homme de 1938 qui va plonger dans la guerre pour des motifs qu'il ne comprend pas et qui le dépassent, qui se croit condamné, sans appel, au terme d'un procès dont il n'a pas suivi les phases. *Le Château*, c'est à la fois l'image d'une société dans laquelle l'homme est emprisonné comme en un labyrinthe, et celle d'une condition sans espoir. La bête immonde en laquelle se change, dans *la Métamorphose*, Grégoire Samsa, paraît être une des possibilités horrifiantes de l'humanité. Ce qu'on admire

en outre chez Kafka, c'est, sur cet arrière-plan philosophique ou métaphysique, la parfaite vraisemblance
des épisodes, l'apparente tranquillité du discours, la
complète lisibilité de l'histoire. Son dieu, à lui aussi, a
été Flaubert.

Les romanciers français vont emprunter en grande
partie à Kafka la philosophie de l'absurde et du désespoir, une certaine notion de la littérature par laquelle,
cherchant à se dépasser, elle se transforme en autre
chose qu'elle-même. Il va s'agir moins de montrer que
d'exprimer, moins d'exprimer que de créer. Le roman
en acquerra davantage de dignité. Il passera ouvertement du rang de moyen d'expression à celui d'œuvre
d'art. Contre le roman tel que l'entend Kafka, Gide et
Valéry ne pourront plus formuler les mises en garde
méprisantes du début du siècle. Kafka donne bonne
conscience à tous ceux qui seront assez ambitieux pour
s'inspirer de son exemple.

Bénéficiant de ces influences, le roman français se
montre plus hardi à renouveler son contenu et ses techniques. Il poursuit deux fins, non toujours parentes,
parfois contradictoires : parvenir à la dignité de l'œuvre
d'art, et que cette œuvre d'art soit signifiante. Les
grands romanciers de toutes les époques et de tous pays
les ont conciliées. Toutefois, après Benjamin Constant,
Chateaubriand, Stendhal, Balzac, Flaubert, elles ont
divergé : d'un côté, les tenants de « l'art pour l'art »,
de l'autre, ceux de la « tranche de vie ». Les premiers
sont rarement romanciers ; ceux-ci cherchent la vérité
plus que la beauté. Les uns visent une élite cultivée,
les autres le grand public. Pour que s'opère la récon-
ciliation il ne suffit pas que les artistes se convertissent
au roman ou que les romanciers nourrissent des ambi-

tions plus hautes. Il faut que le roman lui-même, voire
le romancier, se mettent en question, s'interrogent sur
les pouvoirs et limites de la littérature. Il se peut que
le roman, sous sa forme traditionnelle, soit condamné.
Il se peut qu'un nouveau roman puisse naître. Au lieu
de constituer la forme courante de la littérature, ne
peut-il apparaître comme sa forme noble, et en même
temps significative?

Dans le procès qui s'institue autour du roman, dont
on anticipe la mort, les coups les plus rudes sont portés
par un homme qui ne se dit ni artiste ni romancier,
mais philosophe : Jean-Paul Sartre. Toutefois, ce n'est
pas la mort du roman qu'il désire. Il veut son élargissement, sa transformation. Il ouvre, théoriquement,
au genre, de vastes avenues.

SARTRE, THÉORICIEN DU ROMAN

Inaugurant une sorte de critique mi-littéraire mi-
philosophique, Jean-Paul Sartre rejette genres et catégories. Il se place en tant que « conscience » devant
une autre conscience : celle du romancier. Quand il
parle de Faulkner, de Dos Passos ou de François Mauriac, c'est ce qui se passe dans la conscience de ces
romanciers qu'il veut examiner.

Il observe d'abord qu'il existe un « temps » du roman,
comme un « temps » propre à chaque romancier, et
que ces temps divers n'ont rien à voir avec notre propre
durée ; de la même façon que comme l'avait vu Berg-
son, le temps réel n'a rien à voir avec le temps mesuré
par les horloges. Le romancier fabrique du passé, du
présent ou de l'avenir afin de nier ce « malheur de

l'homme d'être temporel ». Qu'il accélère le temps ou
qu'il le stabilise dans l'instant, il le mutile. « La plupart des grands auteurs contemporains, Proust, Joyce,
Dos Passos, Faulkner, Gide, V. Woolf, chacun à sa
manière, ont tenté de mutiler le temps. Les uns l'ont
privé de passé et d'avenir pour le réduire à l'intuition
pure de l'instant ; d'autres, comme Dos Passos, en
font une mémoire morte et close. Proust et Faulkner,
l'ont simplement décapité, ils lui ont ôté son avenir,
c'est-à-dire la dimension des actes et de la liberté. »
Cette remarque était promise au plus grand avenir.
La plupart des jeunes romanciers de l'après-guerre
briseront avec la forme traditionnelle du récit et, plus
virtuoses encore que James Joyce qui faisait tenir
l'action d'*Ulysse* dans une seule journée, mêleront dans
le cours du même récit passé, présent et futur, afin de
saisir et de montrer leurs personnages dans leur totalité,
hors des divisions factices du temps. A l'observation
commune, selon laquelle un homme n'est jamais le
même aux différentes stations du temps, Sartre ajoute
cette autre : le même homme se définit également par
la somme de ses moments. Sartre substitue à la vue
compartimentée et analytique de la vie d'un personnage une vue globale et totalitaire.

Cette vue ne saurait être uniquement celle du romancier ; elle ne saurait constituer un *a priori* du récit.
Elle est celle que prend le lecteur, au fil de sa lecture,
comme celle que donne le romancier, au fil de l'écriture.
Tous deux la découvrent à mesure que le roman se
déroule, à mesure que naissent, vivent et meurent les
personnages dont les aventures nous sont contées. Il
s'agit, ici encore, de rapports des consciences entre elles :
celle du lecteur, celle de l'auteur, celles des personnages
de la fiction. Pour Jean-Paul Sartre, elles se définissent
par leur liberté. Sans doute ne peut-on placer sur le

même plan des créatures vivantes (le romancier, le lecteur) et des créatures fictives (les personnages du roman).
Il importe précisément que ces dernières donnent l'illusion de la vie. Elles ne la donneront, elles aussi, que par
un comportement libre. Ce que Sartre reproche à Mauriac, dans un article retentissant, c'est d'agir à l'égard
de ses personnages comme un Dieu créateur, omniscient et tout-puissant, qui connaît à l'avance les réponses aux questions qu'il pose, alors que le roman
doit être le terrain où ces questions se résolvent au
moyen des personnages et des situations. Non seulement Mauriac tient ses personnages en laisse, mais il
parle par leur bouche. Ils ne sont qu'un masque à travers lequel il s'exprime. Il s'est « préféré » à eux. Il ne
faut donc point attendre qu'ils le surprennent ou nous
surprennent. Alors qu'un roman est écrit « par un
homme pour des hommes », M. Mauriac « a choisi la
toute-connaissance et la toute-puissance divines ».
Conclusion : « Dieu n'est pas un artiste ; M. Mauriac
non plus. »

Cette manière de considérer le roman, le romancier
et leurs rapports à l'intérieur de l'œuvre « se faisant »,
comme ces rapports du romancier avec le lecteur qui,
à son tour, « fait » le roman (par la lecture), devait
influencer durablement et en profondeur les nouveaux
auteurs. Ces rapports étant, par nature, ambigus, la
nouvelle littérature romanesque s'efforcera de réduire
cette ambiguïté, soit par un excès de subjectivité
(avouée), soit par une objectivité pointilleuse. Nous
assisterons, d'une part à une « littérature de l'aveu »
où l'auteur, se prenant pour objet et sujet de son œuvre,
s'interdit toute embardée dans la fiction, voire dans
le simple « arrangement » des faits ; d'autre part, il se
voudra rigoureusement absent de son œuvre, laissant
son histoire se dérouler comme par sa seule force interne.

Qu'il adopte une attitude ou l'autre, le roman y gagne en vraisemblance et crédibilité. Il revêt une apparence de sérieux qui n'a pas toujours été un de ses apanages. Les contempteurs du roman seront amenés à considérer avec quelque attention les « romans » de Camus, ou de Sartre lui-même. Bientôt, on voudra même croire que ces ouvrages relèvent d'un domaine plus prestigieux (et moins menteur) que la littérature. Ils passeront pour des sortes de messages où s'expriment les inquiétudes d'une époque, les tentatives de réponses que cette époque leur donne.

Sartre a défini une attitude : celle du romancier à l'égard de son œuvre. Il entend également définir le contenu du roman. Si le genre en a fini avec l'étude des types et des caractères (l'avare, le prodigue, l'ambitieux, etc.), il doit en finir également avec ce que Sartre appelle les « essences », ou les « natures ». Il n'existe pas, selon lui, une « nature » d'amoureux, ou de mari trompé, ou d'ambitieux, ou de révolutionnaire ; il n'existe même pas de « nature humaine ». On ne peut, par conséquent, parler de « destins » : tout roman qui nous raconte un « destin » substitue à la vue objective d'une vie telle qu'elle se déroule au sein d'une histoire et d'une société données, une vue métaphysique, ou religieuse. Cette vue métaphysique se définit à son tour comme partie d'un système plus vaste : celui de la classe au pouvoir. Elle a imposé au romancier, sans qu'il s'en aperçoive, une philosophie du monde, une éthique qui doivent aider à la conservation de l'état de choses existant. Aux « essences » stables définies une fois pour toutes, Sartre substitued es « existences ». Par elles, l'homme se définit lui-même à chaque instant, dans une totale liberté. Le roman doit être la peinture des « situations » infiniment diverses (et toujours nouvelles pour le même individu), qui sollicitent de l'homme qui les vit des réponses elles aussi infiniment diverses, toujours nouvelles. Pour reprendre l'exemple de Mauriac, Thérèse Desqueyroux n'est pas une « empoisonneuse » ; c'est une femme qui a versé le poison, c'està-dire qui s'est trouvée dans une situation telle qu'elle a décidé d'agir comme elle l'a fait. De même il n'existe pas d' « amoureux », il n'existe pas non plus de situation amoureuse définis une fois pour toutes. Les « essences » condamnent à des schémas et à des types déductifs de réactions stéréotypées. Considérer l'homme comme un « existant » jeté dans une certaine « situation », oblige au contraire à considérer chaque événement, chaque phénomène, chaque réaction de l'individu dans sa vérité localisée, unique. Si le roman perd en vraisemblance (laquelle relève d'une logique mécanique), il gagne en authenticité, devient pour l'auteur lui-même découverte.

MAURICE BLANCHOT

Ces vues de Sartre rejoignent celles d'un critique que révèle, pendant la guerre, un recueil d'articles (*Faux Pas*) : Maurice Blanchot. Au lieu de borner le débat au roman, Blanchot l'élargit à la littérature, au fait d'écrire. L'écriture ne saurait être une simple « fabrication », même artistique. C'est une sorte d'ascèse par laquelle l'écrivain, sans toujours le vouloir, se transforme lui-même, en même temps qu'il transforme, au moins idéalement, le monde. Cette activité, pour être efficace, exige la complicité et la collaboration du lecteur. Au schéma logique qui place face à face le « producteur » et le « consommateur », Blanchot substitue un

fait « existentiel » : la synthèse indissociable où partici-
pent auteur, œuvre et lecteur. Il n'a d'autre ambition
que de la décrire phénoménologiquement.

Ainsi, la recherche de nouvelles voies pour le roman
entraîne la recherche de nouvelles voies pour la critique. Les critères d'après lesquels elle jugeait les
œuvres, et qui tenaient essentiellement au « faire » de
l'écrivain, sont insensiblement remplacés par l'examen
des intentions de l'auteur, par la description du traitement particulier qu'il fait subir au composé mystérieux et toujours unique dans lequel il entre et où
il fait entrer le monde, par la relève des directions dans
lesquelles il s'engage en vue de la conquête d'un certain inconnu. Il ne s'agit plus d'apprécier la « valeur »
de l'œuvre. Il s'agit plutôt de reconnaître le pays où
cette œuvre emmène auteur et lecteur, écriture et
lecture fonctionnant comme moyens de découvertes.
Chez Maurice Blanchot, le philosophe et le métaphysicien accompagnent le critique. Toute écriture, tout
langage mènent selon lui au silence. Écrire c'est faire
l'apprentissage de la mort. Nous verrons quelque dix
ans plus tard des écrivains (auxquels on ne saurait plus
guère donner le nom de romanciers, comme Samuel
Beckett) vérifier de façon spectaculaire les thèses du
critique.

A ce renouvellement en profondeur, qui s'esquisse
dans les dernières années de l'avant-guerre et qui met
en question le roman, la littérature dans son ensemble,
s'ajoutent quelques renouvellements mineurs des techniques et formes d'expression. Sans connaître le développement gigantesque qu'ils auront par la suite, le
cinéma, la radio tentent de devenir des moyens d'expression artistiques. Le cinéma, en particulier, qui raconte

« des histoires », s'efforce de donner un style au réel et
d'agir sur la sensibilité du spectateur par des moyens
qui, de plus en plus, lui sont propres. Il y parvient parfois plus sûrement et plus efficacement que le roman. Il
existe donc pour celui-ci la nécessité de trouver des
moyens d'action inédits. Pour certains nouveaux
romanciers, « l'histoire » deviendra quantité négligeable,
au profit d'une intériorisation que ne peut donner le
cinéma. D'autres prendront plus ou moins ouvertement
au cinéma son style de narration, ses procédés d'expression : l'ellipse, les rapprochements violents et contrastés,
l'ubiquisme. Ils voudront montrer que la pensée est plus
agile encore que toutes les images, peut mieux que le
cinéma se mouvoir dans l'allusion, l'allégorie, le symbole. Dans la concurrence qui s'institue entre la narration cinématographique et la narration littéraire, le
roman, pour ne pas s'avouer battu, portera plus haut
et plus loin ses ambitions. Il tirera du cinéma tout ce
que celui-ci peut lui donner.

La métamorphose essentielle qui s'effectue dans le
roman, à la veille de la guerre, est toutefois commandée
par l'approche de l'événement. Au regard de celui-ci,
de la menace qu'il fait peser, écrire paraîtrait une
occupation futile si, à travers l'écriture, ne s'effectuait
une prise de conscience, une perception sensible par
lesquelles l'homme brusquement jeté hors des rails de
la vie quotidienne, s'efforce (dans une certaine mesure),
de reconquérir la maîtrise que lui a ravie le cours indépendant des choses. Dans le tohu-bohu des événements
qui échappent à sa prise, il lui faut tisser le fil qui le
conduira hors du labyrinthe. Le moment est propice
à la production d'œuvres sérieuses, graves, significatives.

7. Jean-Paul Sartre romancier

Jean-Paul Sartre, qui avait publié divers travaux philosophiques, fait son entrée en littérature avec *la Nausée*, en 1938. Il a trente-trois ans ; il est plein de fougue critique, et ses notes dans la « Nouvelle Revue Française » annoncent un polémiste aux idées neuves et fortes.

La Nausée ne peut passer tout à fait pour un roman, plutôt pour un récit à intentions philosophiques. On ne voit pas immédiatement sa portée et, pour beaucoup, les intentions de l'auteur restent obscures. On est sensible aux qualités très particulières du monde qu'il a créé. C'est le monde d'un philosophe. C'est aussi celui d'un romancier : monde hermétiquement clos, où s'agitent en aveugles des prisonniers de différentes espèces, aux actes englués dans une matière collante, visqueuse. Climat d'une petite bourgeoisie de province : mesquin, conventionnel, étouffant. Il ne s'y passe rien, l'événement étant aspiré avant que de naître par la pâte gluante qu'il essaie de soulever. Le héros que l'auteur met en scène est piètre : timide, velléitaire, écrasé par la vie des autres comme par la sienne propre, toujours au bord d'un dégoût qui lui fait rejeter les apparences parmi lesquelles il déroule les fastes médiocres de sa triste existence. S'il pense à se tuer, il découvre que son suicide lui-même serait dépourvu de sens. Il se sent « en trop » dans un monde « trop plein ».

Roquentin prend une revanche idéale sur ce monde qui lui est imposé, sur cette existence qui est la sienne et qu'il n'a pas désirée. En décrivant son mal, il ne peut s'empêcher d'en discerner les causes, et ces apparences qui l'oppriment, il se voit obligé de les passer en revue. De sorte que s'institue à travers l'ouvrage et du fait de l'auteur, le procès philosophique, social, voire politique, d'un monde dont nous comprenons qu'il est le nôtre, tel que nous ne l'avions pas encore vu. Ce n'est pas tant le monde de l'intérêt que celui de la mauvaise foi. Une sorte d'entente tacite s'est instituée entre les « salauds », ceux qui se figurent avoir trouvé leur place dans la société, qui l'occupent avec bonne conscience, et la masse innombrable des victimes de cette société, de ceux qui acceptent « l'ordre établi » bien qu'il les broie. Chacun joue son rôle, le bourgeois comme le prolétaire, l'exploiteur comme l'esclave. Et la pièce dont ils figurent les acteurs inconscients se déroule tout entière sous d'aimables apparences. Il suffit pourtant qu'un acteur, comme Roquentin, sorte brusquement du jeu et tente de le tenir sous le regard, pour que les apparences s'effondrent, découvrent l'âpreté sordide d'une lutte animale, organique. Le tissu continu d'une existence qu'on croyait pleine recouvre des trous, des gouffres, des abîmes, du vide. Les décors eux-mêmes ne sont que des décors, c'est-à-dire des apparences.

L'homme, qui s'est aperçu de cette « facticité » du monde, de cette irréalité de l'existence à laquelle il est condamné, tente de les fuir, s'évadant par le haut, vers Dieu. Dieu se révèle sourd à ses appels ; les cieux vides renvoient à l'homme les échos de sa plainte. Nul secours n'est à attendre de personne. L'individu est renvoyé à lui-même, à sa conscience, condamné à réaliser sa liberté, à assumer sa condition. Jeté dans la déréliction, il n'a d'autre recours que cette déréliction elle-même. Il lui reste à en explorer les limites et à en prendre conscience. S'il n'y trouve pas les fondements de sa dignité, il y acquiert, en tout cas, la lucidité, l'authenticité.

Dans *la Nausée*, Roquentin n'accomplit qu'une partie du chemin : celle du refus. Il découvre le monde et, dans une certaine mesure, il se découvre lui-même. C'est pour sentir son « étrangeté », son inadéquation. D'où son envie de suicide, nourrie par le sentiment d'une solitude essentielle. Son refus, du monde, des autres, de la vie, qui s'exprime par les diverses nuances d'un dégoût organique, nauséeux, le condamne à une solitude plus grande encore : qu'il s'extraie de ce monde ou qu'il y demeure, ne change rien à l'affaire, surtout, ne change rien au train du monde. Si, au cours de brèves illuminations, il perçoit son « existence », c'est pour retomber plus profondément dans une « facticité » qui le submerge et où il s'englue.

Les nouvelles qui constituent *le Mur*, l'année suivante, donnent de nouvelles illustrations aux positions philosophiques que l'auteur avait esquissées dans *la Nausée*. Elles sont en même temps mieux déguisées, davantage incarnées littérairement. On y sent mieux, également, la palpitation d'une époque. *Le Mur*, où deux révolutionnaires espagnols attendent d'être fusillés, montre l'homme dans une situation extrême. Elle est assumée, conquise, surmontée. La nouvelle distille, sur le plan littéraire, toute l'horreur d'un conte d'Edgar Poe. Érostrate, dans la nouvelle qui porte ce titre, c'est Roquentin devenu fou, par excès de lucidité. *La Chambre*, c'est l'amour transformé en solitude inexpu-

gnable et close. *L'Enfance d'un Chef,* c'est la mauvaise
foi parvenant aux lisières extrêmes de son établissement.

L'ENGAGEMENT SARTRIEN

Sartre conduit ses démonstrations à la limite de la
preuve qui les éclaire et leur fait rejoindre le sens commun, immédiatement perceptible. Loin d'être inutile,
ce long détour dispose une à une les assises de l'évidence.
Au lieu d'emporter l'adhésion du lecteur par un coup
de force, l'auteur le fait collaborer à sa recherche,
l'oblige à l'accompagner le long de sa course méandreuse,
le fait aboutir avec lui à la clarté du jour : le chemin
suivi était le bon. Il ne s'agit pas, en l'occurrence, de
ruse philosophique. C'est par une série de ruses littéraires que l'auteur investit peu à peu son lecteur,
jusqu'à l'empaumer.

Mobilisé, capturé par les Allemands, rapatrié, Jean-
Paul Sartre publie pendant l'occupation son principal
ouvrage philosophique, *l'Être et le Néant,* et inaugure
une carrière de dramaturge. Sa participation à la Résistance lui donne à la Libération une autorité intellectuelle de premier plan. En 1945, il publie le premier
volume d'une somme romanesque intitulée *les Chemins
de la Liberté.* Il entend montrer la lente ascension de
consciences plus ou moins aliénées qui se découvrent
à l'occasion de la guerre et de la Résistance. Ses idées
philosophiques font rapidement fortune. Dans la France,
exsangue d'après-guerre, l'existentialisme est à la mode,
comme le fut le surréalisme après 1920. Des disciples
se révèlent, et l'étranger lui-même est attentif à ce qui

se passe aux alentours de Saint-Germain-des-Prés. Les journaux sont pleins de la querelle de « l'engagement ».

Sartre, en effet, n'entend pas être un littérateur au sens où le furent André Gide ou Paul Valéry. Comme d'autres écrivains français il a subi l'influence d'André Malraux, pourtant à peine son aîné. Et on sait que pour Malraux, la littérature constitue une des manières de participer à la tragédie de l'époque. Si Sartre a résisté des années durant aux sollicitations politiques de Paul Nizan, ses années de Résistance lui ont fait découvrir des réalités qui échappaient autrefois au philosophe. Au terme de cette philosophie, dont il a été chercher les principes essentiels dans le Berlin d'avant-guerre auprès de Heidegger et de Husserl, il découvre la nécessité de l'action. S'il refuse le marxisme, dont les postulats philosophiques lui paraissent insuffisamment fondés (sur ce point il revisera ses positions une dizaine d'années plus tard), il ne conçoit pas que l'existentialisme puisse s'abîmer dans la contemplation du monde, voire se borner à son explication. Il proclame soudain, à l'étonnement des lecteurs de *la Nausée* (où l'homme était « de trop » dans un monde « trop plein »), à l'étonnement des lecteurs de *l'Être et le Néant*, que « l'existentialisme est un humanisme ». La démarche philosophique doit trouver un prolongement dans le comportement et, susceptible de fonder des valeurs, elle doit aboutir à une morale. Morale individuelle, et morale de l'homme en société.

L' « engagement » de l'écrivain figure un des aspects de cette morale. Il est une des formes de la « responsabilité » que le philosophe a accrochée, comme une conséquence nécessaire, à sa théorie de la liberté. Il signifie que l'écrivain n'est pas un officiant de l'art, que l'art est pour lui une manière d'exprimer et de transformer le monde. Première condition : il faut qu'il soit au monde et que, parmi toutes les significations que celui-ci lui propose, il choisisse celles qui aident l'humanité à prendre conscience d'elle-même, à modifier son destin dans le sens d'un plus grand savoir, d'une maîtrise moins faillible sur les choses.

L'artiste ne décrit pas des spectacles ; il est acteur. Ce qu'il dit doit concourir au mouvement de l'ensemble, qui le concerne et dont il fait partie. Il s'agit d'un engagement de l'écrivain dans son œuvre. Sartre n'affirme pas que cet engagement philosophique doive mener nécessairement à l'engagement social et politique. On verra peu à peu celui-ci en découler ; il y est en effet contenu. Comment l'écrivain se sentirait-il « responsable » de lui-même, des autres, de la marche du monde, sans finir par adopter une attitude pragmatique, hors de son œuvre ?

La notion de « responsabilité », énoncée à propos de l'écrivain, revient dans la présentation, en 1945, des *Temps Modernes*. Sartre définit à nouveau la nature de l' « engagement » et l'explicite à l'aide d'exemples frappants : « Je tiens, écrit-il, Flaubert et Goncourt pour responsables de la répression qui suivit la Commune parce qu'ils n'ont pas écrit une ligne pour l'empêcher. » On le voit : « l'engagement » ne saurait être seulement moral, ou principiel. Ce n'est pas la pensée qui engage, mais l'acte : pour l'écrivain, la parole. Se taire, sous quelque prétexte que ce soit, sur quelque question que ce soit, c'est refuser de prendre en charge l'ensemble du monde que l'écrivain doit exprimer, c'est mutiler ce monde, et soi-même.

Par un détour philosophique, Sartre retrouve la « mission » du poète romantique, chantre de la nature et porte-parole de l'humanité. Sa position n'est pas non plus très éloignée de celle des « écrivains prolétariens » des années trente, pour qui l'écriture devait

servir à dénoncer le monde bourgeois, aider à l'émancipation de la classe exploitée. Sartre utilise même l'analyse marxiste, jusqu'à la caricature, quand il affirme
que Proust, en écrivant *A la recherche du Temps perdu*,
« s'est choisi bourgeois... s'est fait le complice de la propagande bourgeoise ».

LES CHEMINS DE LA LIBERTÉ

Sartre romancier — notre étude se borne à examiner
cet aspect d'une activité proliférante — a entendu donner
dans *les Chemins de la Liberté* l'illustration de ses théories philosophiques et un exemple de ce que doit être
l'engagement de l'écrivain.

Il s'est malheureusement trouvé en face de difficultés
qu'il n'avait pas prévues. Elles tiennent à la mise en
œuvre romanesque elle-même et font douter de la justesse de la théorie. Car s'il est souhaitable qu'un romancier soit « engagé », il faut d'abord qu'il soit « romancier ».
La lucidité, le courage, l'intelligence n'y suffisent point.
N'est-ce pas ce qu'ils donnent à voir d'eux-mêmes, sans
le vouloir, inconsciemment, à travers leur création, qui
fait les Dostoïevski, les Balzac, les Dickens, et non,
toujours, ce qu'ils ont voulu expressément dire ? Le
dessein de Sartre, dans *les Chemins de la Liberté*, est si
visible qu'il ne laisse pas venir au jour ces nécessaires
zones d'ombre dans lesquelles évoluent les êtres, cette
ombre même dont ils sont faits et par laquelle le vivant
toujours nous surprend, déjoue les plus subtils moyens
d'investigation. Dans sa critique de François Mauriac,
Sartre avait autrefois indiqué les routes que le roman
devait emprunter afin de ne pas substituer à la vie

l'abstraction intellectuelle, aux vivants, la personnalité du romancier. Placé au pied du mur, il tombe non
tout à fait dans les défauts qu'il a dénoncés, mais dans
des erreurs peut-être pires. Braquant une vive lumière
sur ses créatures, il en donne des images plates, compense
leur manque d'épaisseur par une complication mécanique dont on voit les rouages. Si notre esprit est intéressé, notre cœur reste de glace. L'auteur n'a pas su nous
toucher. Sartre finit par prendre conscience de son
échec au point qu'il abandonne l'entreprise avant son
terme. Le monument qu'il a construit en trois étapes :
l'Age de raison, le Sursis, la Mort dans l'Ame, demeure
privé de toit. Il a été, depuis, fort malmené par les
éléments.

L'*Age de raison* montre la découverte de la vie par
des adolescents, des adultes, qui vont être pris dans
le tourbillon de la guerre. Ils sentent sur leurs épaules,
en dépit d'eux-mêmes, le poids de l'époque. Ce sont
pourtant des problèmes strictement individuels qu'ils
doivent résoudre. Ils y parviennent malaisément, avec
toute la gaucherie et la fougue mal appliquée de la
jeunesse. Mathieu même, leur aîné, se pose des questions qui étonnent : comme celle de savoir s'il est licite
ou non, sur un plan moral, de faire avorter sa maîtresse.
On sent trop qu'elle est posée pour alimenter de longs
débats auxquels seul l'auteur s'intéresse. Aucun d'eux,
si ce n'est par des discussions abstraites et sans fin, ne
parvient à formuler les problèmes qu'on s'attendait à
voir traiter, ne prend vraiment conscience des responsabilités qui lui incombent. Cet « âge de raison » paraît
être celui de la bohème, de la gratuité, ou d'une simple
émancipation sexuelle.

Il n'est pas douteux que le romancier-philosophe ait
précisément voulu montrer cela : des consciences aliénées dont rien encore ne suscite l'éveil. Il n'en est qu'au

premier temps de sa démonstration. *L'Age de raison*
renvoie moins toutefois au Sartre de *la Nausée* qu'au
Gide des *Caves du Vatican* (là où apparaît Lafcadio),
à celui des *Faux-Monnayeurs* (avec chassé-croisé de
sentiments, actes gratuits, et drames en grande partie
gratuits eux aussi). Sartre semble se borner à exploiter
les possibilités de l'univers gidien, même s'il les pousse
jusqu'au bout et ne s'embarrasse guère de problèmes
moraux et religieux.

Dans *le Sursis*, les ambitions sont plus vastes, les
procédés de composition révolutionnaires. Obsédé par
Dos Passos (qu'il a nommé « le plus grand écrivain de
notre temps ») Sartre entend donner une vue globale du
monde qui se prépare à la guerre, au cours du répit
consécutif aux accords de Munich. Il utilise les moyens
qui ont si bien réussi à l'auteur de *1919*, de *42ᵉ Parallèle* :
confusion des temps et des lieux, simultanéisme des
événements individuels et collectifs, introduction de
personnages historiques, mélange de l'actualité à la
fiction. Il en résulte une grande machine, d'un fonctionnement éblouissant, qui fait honneur à la virtuosité de
l'auteur. Elle ne mobilise malheureusement chez le
lecteur qu'une admiration tout intellectuelle. Dans le
tohu-bohu des événements, des personnages, des sentiments, aucune créature ne nous requiert, et tout
ce que l'auteur formule à grand labeur, nous l'avions
appris par les journaux. Sartre n'en est qu'au deuxième
temps de sa démonstration. N'aurait-il point voulu
précisément montrer qu'au cours de cette période dramatique, l'individuel cédait le pas au collectif, dispa-
raissait en lui ?

Dans *la Mort dans l'Ame* nous retrouvons le Mathieu
de *l'Age de raison*, mobilisé et devenu malgré lui, contre
ses convictions morales et politiques, guerrier provi-
soire. Semblable à un héros de Malraux, il fait la guerre

« sans l'aimer ». Toutefois, il ne se contente pas d'être
une mécanique, soumise à la discipline. Il met son point
d'honneur à préparer chacun de ses actes, à réfléchir
longuement sur eux. C'est pour s'apercevoir que la
guerre à laquelle il participe est une « fausse guerre »,
qu'il n'est lui-même qu'un simulacre de soldat. Tout
s'écroule et se défait avant même qu'il ait le temps de
croire à ce qu'il faisait. Pointent la défaite et la capitu-
lation.

Le tome suivant devait nous montrer Mathieu prenant conscience, à travers le destin collectif d'un peuple,
de problèmes qui le concernaient étroitement. En les
résolvant, il serait enfin parvenu à assumer sa « liberté ».
La démonstration eût alors été achevée.

La tentative romanesque de Sartre se solde par un
échec. Elle vaut néanmoins mieux que beaucoup de
réussites. En dépit d'un dessein didactique, elle demeure
un témoignage vrai et de grande portée sur une époque,
sur l'itinéraire spirituel, moral et intellectuel, d'une
partie de l'intelligentsia française. Les questions que
se pose Mathieu, que se posait vraisemblablement Sartre
lui-même, sont replacées dans leur contexte, développ-
pées sous leur jour exact. Elles sont examinées avec
sérieux, dans leur ampleur, elles jalonnent une prise de
conscience qui possède les caractères d'une conquête.
On y voit comment vient aux hommes englués dans le
collectif, dépassés par l'événement, le sens d'une responsabilité moins philosophique qu'humaine, et combien
il est vrai que l'individu se forme par victoires successives, au cours d'affrontements incessants. Si l'auteur
a voulu accessoirement montrer qu'il n'existe pas de
« nature humaine », qu'il existe autant de réactions aux
situations qui les appellent, et qu'il serait lâche de s'y
dérober, il y est également parvenu. La morale que
l'auteur n'a pas voulu développer en traité distinct

trouve ici, à chaque instant, ses points d'application. On est confondu par la mauvaise foi de ceux qui ont reproché à Sartre d'avoir voulu « rabaisser l'homme ». Son dessein et sa réalisation plaident pour un projet contraire.

Cet échec romanesque comporte une autre leçon banale : on ne s'improvise pas romancier, surtout par décret ; on n'écrit pas un roman par raison démonstrative. Toutes les qualités qu'on peut déployer d'autre part se changent perversement en autant de défauts pour celui qui entend les utiliser non en poète mais en philosophe. Le monde romanesque que Sartre porte en lui, il l'a exprimé dans ses pièces de théâtre, non dans *les Chemins de la Liberté*. C'est qu'au théâtre, il s'agit de toucher par des moyens plus simples, ceux du spectacle. Il faut ouvrir, fût-ce par effraction, les portes des sens : le mouvement du drame porte et déguise celui de la démonstration. Il est peu probable que Sartre retourne au roman après qu'on le voit, avec *les Mots* (1963), récit scrupuleux de son enfance, s'orienter vers une analyse de soi et de son milieu qui ne fait pas la moindre part à la fiction. La littérature y conserve ses droits, mais comme adjuvant à ce qui importe le plus à la connaissance.

8. *Albert Camus romancier*

Comme Sartre, Camus ne saurait passer uniquement pour un romancier ; comme lui, il s'est illustré dans le théâtre et l'essai ; comme lui, enfin, il a joué le rôle d'un directeur de conscience. Sa mort inopinée, alors que parvenu au faîte des honneurs avec le Prix Nobel, il avait encore à dire, est venue couronner son œuvre et sa vie d'une auréole tragique.

Il avait fait ses premiers pas littéraires, à Alger, avant la guerre, avec deux courts récits influencés par Gide et tout baignés de lumière méditerranéenne : *l'Envers et l'Endroit* (1937), *Noces* (1938). Il s'y révélait poète et styliste : éloquent, lyrique et grave, pénétré d'un vif sentiment de la nature, en quête d'un bonheur qui s'interdisait déjà d'être égoïste. *L'Étranger*, publié en 1942, lui donne brusquement la notoriété. Il fait suivre presque aussitôt ce roman d'un essai, le *Mythe de Sisyphe*, où il exprime une conception du monde qui devient immédiatement populaire sous le nom de « philosophie de l'absurde ». Les deux ouvrages sont profondément accordés à l'époque : on veut y voir le reflet de l'état désespéré où se trouve l'homme de ce temps, somnambule parmi les événements qui le dépassent. Le nom de Camus est accolé à celui de Sartre. On fait d'eux les champions jumeaux de nouvelles façons de sentir et de penser, les représentants à titres égaux de ce qu'on nomme, sans encore bien le connaître « l'existentialisme ». En fait, ces deux nouveaux venus de première grandeur sont assez éloignés l'un de l'autre : sur le plan de la pensée, sur celui de l'écriture. Il faudra, entre eux, la rupture spectaculaire de 1952 pour que les aveugles s'en aperçoivent.

Dans *l'Étranger*, Camus a choisi la démarche narrative et les procédés d'écriture des romanciers américains, d'Hemingway par exemple. Romancier « objectif », il s'interdit d'intervenir dans le destin de ses personnages, de parler à leur place, d'expliciter leurs pensées et sentiments. Il se borne à décrire les faits et gestes de son héros, Meursault, de noter les phases de son comportement selon la discipline « behavioriste ». Meursault n' « existe » pas : il ne fait que réagir aux impulsions qu'il reçoit. La mort de sa mère ne suscite de sa part aucune extériorisation de sentiment : il n'a rien à en dire. Il devient un assassin à cause d'une plage, d'un Arabe, du soleil, d'un revolver qu'il a dans sa poche. D'un concours de circonstances qu'il n'a ni cherchées ni voulues. Il assiste à son propre procès sans se sentir concerné en rien par les débats, le portrait qu'on fait de lui, le réquisitoire, les plaidoiries, le verdict même. Il marche à la guillotine sans un mot, comme s'il n'était pas celui qu'on va exécuter.

Coupable d'un meurtre ? Qu'est-ce qu'un meurtre ? qu'est-ce qu'être coupable ? Tout le désigne comme victime de forces anonymes, conjurées à sa perte. Il s'est heurté à elles et elles le suppriment. Sa mort n'a pas plus de sens que sa naissance, que sa vie. L'indifférence du monde l'avait accueilli, la même indifférence le rejette. Il n'a jamais été « au monde ». Il n'a pas « vécu ».

L'ouvrage ne comportait aucune allégorie, aucun symbole. Comment le lecteur pouvait-il se satisfaire de la littéralité du récit ? Comment n'aurait-il pas prêté à l'auteur des intentions ? Comment n'aurait-il pas tenté de se reconnaître dans Meursault ? En raison du quasi-anonymat de ce singulier héros, n'importe quel lecteur de l'occupation pouvait se glisser dans la peau du personnage, comparer son propre destin, sa propre histoire, à la triste équipée décrite dans la fiction. L'auteur, avec ses couleurs, peignait une situation générale, commune ; l'éclairage qu'il lui donnait valait pour chacun en particulier. D'autant que la morale non formulée de l'histoire corroborait les aperçus philosophiques du *Mythe de Sisyphe* qu'on pouvait, eux, lire en clair. Ils invitaient à penser le monde en termes d'« absurdité », la vie en termes de désespoir. Ainsi, c'est ce que voulait dire l'auteur avec son « étranger ». Il déclare, dans l'essai, qu'il veut imaginer Sisyphe « heureux », qu'il faut l'imaginer ainsi. L'absurde tâche à laquelle Sisyphe est condamné invite à penser le contraire. Le bonheur est un leurre ; la vie est un leurre. *L'Étranger* donnait une image cruelle, mais qui semblait vraie, de la condition humaine.

L'attitude d'Albert Camus en tant qu'homme et citoyen corrigea cette image. Il n'était pas désespéré puisqu'il participait à la Résistance. La Libération fait même de lui, grâce au journal dont il est l'éditorialiste, le maître à penser de certaines couches désemparées de l'opinion, le directeur de conscience des nouvelles générations. Chaque jour, il prêche le courage, la lucidité, la volonté de regarder les événements en face, un certain stoïcisme. Loin de se complaire dans le désespoir, il annonce un peu tôt la fin du nihilisme, la venue d'un nouvel espoir. Il ne veut pas être avec ceux qui démolissent, mais avec ceux qui construisent. Sans moraliser, il fait figure de moraliste.

En 1946, il abandonne le journalisme pour se consa-
crer à son œuvre.

En 1947, il publie *la Peste*, qui connaît un succès
foudroyant.

Il s'agit, moins encore que dans *l'Étranger*, d'un
roman. C'est une chronique, inspirée du *Journal de la
Peste* de Daniel Defoe, qui relate les phases d'une épidémie imaginaire, à Oran, dans un temps qui n'est pas
précisé. L'auteur donne tous ses soins à la peinture du
fléau dont il rapporte, sans jamais céder au pittoresque,
les terribles effets.

On s'aperçoit assez tôt que le récit doit être lu sur
divers plans, que la description est prétexte à une leçon.
Il s'agit cette fois d'une allégorie. Les événements,
les comportements des personnages (et le choix même
de ceux-ci), leurs pensées et sentiments renvoient à des
événements, comportements, pensées et sentiments
que le lecteur a connus ou partagés. La peste renvoie
au fascisme, ou à l'occupation. A la façon de la peste, le
fascisme a contaminé tout un peuple, l'Europe, une
grande partie des Français, victimes ou complices,
victimes et complices. « Chacun la porte en soi, la peste… »
La leçon est autant de morale sociale que de morale individuelle. Pour combattre le fléau, il ne suffit pas de s'en
remettre aux spécialistes (les médecins), armés pour
la lutte. Chacun doit le combattre en sa propre personne,
et pour sa propre sauvegarde.

Les personnages mis en scène par l'auteur expriment
la plupart des comportements de l'homme placé dans
une situation extraordinaire. Rieux, sans illusions sur
ses moyens, lucide et généreux (et le plus proche,
sans doute, des pensées et sentiments de l'auteur),
prêche l'exemple : solidaire des victimes, il défend les
impératifs d'une charité poussée jusqu'au sacrifice. Il
vise une « sainteté sans Dieu » (il est agnostique) qui

lui semble, pour lui-même, « le seul problème concret » à résoudre. Le salut en Dieu est devenu impossible ? Il faut lui substituer le salut en l'homme. Quelque abjectes que soient parfois les victimes, quelque consentantes et contagieuses qu'elles soient devenues, elles n'ont pas mérité leur sort. Quel que soit le degré de leur responsabilité, elles constituent la seule réalité concrète à laquelle puissent s'intéresser d'autres hommes, plus lucides, moins égoïstes. Le malheur rend les hommes solidaires. C'est tous ensemble qu'ils doivent opérer leur salut.

La leçon n'est plus celle de *l'Étranger*. L'accent est toujours mis sur l'absurdité du monde et de la condition humaine, sur le déni de justice de tout temps fait à l'homme. Il n'y répond plus par l'indifférence de Meursault. Il croit à la possibilité de solutions d'ensemble, et particulières. La vie continue à être dépourvue de sens ; l'homme acquiert noblesse et dignité à la vivre. Au stoïcisme solitaire s'ajoute l'altruisme.

Les admirateurs de *l'Étranger* s'étonnèrent de ce qu'ils prirent pour un renversement de positions philosophiques. De nouveaux accoururent en masse, que satisfaisait cette « sainteté laïque » ou, comme il fut dit méchamment, cette « morale de boy-scout ». Il semblait que l'auteur mettait en gage la révolte qu'il avait prêchée, se rangeait un peu rapidement dans le camp des « belles âmes », torturées mais inefficaces.

Les uns et les autres s'étaient fait un Camus à leur convenance, l'avaient tiré à eux pour les besoins de leur cause. En fait, Camus, dès ses premiers écrits, dès *l'Envers et l'Endroit* auquel il faut toujours revenir pour mieux le comprendre, s'efforçait à concilier des tendances contradictoires, également vivantes en lui : l'amour de la vie et la recherche du bonheur, l'absurdité de la condition humaine et l'impossibilité du bonheur.

Il s'expliqua ouvertement dans *l'Homme révolté* (1951), essai dont nous n'aurions pas à parler s'il n'éclairait les intentions du romancier.

C'est un long réquisitoire contre l'Histoire. Dans la mesure où les hommes ont fait d'elle une maîtresse exigeante, dont ils interprètent d'ailleurs à volonté les caprices. Dans la mesure où ils entendent trouver en elle la raison nécessaire et suffisante à leurs comportements. C'est aussi un réquisitoire, plus ou moins fondé (et parfois sur des documents de seconde main), contre les puissantes individualités qui, au cours de l'Histoire, dans leur œuvre littéraire, philosophique ou politique, ont pris pour point de départ ce sentiment foncier de « révolte » que l'auteur voit en tout homme. Ils s'en sont de plus en plus écartés au profit de leur œuvre, égoïste, orgueilleuse. Qu'il s'agisse de Sade, Lautréamont et Rimbaud, qu'il s'agisse de Marx et de Lénine, ils ont perverti et corrompu la « révolte » pour aboutir à des systèmes monstrueux ; ils ont rendu l'humanité, au cours des siècles, un peu plus prisonnière. Alors qu'ils voulaient les hommes plus lucides, plus libres, plus heureux, ils ont ajouté à la confusion et au malheur. Camus se détourne de ces génies tombés dans l'ivresse de la démesure. Il leur oppose le génie grec et méditerranéen, fait de confiance en l'homme, en la raison, en la vie, et qui se propose de résoudre les seuls problèmes à sa portée. Le soleil du « grand midi » doit chasser les miasmes brumeux des imaginations délirantes.

L'ouvrage déçut. Par ses analyses. Davantage par ses conclusions. En mettant fin à une équivoque, l'auteur choisissait un public n'attendant que cette caution d'envergure pour se confirmer dans son immobilisme conservateur, son refus de tout changement. Camus donnait bonne conscience, fournissait des arguments, se « rangeait », fût-ce à son corps défendant et en

prêchant une leçon d'application difficile. La sagesse
méditerranéenne semblait hors de proportion avec les
problèmes que l'humanité doit résoudre pour franchir
sans trop de heurts le seuil de l'âge nucléaire. Cette insur-
rection contre l'Histoire, ce fougueux retour à des valeurs raisonnables mais quelque peu exténuées, sonnaient
plus comme une démission que comme un appel pour
une marche en avant.

L'Homme révolté brouilla Camus avec Breton, avec
l'avant-garde littéraire (dont Camus n'avait cure),
plus gravement avec Sartre. Dans sa « Lettre à Albert
Camus », celui-ci somme l'auteur de *l'Homme révolté*
de prendre ses responsabilités, de choisir ouvertement
son camp. Il le lui assigne, sans grand souci de nuances :
penseur « libéral » au sein d'une bourgeoisie moribonde,
accrochée à ses privilèges. La réponse de Camus est
tout empreinte de dignité : celle de l'artiste, celle de
l'homme déchiré qui s'abstient de conclure, par peur
d'ajouter à la « tyrannie des idéologies ». Les arguments
qu'elle met en avant ne sont pas de nature à convaincre
Sartre, pas plus que les admirateurs de *l'Étranger*.
En fait, Sartre et Camus n'ont plus de langage commun,
et il n'est pas facile de dire qui est le plus resté fidèle
à lui-même.

Après cette algarade, Albert Camus se détache de
plus en plus des problèmes politiques et sociaux,
cherche à approfondir son art. On attend de lui, « pied
noir » d'origine, qu'il prenne parti dans la guerre qui
déchire son pays, intervienne. Il fait savoir que, dans
un conflit qui l'écartèle, il n'entend pas décider qui a
raison et qui a tort.

Il publie en 1956 *la Chute*, qu'on déclare généralement
son meilleur livre. Il y donne, plus encore que précédemment, dans l'ambiguïté. Un « salaud » (au sens sartrien du mot) se confesse, trouve les meilleures raisons

d'absoudre sa conduite lâche et cynique. Il ne saurait rien avoir de commun avec l'auteur. Pourquoi certains de ses traits, beaucoup de ses dégoûts et de ses pensées, pourraient-ils être ceux de Camus, en fin de compte, les nôtres ? S'agit-il d'un réquisitoire, ou d'une plaidoirie ? Est-il coupable ? est-il victime ? Faut-il l'accuser ? faut-il l'absoudre ? Autant de questions sans réponse.

L'auteur a sans doute désiré qu'il en fût ainsi. Las de jouer les directeurs de conscience, il entend que chacun le juge sur son art. S'il témoigne, c'est à la façon de Dostoïevski, dans *l'Esprit souterrain*. Ce témoignage plaide, une fois de plus, pour un refus de l'Histoire et des idéologies, de l'homme « totalitaire », pour une exigence morale qui ne semble à la mesure ni du temps ni des esprits.

Les nouvelles de *l'Exil et le Royaume* (1957) accentuent le parti pris d'art et de style qui font de chacune d'elles une œuvre accomplie, « désengagée ». C'est le moment où l'Académie suédoise fait d'un écrivain de quarante-quatre ans le plus jeune des Prix Nobel et où le lauréat prononce, à l'occasion de la remise de ce prix, un discours qui lui aliène, en France, une grande partie de l'intelligentsia de gauche. Deux ans plus tard, il périt dans un accident d'automobile. Le monde entier lui rend hommage.

L'évolution philosophique et littéraire d'Albert Camus, causée par les motifs les plus nobles, a été masquée par l'attitude de l'homme, ouvert, généreux, fraternel, et sans qu'un abîme sépare *la Chute* de *l'Étranger*. Le souci littéraire, artistique, qu'on voit dans *l'Exil et le Royaume*, habitait déjà l'auteur de *l'Envers et l'Endroit*, plus encore celui de *Noces*. Et il serait singulier de reprocher à un écrivain de s'être voulu un artiste.

Il serait juste de penser qu'avec l'artiste cohabitaient chez Camus le penseur, le moraliste, l'homme d'action.

On aurait voulu le réduire à l'un ou à l'autre aspect de sa personnalité complexe et l'y faire tenir tout entier, alors qu'il donnait alternativement la parole aux tendances contradictoires qui le déchiraient, s'efforçait, dans une volonté tendue et passionnée, de les accorder.

Son génie littéraire s'est nourri de ces contradictions en attendant l'impossible accord, l'unité tant désirée. Il lui a fallu du courage pour refuser de jouer le rôle de professeur de sagesse (lui-même si peu assuré d'être un sage) que lui avait inconsciemment confié une époque avide de foi et de certitudes. Il demeure comme le témoin de cette époque, tentant de placer son œuvre au-dessus de ses remous afin qu'elle en exprime les aspects les plus avouables. La volonté d'art aura été chez lui un désir d'éternité.

9. *L'existentialisme et ses à-côtés*

Dans les voies ouvertes par Sartre et Camus pendant la guerre, ou juste avant elle, les jeunes romanciers se précipitent, la guerre finie. Les expériences vécues, les souffrances endurées, l'ennui, le dégoût, l'absence des perspectives individuelles et collectives, le sentiment d'un immense gâchis à quoi se résout la « Victoire » donnent des aliments plus que suffisants à un « à quoi bon ? » généralisé, corroborent les prémisses philosophiques de Sartre à propos de l'univers des « salauds », animé par la « mauvaise foi », les conclusions de Camus sur « l'absurde ». La mode est au « roman noir ». Le désespoir se porte en écharpe ; les héros forment une imposante collection de « pauvres types » ou d' « écrasés ». On va jusqu'à parler d'une « école existentialiste » dont, par goût de la symétrie, on voudrait faire l'équivalent du surréalisme après la première guerre. Il existe, croit-on, un type de « roman sartrien », roman des situations extraordinaires : l'homme s'y révèle sous les aspects de la lâcheté, de la peur, du mensonge ; il plaide, ouvertement ou non, contre le déni de justice généralisé dont il est victime. Quelques jeunes romanciers trouvent une confirmation supplémentaire

de leur philosophie du « délaissement » dans l'apport
concomitant des « romanciers de l'aveu » et, curieusement, dans celui des néo-réalistes italiens, cinéastes
ou littérateurs.

S'il n'a jamais existé d' « école existentialiste », il est
vrai que des tendances communes réunissent les nouveaux venus de l'immédiate après-guerre et, que de
leurs œuvres diverses, se dégage un type de roman qui
tranche sur les modes d'avant-guerre. Il s'approche le
plus possible du document, de la confession. On cherche
à s'écarter le plus possible de ce qui pourrait passer pour
de la « littérature » : la construction romanesque, le
souci de vraisemblance, le projet artistique et les préoccupations d'écriture, au profit de ce qu'on nomme
« l'authentique » et qui, même dans l'exceptionnel ou
le pathologique, doit donner l'accent de la vérité crue,
de l'expérience vécue. L'objectif est moins de créer que
de s'exprimer, voire de communiquer. Peu importe la
qualité de cette communication. Il suffit qu'elle existe
pour établir la réalité du vivant, pour rompre sa solitude, même si cette solitude s'adresse à d'autres soli-
tudes. Et plus sûrement, en effet, qu'au niveau des
valeurs (détruites ou fortement endommagées par la
guerre), plus sûrement qu'au niveau de l'art (qui paraît
jeu d'esthète ou d'oisif), la communication est susceptible de s'établir au niveau des consciences et des corps.
Quand tout semble perdu, demeure encore l'élémentaire
où nous baignons, les instincts, les impulsions. Le
« roman existentialiste » dénude les âmes et les corps
avec un acharnement lucide. Il ne les rend ni plus beaux
ni plus aimables. Ils sont sans doute plus vrais. Il
semble que, par lui, nous prenions une plus juste
mesure de l'homme.

A l'influence des Américains, de Kafka, du cinéma,
sont venues s'ajouter quelques autres qui contribuent

à donner au roman d'après-guerre sa tonalité. Le Marquis de Sade, écrivain maudit rejeté dans les enfers des bibliothèques, devient brusquement à la mode. On publie sur lui des études (Paulhan, Bataille, Blanchot, Simone de Beauvoir), on tente des éditions de ses œuvres. Après un siècle et demi, la force de déflagration de ses écrits reste telle que les pouvoirs publics interviennent et le renvoient à la clandestinité. Même aventure à propos d'un écrivain américain contemporain : Henry Miller dont le *Tropique du Cancer*, interdit aux États-Unis, fait en France l'effet d'une bombe. La Justice poursuit ses traducteurs et éditeurs puis, devant une levée de boucliers d'écrivains et de critiques, abandonne la lutte. Jamais comme en cette période on n'a eu le sentiment que la littérature allait pouvoir forcer ses limites. En particulier, le roman était apte à « tout dire », à tout montrer, aucun domaine de l'activité des hommes, de leurs sentiments et de leurs pensées (même ce qui relève de l'inavouable) ne semble pouvoir échapper à l'expression. On pense qu'il existe une vertu du scandale, qu'il faut pousser celui-ci jusqu'au point où toutes les défenses, tous les tabous et interdits levés, il sera possible de montrer l'image d'un homme libre, vrai et responsable. Puisque la révolution sociale a échoué et semble indéfiniment reportée dans le temps, on s'oriente du moins vers une révolution morale.

SIMONE DE BEAUVOIR

Parmi ces romanciers : Mouloudji, Boris Vian, Colette Audry, Marguerite Duras, Jacques-Laurent Bost, et beaucoup d'autres qu'on voit revenir dans les pages

des *Temps Modernes*, Simone de Beauvoir s'impose
comme un des plus doués et des plus têtus. Amie de
Sartre et comme lui longtemps professeur, elle partage
ses conceptions philosophiques. Elle les expose dans
des essais : *Pyrrhus et Cinéas* (1944), *Pour une Morale
de l'Ambiguïté* (1947).

Elle avait débuté par un roman, *l'Invitée*, publié
en 1943, qui lui avait immédiatement donné la notoriété. L'auteur brisait avec la sempiternelle analyse
psychologique, montrait ses divers personnages « en
situation ». Ne s'embarrassant ni de morale, ni de
ce conformisme que les romanciers (masculins et fémi-
nins) déploient généralement dans la peinture de leurs
héroïnes, elle mettait en scène, dans leur comportement
journalier et aux prises avec les plus graves problèmes,
des femmes qu'on n'avait pas encore rencontrées.
Françoise montre l'habituel appétit de bonheur et de
sécurité qu'on accorde en général à son sexe, elle ne
peut cacher pour autant son désir de s'affirmer en tant
qu'être humain, indépendant et libre. Xavière, qu'elle
a « invitée » à vivre dans son pseudo-foyer, peut passer
pour un bon portrait du héros existentialiste tel que
nous le verrons ensuite souvent reproduit. Jeune fille
libérée du conformisme bourgeois, elle l'est aussi de
toute dépendance à l'égard de quoi que ce soit : elle vit
selon ses instincts, dans l'immédiateté de l'instant ;
elle piétine, sans même s'en apercevoir, toute règle de
vie en commun, ou même de savoir-vivre. Françoise
l'admire, et ne peut en même temps la supporter. Elle
la voit comme une « conscience » opprimante qui
tyrannise sa propre conscience. Plus tard, Sartre dira :
« l'enfer, c'est les autres ».

Les romans suivants : *le Sang des Autres* (1944),
Tous les hommes sont mortels (1947) ne sont pas fondés
sur la même expérience vécue (ou vivante) et laissent

voir davantage leurs ficelles philosophiques. *Le Sang des Autres* traite du problème de la responsabilité sous l'affabulation d'un épisode de Résistance : un chef de réseau s'interroge sur le droit moral qu'il a d'envoyer ses hommes à la mort. Il choisit d'assumer sa mission même quand il se voit responsable de la mort de celle qu'il aime. *Tous les hommes sont mortels* reprend sous forme d'allégorie philosophique le vieux rêve d'immortalité qui gît au cœur de tout individu. L'auteur conclut que la mort fait partie intrinsèque de notre destin. Il faut attendre *les Mandarins* pour que Simone de Beauvoir retrouve la veine romanesque de *l'Invitée*.

Les Mandarins met en scène principalement des intellectuels de gauche (on y reconnaît Sartre et Camus) et, sous forme d'une chronique de l'immédiate après-guerre, débat le problème de « l'engagement ». Un intellectuel peut-il, sans mauvaise concience, se borner à demeurer un intellectuel ? S'il s'adonne à l'action politique et devient par exemple un communiste, peut-il se dire encore un intellectuel ? Plutôt que de répondre à ces questions en philosophe ou en moraliste, Simone de Beauvoir y répond en romancière, en peignant des comportements qui illustrent des attitudes de vie. L'un de ses héros choisit l'action politique : en raison des circonstances, il marche de désillusion en désillusion. Un autre choisit d'incarner la conscience morale (la vérité avant tout, quelles qu'en soient les incidences politiques) : afin de sauver une femme qu'il aime, il se trouve condamné au parjure. Tous deux ont voulu assumer les problèmes de leur temps, jouer le rôle que leur conscience d'intellectuel leur commandait. Tous deux ont échoué. Il leur reste à assumer une condition de « mandarins » : d'intellectuels réduits aux pouvoirs et aux limites de l'écriture.

Cette œuvre, sincère et brûlante, relate les déceptions

de l'intelligentsia de gauche après la guerre. Elle ne
plaide pas, on s'en doute, pour la démission, le refus de
l'engagement. Elle vise plutôt à tracer les limites de
cet engagement. Assumer sa condition d'intellectuel
c'est, pour l'auteur, refuser de considérer cette condition
comme donnée, la créer au contraire à chaque instant,
dans le choix et la responsabilité. Elle ressemble alors,
avec quelques pouvoirs supplémentaires, à celle de
tout vivant : il s'agit moins de se déterminer parmi
des sollicitations diverses que de défricher son propre
chemin dans une forêt d'ambiguïtés. Le propos de
l'auteur est moral et philosophique. Il demeure un propos romanesque dans la mesure où la vie quotidienne
fait irruption dans le débat des idées. Simone de Beauvoir, mieux que dans ses deux romans précédents, a su
opérer ce dosage. Le destin de chacun de ses personnages
renvoie à une expérience vécue.

Tout comme chez Sartre, la volonté d'édification
(dans le meilleur sens du terme) n'est pas absente du
projet de l'auteur. Les romanciers existentialistes
désirent écrire des œuvres « signifiantes » plus que des
œuvres « significatives ». Entre leurs mains, le roman
devient chez les moins doués un ballet plus ou moins
bien réglé de concepts philosophiques, moraux, voire
sociologiques. La vie s'en retire après quelques années
au point de n'en laisser qu'une trame fortement marquée d'un millésime. Reste le témoignage. On peut
s'y reporter avec fruit à propos de cette période con-
fuse de notre histoire. En entreprenant les *Mémoires
d'une Jeune fille rangée* (1958), suivis de *la Force de
l'Age* (qui, pour la guerre et l'occupation, prend ouvertement la forme d'un journal), l'auteur du *Deuxième
Sexe* montre qu'elle préfère au roman le souvenir et la
confidence, le discours direct. Elle s'y montre plus à
l'aise que dans un retour tardif au genre qui fit d'abord

sa notoriété. Il est difficile de peindre un monde conventionnel, celui d'une bourgeoisie futile, sans se laisser
engluer dans ses fausses valeurs et ses poncifs. Il y
faudrait un humour ou un esprit de satire qui n'apparaissent ni dans *les Belles Images* (1966) ni dans *la Femme
rompue* (1968).

JEAN GENET

Jean Genet ne fait partie d'aucune école, ne relève
en aucune façon des commandements existentialistes.
Il a néanmoins constitué pour Sartre un si brillant
exemple de ce que pouvait et devait être un écrivain
selon la conception que le philosophe se fait de la littérature, il a si bien incarné tous les attendus dont Sartre
appelait la réalisation, qu'on peut faire de lui un parent
éloigné de la famille.

Genet est un outlaw : écrivain en marge et homme en
marge, rejeté dès son enfance dans les bas-fonds d'une
société qui le traite en déchet. Pupille de l'Assistance
publique, jeune délinquant qui passe son adolescence
dans diverses maisons de redressement, voleur condamné
à la prison, exhibitionniste de l'homosexualité, apolo-
giste de la délation et de la trahison, il accepte d'être
vomi par cette société. Dans *Saint Genet Comédien et
Martyr*, Sartre montre avec brio comment son héros a
choisi délibérément d'incarner le mal et comment, le
choisissant, il s'en est fait le chantre inspiré, littérairement admirable.

Même dans ses romans : *Notre-Dame des Fleurs*,
Miracle de la Rose, *Pompes funèbres*, Genet est en effet
plus poète que romancier. Il possède un verbe somp-

tueux, drapé et hiératique, qui transfigure, sublimise
la boue dans laquelle il se vautre. Qu'il chante l'abjection (qui se donne libre cours dans les prisons et maisons
de redressement), l'homosexualité (volontairement tenue
pour un vice), les beautés du cambriolage, les sensations
supérieures que procure une trahison savamment ourdie,
les richesses de la délation ou du crime, son chant, paradoxalement, s'élève en une flamme haute et pure. Le
mot de « sainteté » (« la sainteté est mon but... je veux
faire que tous mes actes me conduisent vers elle que
j'ignore ») ne fait ni sursauter ni sourire, même si l'on
comprend et admet qu'il s'agit de la sainteté du mal.
Entreprenant de « nommer les sentiments réputés vils
avec des mots qui d'habitude désignent la noblesse »,
il parvient à faire tenir le vol pour courageux, la trahison pour sainte et magnifique, le crime pour héroïque.
Pour cet homosexuel, « le mal c'est la virilité ». C'est
après elle qu'il court, tragiquement, sans jamais pouvoir
la rejoindre, sans jamais pouvoir la connaître autrement que par le sexe. Loin d'être un révolté, il préfère
demeurer une victime. Il aime que le monde, « avec la
structure admirable de ses lois », l'écrase.

Son langage se prête davantage encore au théâtre.
Nous n'avons point à nous occuper de cet aspect de
son activité littéraire. Il faut tout de même marquer
que se révèle dans *les Bonnes, les Nègres, le Balcon, les
Paravents*, l'ambiguïté des personnages, celle de l'écrivain qui trouve mieux ici le moyen d'opposer à la vaste
« parade » du monde une parade équivalente, un vaste
et subtil jeu de miroirs.

Les « bonnes » jouent le rôle de leurs maîtresses ;
les nègres se déguisent en Blancs ; des personnages
respectables, dans le *Balcon*, jouent à l'intérieur d'une
maison d'illusions les rôles prestigieux qu'ils voudraient
assumer dans la vie ; sur le mode du déguisement et de

la parodie. Pour Genet, l'homme est à la fois ce qu'il est
et ce qu'il veut paraître. Il se réalise plus sûrement dans
l'apparence que dans l'être. Ou encore : l'apparence
c'est l'être. D'autres ambiguïtés viennent supporter
et illustrer cette ambiguïté fondamentale d'un jeu qui
se confond avec la réalité. Et ce théâtre dans le théâtre
donne à l'illusion la consistance de la vérité, confère
aux pièces de Genet la profondeur métaphysique qu'on
ne perçoit point dans ses romans, en général trop
immédiatement nourris d'une expérience personnelle.
Le chantre du mal y acquiert les dimensions d'un perspicace observateur des mœurs, d'un sourcier et d'un explorateur. S'il fait là aussi scandale, ce n'est pas par
une facile inversion généralisée des valeurs : plutôt
par la mise en évidence de toute une part cachée, fondamentale, de l'inconscient. La vie est une comédie
que l'homme se donne. On peut s'esclaffer de le voir
tomber dans tous les panneaux qu'il dresse lui-même.
Quand il devient clair qu'il n'est pas dupe de son activité,
ou de ses imaginations, qu'il ne pourrait vivre autrement
que dans l'illusion, la comédie se charge d'une force
tragique qui nous oblige à porter le regard sur nous-
mêmes. A son corps défendant, le chantre du mal se
change en moraliste. En fin de compte, la seule réalité
sûre qu'il place devant les yeux est la mort, cet état où,
dirait Sartre, « l'en-soi » se confond avec le « pour soi ».

RAYMOND GUÉRIN

On a reproché à l'existentialisme ses vues sans complaisance sur l'homme. On l'a parfois accusé de mettre
trop l'accent sur nos comportements physiologiques.

Dans ce domaine, Sartre et ses disciples devaient être rapidement débordés. Pour Raymond Guérin, qui avait écrit et publié avant Sartre, qui n'est donc nullement son disciple, le physiologique devient une obsession. L'auteur lui aurait-il donné si libéralement cours hors du climat créé par l'existentialisme ? On peut en douter.

Après avoir débuté par un récit classique, avant la guerre, Raymond Guérin publie, en 1941, *Quand vient la fin*. Le personnage central en est le père du narrateur. Il meurt d'un cancer à l'anus, et le roman n'est que le long récit de cette agonie. *L'Apprenti*, en 1946, autobiographie déguisée, raconte une adolescence en proie à des inquiétudes moins morales et métaphysiques que physiologiques, nous décrit, avec force détails, la manie de la masturbation. *La Confession de Diogène* (1948) fait revivre le philosophe antique tel que peut le voir un romancier contemporain : foncièrement anarchiste, il méprise les honneurs, la richesse et la gloire, dédaigne tout ce qui donne à l'homme l'illusion de commander aux événements par le savoir, ou de surmonter sa condition par les religions, les philosophies, les morales. Diogène n'est pas un révolté. Il n'éprouve pas le besoin de réformer la vie de ses contemporains. Il ne veut être qu'un « humble observateur de la condition humaine ». Il cherche son propre bonheur, hors de la société et à l'abri des événements. Dans *la Main passe*, nous sommes conviés à lire les aventures d'un Diogène moderne. La satire se fait plus âpre, l'anticonformisme plus virulent, le langage plus explosif. Les scènes « scandaleuses » et les observations qu'on pourrait juger répugnantes abondent. Le héros du roman, Patrick Beaurepaire, affirme qu'il ne faut pas sortir du physiologique : « La créature n'est rien que par les viscères qui la mènent... Les hommes les meilleurs se comportent comme s'ils avaient des entrailles

de pourceaux et un groin qui aimerait se loger dans les
plus sales orifices... » Point d'autre réalité derrière
l'amour, la pratique des vertus domestiques, l'exercice
de la pensée, que l'égoïsme des besoins et les moyens
capables de les satisfaire. Point d'autre existence en
somme qu'un corps insatiable qui, pour durer et se
maintenir dans un relatif état d'équilibre, flaire et avale
tout ce qui lui profite. Pour Raymond Guérin, l'explication de l'homme et du monde, de leurs vaines agitations séculaires, n'est pas difficile pour peu qu'on veuille
la chercher au niveau le plus bas. Tout le reste est illusion et, précise l'auteur, illusion dangereuse qui nous
empêche de vivre. Si nous voulons fonder une sagesse,
il faut partir de la « bête humaine », de ses humeurs et de
ses viscères.

Dans *Parmi tant d'autres feux* (1949), Raymond
Guérin reprend le personnage de *l'Apprenti*, Monsieur
Hermès, et le lance dans la vie. Ce qui attend celui-ci
ce sont des désillusions de toutes sortes, dans la médio-
crité, l'aveuglement, l'acharnement du sort et des
autres contre sa pauvre vie. Il aime une femme, mais
passe à côté de l'amour. Il se marie avec une autre.
Elle l'introduit dans un mesquin milieu bourgeois et
meurt rapidement de tuberculose. Quittant sa province pour Paris où il espère se révéler comme écrivain,
il se heurte à tous les mythes sociaux en honneur :
celui de l'amour comme celui de l'argent, celui de l'art
comme celui de la mort. Il lui paraît impossible d'être
simplement un homme de bonne foi. Retrouvant par
hasard la première femme qu'il a aimée, il n'est pas sûr
qu'il va découvrir avec elle le bonheur. Il demeurera
un perpétuel « apprenti ». *Les Poulpes* (1953) clôt la
somme romanesque de l'auteur avant une mort pré-
maturée. Il le présente comme « un livre de dérision
totale, dérisoire même dans sa plus abrupte inspiration ».

Avec un talent âpre, rugueux, satirique, ennemi de toutes les complaisances d'écriture, Raymond Guérin va droit à ce qu'il veut dire, sans fioritures, en laissant toutefois s'échapper de ses descriptions hyper-réalistes un aigre parfum de poésie qui ajoute parfois à la noirceur des tableaux.

En rattachant à « l'existentialisme » deux écrivains qui ne s'en sont nullement réclamés, on voit que « l'école » a été peu prodigue en romanciers de valeur. Cinq ou six talents promettaient, qu'on a aujourd'hui oubliés. Sollicités par d'autres activités, ils n'avaient fait qu'un stage dans l'écriture romanesque, moyen d'expression parmi d'autres.

En revanche, les théories philosophiques de Sartre, sa critique du roman traditionnel ont imprégné, peu ou prou, la plupart des jeunes romanciers, jusque vers 1950. Elles les ont aidés à prendre conscience d'eux-mêmes, leur ont appris à se servir d'un instrument, leur ont fourni une vision du monde, communiqué un souci d'expression plus franche, plus directe, moins superficielle que la « narration » cultivée par leurs aînés. Elles ont permis à quelques-uns, qui ont ensuite affirmé leur personnalité, de découvrir leurs dons plus rapidement, avec plus de sûreté et d'assurance, lors même qu'ils se sont depuis longtemps évadés de ce climat, qu'ils ne sont pas toujours prêts à en reconnaître sur eux l'influence.

Colette Audry publie en 1946, dans la collection d'Albert Camus, des récits dédiés à Jean-Paul Sartre : *On joue perdant.* Elle y montre des destins en général calamiteux, alors que la sincérité, le courage des personnages très divers qu'elle met en scène auraient précisément dû les orienter vers une certaine forme de bon-

heur, de goût de vivre. Après les souvenirs d'enfance
d'*Aux yeux du souvenir* (1947), elle se tait jusqu'en
1962. *Derrière la Baignoire* raconte l'histoire d'un chien
et de sa propriétaire dans les rapports d'affection et
d'agacement qui les lient. Récit émouvant, simplement
écrit, hors de toute « littérature ».

Même simplicité de ton et d'écriture chez Roger
Grenier, avec une pointe d'humour, d'amour de l'insolite, de participation, apparemment nonchalante, aux
drames des individus dans *les Embuscades* (qui met en
scène quelques épisodes marginaux de la Résistance),
dans *la Voie romaine*, où s'ébat une jeunesse sans illusions de l'immédiate avant-guerre, dans *le Palais
d'hiver* (1965), tableau d'une génération qui a abdiqué et
son roman le plus accompli. Roger Grenier est également un conteur perspicace et habile. Ses premières
nouvelles ont vu le jour dans *les Temps Modernes*.

MARGUERITE DURAS

Marguerite Duras, qui a connu le grand succès au
cinéma, publie également dans la revue de Sartre
des récits « existentialistes », avant de s'affirmer avec
Un Barrage contre le Pacifique (1950), greffé sur des
souvenirs d'enfance, *les Petits Chevaux de Tarquinia*
(1953), *Moderato Cantabile, le Square* (1955). Elle ne
se veut ni philosophe ni moraliste. Une dialectique de la
présence et de l'absence, du silence et de la parole, de
la vie et de la mort, se laisse apercevoir au travers de
récits admirablement menés qui semblent se borner à
vouloir montrer la vie telle qu'elle est : receleuse de
mystères indéfinissables et où les rapports obscurs que
tissent entre eux les êtres forment un réseau serré.

Marguerite Duras pourrait honorablement figurer dans la
phalange du « nouveau roman » avec des récits comme
Dix Heures et demie du soir en été (1960), *l'Après-Midi de
M. Andesmas* (1962), *le Ravissement de Lol V. Stein* (1964),
le Vice-consul (1965), *l'Amante anglaise* (1967). Son plus
récent roman : *Détruire, dit-elle* (1969), tout en sous-
entendus (entre l'auteur et le lecteur, comme entre des personnages qui vont par couples), hausse Marguerite Duras
au premier rang des romanciers de cet après-guerre.

Jean Cau, longtemps secrétaire de Sartre, se cherche
à travers plusieurs tentatives mi-humoristiques mi-
satiriques, avant de donner, avec *les Paroissiens* (1958),
une sorte d' « éducation sentimentale » de sa génération
(celle qui se réunit autour du clocher de Saint-Germain-
des-Prés). Avec *la Pitié de Dieu* (1961), il montre des
ambitions plus vastes dans un chemin ouvert par Genet
plus encore que par Sartre. Il les remplit avec aisance
et brillant avant de se livrer au récit plus ou moins autobiographique.

BORIS VIAN

S'il est un auteur qui incarne au mieux les préoccupations, les besoins, les soucis et les aspirations des
jeunes gens qui ont subi les contrecoups de la guerre
sans y participer et qui, en 1945, se trouvent orphelins
des valeurs qu'on leur avait enseignées, obligés qu'ils
sont de les confronter avec une réalité plus ou moins
sinistre, c'est bien Boris Vian.

Ce fils de bourgeois a eu une première enfance heureuse. Il fait de brillantes études qui le mènent à l'École

Centrale et font de lui, à vingt-deux ans, un ingénieur.
Toutefois, frappé à douze ans d'une maladie de cœur,
alors qu'à la même époque ses parents connaissent
des revers de fortune, il n'est pas porté à s'insérer sans
histoires dans une société d'autre part fortement perturbée. Il a déjà mesuré, fût-ce inconsciemment, et la fragilité des structures sociales et les aléas du sort. Tout
ingénieur qu'il soit, c'est la bohème telle qu'elle se manifeste quelques années durant à Saint-Germain-des-
Prés, qu'il choisit. Il est « existentialiste » comme on
l'est à cette époque, passionné de jazz jusqu'à tenir sa
partie, la trompette, dans des orchestres qu'il anime,
habitué des « caves » et des « parties ». Il collabore aux
Temps Modernes, à *Jazz Hot*, à *Combat*, la plupart du
temps dans un esprit jarryque prononcé.

Il se fait connaître du grand public par une supercherie littéraire qui lui vaut un succès de scandale et,
pour beaucoup, il demeurera même jusqu'à sa mort
précoce, à trente-neuf ans, le Vernon Sullivan de
J'irai cracher sur vos tombes, « roman traduit de l'américain ». Dans ce pastiche aux traits volontairement
caricaturaux s'expriment néanmoins la violence, la
révolte contre les tabous sexuels et sociaux, la rancœur
d'une jeunesse flouée. Boris Vian n'y fait pas œuvre
d'écrivain « sérieux » et, bien qu'il ait toujours été
ennemi du sérieux, il éprouve le besoin d'apparaître
sous son vrai visage dans un roman où la fantaisie,
les cavalcades poétiques, l'esprit de mystification dissimulent mal une sorte de gravité parfois amère : *l'Écume
des jours* (1947). Roman en partie à clés, on y reconnaît
Jean-Paul Sartre, dont Boris Vian s'est détaché pour
des raisons à la fois personnelles et morales (il répugne
de plus en plus à « l'engagement »), et « le plus poignant
des romans d'amour » (Raymond Queneau), *l'Écume des
jours* porte la parole d'un adolescent blessé par la vie en

même temps que celle d'une jeunesse dont le romantisme possède des traits bien particuliers : lucidité et sens des réalités, refus des conventions et des idées apprises, sensibilité qui s'allie à un froid calcul, impatience de vivre une vie qu'on déclare d'autre part dénuée de signification.

Boris Vian est déjà victime de sa réputation. A *l'Écume des jours* les lecteurs préfèrent les outrances et les gaudrioles des ouvrages de Vernon Sullivan qui se succèdent à une belle cadence jusqu'au posthume *Et on tuera tous les affreux*. Traducteur, avec sa femme, de Raymond Chandler et de Peter Cheyney, Boris Vian n'ignore rien des ficelles qui font mouvoir les héros de la Série noire et, à trop habilement les manipuler, on se fait refuser par l'éditeur un roman comme *l'Arrache-cœur* où le vrai Boris Vian se dissimule à peine.

Pressé de vivre, et sur un rythme qui compromet de plus en plus une santé chancelante, Boris Vian s'adonne au théâtre (*l'Équarissage pour tous*, *les Bâtisseurs d'empire*, *le Goûter des généraux*), publie des romans comme *l'Automne à Pékin*, *l'Herbe rouge*, *Troubles dans les Andains* qui, au monde qualifié de « réel » opposent un univers tantôt angoissé, tantôt très proche de celui d'un Lewis Carroll qui ferait ses délices de la bêtise commune. Il existe un gentil Boris Vian et un Boris Vian féroce (dont la férocité s'exerce également à son propre endroit), un Boris Vian grave (et qui cherche à exorciser ses obsessions : voir *les Bâtisseurs d'empire*) et un amoureux du canular, un fabricant de littérature à succès et un écrivain qui a fait ses classes chez Céline, Michaux et Queneau. Cet homme Protée est également poète, scénariste, chanteur : entre 1954 et 1956 il se produit aux Trois Baudets et écrit des chansons pour Brigitte Bardot. Deux ans avant de mourir il est directeur artistique d'une grande fabrique de disques.

On ne s'étonne pas qu'après avoir été terrassé par une nouvelle crise cardiaque, en assistant à l'avant-première du film tiré de *J'irai cracher sur vos tombes*, il devienne presque aussitôt la proie d'une légende : celle d'un homme qui a brûlé sa vie par tous les bouts et fait feu des quatre fers dans tous les domaines où s'est exercée sa prodigieuse activité. Une génération nouvelle, née après la guerre, s'engoue de son œuvre littéraire, fort inégale pourtant, et le nom « Boris Vian » devient le label d'une industrie d'assez mauvais aloi. C'est évidemment moins à la valeur de cette œuvre que la jeunesse est sensible qu'à l'esprit dans lequel elle a été écrite, qu'à l'attitude devant la vie d'un individu qui fait craquer les catégories artistiques, qu'à l'adolescent prolongé (avec les vertus et l'insolence de l'adolescence) que fut, que demeure Boris Vian. Reste qu'outre le témoin d'une époque, et qui incarne celle-ci dans son désarroi et ses ambitions, le romancier, et plus encore, l'artisan du langage, ont leur place marquée dans cette troupe des romanciers d'après-guerre, ne serait-ce que pour avoir cédé, tout en s'en gaussant, aux pouvoirs de l'écriture et refusé, en quelques occasions, d'en faire un vain usage.

VIOLETTE LEDUC

Le grand public découvre Violette Leduc en 1964, avec un ouvrage trop scandaleux pour obtenir le Goncourt et qu'a préfacé Simone de Beauvoir : *la Bâtarde*. Plus autobiographie que roman, l'ouvrage ne laisse rien dans l'ombre d'une vie qui a en effet mal commencé et s'est poursuivie entre des amours chaotiques (surtout

homosexuelles), des périodes de complet dénuement
matériel et de prospérité due à des trafics divers, de
rencontres en général maléfiques (celle de Maurice
Sachs, l'auteur du *Sabbat*, grand écrivain et trafiquant,
se révèle néanmoins bénéfique pour le futur auteur qu'il
encourage, et celle de Simone de Beauvoir est une béné-
diction du sort).

Ce qui frappe à la lecture de cet ouvrage, c'est le ton
d'absolue, voire de féroce sincérité, une jouissance sado-
masochiste à exhiber ses plaies (un avortement, un faux
suicide, les multiples drames de la jalousie et des périodes
de déchéance totale), servis par une écriture qui fouaille,
fore jusqu'au cœur sa matière, la fait éclater en morceaux
sanguinolents, en étale les structures soit avec un
cynisme naïf, soit avec une complaisance tout près du
morbide. Dans sa préface, Simone de Beauvoir parle
d'une « sincérité intrépide ». En fait, Violette Leduc em-
poigne le lecteur et, le forçant à l'accompagner, le plonge
dans un univers d'un sordide éclatant. Les images du pire
mauvais goût littéraire voisinent avec les trouvailles
poétiques, la volonté de tout dire frise l'histrionisme :
Violette Leduc est heureuse de se contempler dans le
miroir qu'elle s'est tendu. Elle trouve du plaisir à « faire
son numéro ». Le lecteur, souvent agacé, n'en cède pas
moins à cette force virile.

Avec *la Bâtarde*, Violette Leduc n'en était pas à son
coup d'essai. En 1946, Albert Camus avait publié un
récit d'elle : *l'Asphyxie*, écrit sous l'influence et avec les
conseils de Maurice Sachs. Des fragments en avaient
paru dans les premiers numéros des *Temps Modernes*.
Entre 1948 et 1960 paraissent encore *l'Affamée*, *Ravages*,
la Vieille fille et le mort, *Trésors à prendre* où l'auteur
raconte divers épisodes de sa vie avec moins de liberté
que dans *la Bâtarde* et dans un effort de transposition qui,
en fait, camoufle événements et personnages sous des

effets lyriques et des commentaires qui ne sont pas toujours bien venus. Un récit extrait de *Ravages* et publié hors commerce : *Thérèse et Isabelle* (publié ouvertement en 1966), ne fait pas exception à la règle : l'auteur y décrit deux nuits d'amour que passent ensemble deux collégiennes sans, bien entendu, la moindre retenue.

Sans doute Violette Leduc ne possède-t-elle aucune des qualités traditionnelles qui font le romancier, et le succès qu'a rencontré *la Bâtarde* n'était pas dû à la seule valeur de l'ouvrage. Elle ne sort pas de son propre monde et, par un impérialisme naïf, elle ramène toute chose à soi. On ne peut pas dire davantage qu'elle nous transporte dans un certain milieu ou que sa peinture soit de vastes dimensions. Toutefois, les sentiments qu'elle éprouve, les passions qu'elle vit dans des atmo-sphères survoltées, cet « enfer humain » qui est le sien et qu'elle ne cesse d'explorer, s'ils possèdent des traits bien particuliers, renvoient à la connaissance de l'homme et approfondissent celle-ci, ne serait-ce que par la lumière projetée sur les vices, les aberrations, les conduites répré-hensibles (du point de vue de la morale et des bonnes mœurs), tout ce côté nocturne que reconnaîtra posséder, au moins à l'état virtuel, le lecteur de bonne foi.

La fascination du sordide et de la déchéance, c'est encore ce que laisse voir *la Femme au petit renard* (1965) où une vieille fille d'origine bourgeoise et provinciale se met à mendier, afin de survivre sans doute, mais en trouvant dans l'humiliation quotidienne qu'elle s'inflige une sombre jouissance. Cet effort de transposition roma-nesque sera-t-il poursuivi ? A lire *la Folie en tête* (1970), il ne semble pas. Elle est plus à l'aise dans l'autobio-graphie.

10. *Tradition et nouveauté*

Si, par quelques admirations communes, par des ressemblances ou des cousinages dans les buts ou les techniques, certains romanciers paraissent appartenir à un courant ou à une famille d'esprits, on ne voit guère à côté de ceux qui se sont découverts à travers existentialisme, surréalisme, philosophie de l'absurde ou roman américain, que deux rassemblements à peu près homogènes : celui des romanciers catholiques, celui des écrivains communistes. Leurs propos à tous étant plus ou moins d'édification, ils échappent en grande partie à notre prise. On remarquera néanmoins à propos des premiers que si François Mauriac est encore un « romancier catholique », Jean Cayrol, Luc Estang, Pierre-André Lesort éprouvent parfois le besoin de débattre d'une foi qui peut mener leurs personnages à des visions du monde assez diverses. Il n'existe plus pour eux une orthodoxie, hors de laquelle ils tomberaient dans le piège du démon, et les débats de conscience de Luc Estang (Grand Prix de Littérature de l'Académie Française, 1962) et, d'entre eux, le plus influencé par Bernanos, peuvent conduire l'auteur d'une œuvre abondante, tourmentée et souvent véhémente, pleine d'allers et retours, à faire l'apologie de Julien l'Apostat (*l'Apostat*, 1968).

Du côté communiste, la même liberté n'appartient qu'à quelques seigneurs, comme Aragon ou Roger Vailland, qui, tout en prônant le « réalisme socialiste », ou en tentant de l'illustrer, ont mesuré, le premier avec *les Communistes,* le second avec *les Mauvais coups,* dans quel abîme de niaiserie romanesque il les faisait tomber. Les « romanciers du parti » sont d'ailleurs si médiocres (sauf Pierre Courtade, qui a gâché un vrai talent, et qui le savait), qu'on ne saurait dire si l'orthodoxie jdanovienne les a aidés ou gênés dans leurs exercices.

Les traditions sont moins contraignantes que les dogmes et elles offrent un cadre à l'intérieur duquel la personnalité de l'auteur, son tempérament, ses recherches formelles peuvent plus aisément s'exercer. Entre ceux qui acceptent le genre tel que l'ont illustré des écrivains aussi différents que Balzac et Proust, Stendhal et Zola, Flaubert et Céline, et ceux qui vont donner au roman l'occasion d'accomplir des mutations décisives, il existe une foule d'écrivains qui ont délimité chacun leur territoire, l'ont aménagé selon leurs moyens et, sans se nuire mais sans non plus chercher à s'agréger à quelque troupe, forment, plus justement que la République des lettres, la République des romanciers. S'ils comptent pour peu dans l'évolution du genre, ils n'en sont pas moins ceux qui lui donnent diversité et richesse.

MARC BERNARD

Sans doute l'épithète de romancier ne convient-elle pas tout à fait aux plus âgés d'entre eux (qui avaient commencé leur carrière avant la guerre, comme Marc

Bernard ou Henri Calet), plus attirés par la confidence masquée, la chronique, le conte ou la nouvelle que par les grandes machines romanesques.

Marc Bernard, dans *Anny* (1934), *Pareils à des Enfants* (1942), puis dans une série de romans qui pourraient se ranger sous le titre de l'un d'eux : *la Bonne Humeur* (1957), s'intéresse plus aux cadres des histoires qu'il raconte : celui de l'adolescence, celui de la province nîmoise dont il est originaire, qu'à ces histoires elles-mêmes, ou aux personnages, en général croqués sur le vif. Le pittoresque, la bonne humeur, une certaine gentillesse constituent les qualités dominantes de récits attendris et savoureux.

HENRI CALET

Henri Calet, mort en 1955, touche par une sorte de désespoir tranquille, déguisé par l'humour. Après avoir beaucoup voyagé avant la guerre, et publié des ouvrages comme *la Belle Lurette* (1935), *le Mérinos* (1937), *Fièvre des Polders* (1940), il raconte, sur le ton d'humour sobre qui est le sien, son expérience de prisonnier de guerre dans le *Bouquet* (1945). A la Libération, il devient un brillant journaliste. Dans un style inimitable (qui fut souvent imité), il montre les à-côtés émouvants et pittoresques de l'existence quotidienne : des plus humbles, des plus marqués par la guerre. Il fait de la capitale un grand village qu'il explore quartier par quartier, rue par rue, révélant des aspects inattendus : lieux et gens. Il voudrait se borner à être lui-même un habitant du XIVe arrondissement. Il n'y a aucune chance qu'on l'enferme dans ces limites.

Touché par les premières atteintes du mal qui devait l'emporter, Henri Calet cesse d'être un amusant chroniqueur pour devenir le romancier émouvant du *Tout sur le Tout* (1948), surtout de *Monsieur Paul* (1950). Il se confie par le truchement de personnages en qui il met beaucoup de lui-même et de ses aventures quotidiennes. Un roman, inachevé, *Peau d'Ours*, sera publié après sa mort, ainsi que quelques recueils savoureux de chroniques.

L'œuvre d'Henri Calet, d'un pathétique retenu, d'une écriture surveillée, quoique naturelle et suggestive, prend valeur de témoignage sur une génération qui n'a pas réussi dans ses entreprises, sur un monde plus cocassement absurde qu'horrible, sur un homme contemporain privé d'avenir. Une langue aux images vives, dont l'auteur atténue les fulgurances. Des notations d'une grande hardiesse, qui ne visent jamais à l'exhibitionnisme.

CLAIRE SAINTE-SOLINE

Claire Sainte-Soline s'était fait connaître avant la guerre par des romans d'une belle coulée, simple et généreuse, comme *Journée*, des récits documentaires comme *d'Une Haleine*, confession d'une femme du peuple. Après la guerre elle fait une nouvelle carrière avec des romans plus intimistes où, sous l'apparente banalité de la vie, sont tendus les ressorts secrets qui font mouvoir les êtres. C'est *le Dimanche des Rameaux* (1952), où le romancier révèle un métier consommé. Ce sont *Reflux*, *la Mort de Benjamin*, *Castor et Pollux*, les plus connus d'une production abondante qui comprend également des recueils de nouvelles en général remarquables comme *Mademoiselle Olga* ou *Noémie Strauss* (1965) et, de nouveau, des récits documentaires comme *d'Amour et d'anarchie*, récit d'une femme de militant, ou encore des souvenirs touchants et savoureux d'enfance et de jeunesse. Claire Sainte-Soline, qui pratique avec force et générosité un genre où, pour son propos, il lui paraît inutile d'innover, retient encore par une écriture sûre, élégante et d'un grand naturel.

ALEXANDRE VIALATTE

Alexandre Vialatte s'est plus fait connaître par ses remarquables traductions de Kafka que par ses romans. Il avait débuté avant la guerre avec *Battling le Ténébreux* ; il publie pendant l'occupation *le Berger fidèle*, avant de donner l'un des meilleurs romans d'après la guerre : *les Fruits du Congo* (1951).

C'est l'histoire d'un groupe d'adolescents provinciaux, dans une ville d'Auvergne, avec les aventures sentimentales et souvent abracadabrantes de chacun, mené par son imagination. Ils sont ivres de voyages, d'aventures au-delà des mers, d'amours impossibles. Ils sont envoûtés par une affiche, précisément intitulée « les Fruits du Congo », qui représente une superbe négresse portant des citrons d'or. Sur les thèmes que suggère cette affiche, les imaginations galopent. La vie de la petite ville, dans laquelle ils sont en même temps imbriqués, en est poétiquement transformée : des aventures, dans lesquelles sont impliqués de bons ou étranges bourgeois, naissent en cascade.

La bande a une vie propre, une atmosphère et un

climat qu'elle s'est créés. Tout, et jusqu'à la vie quotidienne, y prend un rythme un peu fou, en tout cas
toujours inattendu, surprenant. L'auteur peint l'adolescence dans ses rêves, ses extravagances, ses aspirations. L'éternelle adolescence.

Chroniqueur et critique, Alexandre Vialatte laisse
courir son imagination, sa fantaisie, sur les thèmes que
lui procure une actualité dont il transforme merveilleu-
sement la grisaille. C'est un écrivain insolite et savoureux d'aujourd'hui.

JEAN BLANZAT

Jean Blanzat avait fait admettre, dès les années trente,
un talent de romancier psychologue et intimiste,
grandement habile à suggérer les frémissements inté-
rieurs de ses personnages, généralement atteints d'une
secrète blessure, comme dans *A moi-même ennemi*.
Son activité de résistant lui donne l'occasion d'occuper,
à la Libération, une importante tribune critique qu'il
résilie après une dizaine d'années afin de poursuivre
son œuvre. L'inspiration de celle-ci s'est élargie dans
la Gartempe (1957) et complètement transformée, après
une grave maladie, dans *le Faussaire* (1964) qui donne
dans un impressionnant fantastique macabre. De la
même veine cauchemardesque relève *l'Iguane* (1966)
où Jean Blanzat révèle, à l'aide d'une écriture suggestive mais surveillée, une partie des secrets terrifiants
qu'il a dérobés aux ténèbres.

GEORGES NAVEL

Poète, conteur (et raconteur de sa propre vie) plus
que romancier, Georges Navel publie en 1947 *Travaux*
qui permettrait de ranger cet autodidacte, ouvrier
saisonnier et prolétaire authentique parmi les meilleurs
« écrivains prolétariens » (comme on disait vers 1930)
si pareille classification ne comportait quelque condes-
cendance ou mépris à l'égard de ceux qui n'ont pas eu
la chance de faire des études, et si en fait, *Travaux*
n'était un des grands livres de l'immédiate après-guerre.

Navel, qui décrit par son propre exemple la condition
ouvrière, ses fatigues et ses peines, montre, en même
temps qu'un étonnant sentiment du concret, les relations intimes que le travailleur manuel noue avec
la matière, la satisfaction de ses sens, l'élargissement de
sa conscience pour peu que le labeur échappe à la méca-
nisation ou aux lois du rendement, s'intègre au processus
de transformation du monde. Navel a beaucoup admiré
Giono et cette admiration, jointe à des dons de poète
et d'écrivain, lui a fait abandonner l'usine pour les travaux des champs. Dans *Parcours* (1950), il relate ses
expériences de la « drôle de guerre » tandis que *Sable
et limon* (1952) lui permet d'aller plus loin dans ses sentiments et réflexions à l'occasion d'une correspondance
suivie avec le philosophe Bernard Groethuysen. *Chacun
son royaume* (1960) comprend des relations diverses
d'événements advenus personnellement à l'auteur qui,
sans grandiloquence, plaide pour la dignité d'un certain
type humain (prolétaire et militant) qui n'est certes
pas à l'honneur dans nos sociétés. Le moraliste rejoint
ici le poète.

JEAN-LOUIS CURTIS

Jean-Louis Curtis, l'un des premiers jeunes romanciers apparus après la guerre, connaît un succès de bon
aloi avec *les Jeunes Hommes* (qui raconte l'odyssée
morale et spirituelle de jeunes provinciaux en révolte
contre leur milieu), puis avec *les Forêts de la Nuit*
(Prix Goncourt 1947).

Il s'y révèle précocement maître de ses moyens. S'il
n'innove ni dans la technique romanesque (qui doit à
Aldous Huxley) ni dans l'écriture (qui demeure classique), il laisse voir une intelligence satirique dans
l'observation des mœurs, une pénétration, assez rare,
des motivations intimes de ses personnages, surtout
quand il s'agit d'adolescents. Brossant la peinture
d'une bourgeoisie provinciale qui voit ses aspirations
réalisées par le régime de Vichy, il donne de la Résistance et de la Libération une image forte et nuancée,
objective et vraie.

Après *Gibier de Potence* (1949), *Chers Corbeaux* (1951)
(qui décrit d'une manière souvent féroce les milieux de
Saint-Germain-des-Prés) comporte aussi une nouvelle
évocation de la province et du déracinement. L'auteur
retrouve le sens de la fresque dans *les Justes Causes*
(1954), qui se déroule dans la même période d'après-
guerre que *les Mandarins*. On y voit, sous des noms
empruntés, quelques-uns des personnages les plus en
vue des milieux politiques, littéraires, artistiques ;
on vit des drames d'ambition, de vanité, peints avec
humour et cruauté, sans que les personnages prennent
jamais l'allure de porte-parole. C'est un excellent témoignage sur les aspirations et les mœurs de l'après-guerre.

Jean-Louis Curtis pratique un genre ouvert sur l'époque, sa vie, ses problèmes, de nouveau avec *Parade*, *Cygne sauvage*, *la Quarantaine* (où revivent, vingt ans après, les jeunes hommes des *Forêts de la nuit*), mais il aime le mode mineur comme le prouvent *l'Échelle de soie*, *le Couple* ou les nouvelles du *Thé sous les cyprès*. Ici et là son intelligence, l'acuité de son regard, la sûreté de son écriture constituent ses meilleures qualités.

PIERRE GASCAR

Les premiers romans de Pierre Gascar, *les Meubles*, *le Visage clos*, publiés avant 1950, portent l'empreinte de Kafka. L'écriture est personnelle, le dessein ferme. Dans *les Bêtes* (1953), la vision devient originale. En nous faisant entrer dans le monde aveugle de l'animalité soumise à l'homme, l'auteur montre, par référence, la cruauté d'une humanité sans respect pour la vie, sans pitié pour la faiblesse. Le dépeçage d'un veau par un boucher, la fuite de chevaux dans un bombardement, l'obscur attachement de chiens et de chats deviennent autant de tragédies où l'homme fait piteuse figure, se haussent à la vision d'un monde qui n'en finit pas de tuer pour vivre.

Le Temps des Morts (1953) allie la vision poétique à un réalisme parfois cru. Expérience d'un prisonnier de guerre, il ne s'agit pas d'un simple témoignage. Faits, événements concourent au dessein d'ensemble, qui est réflexion sur les vivants et les morts. L'atrocité de la condition de prisonnier se dilue dans une sorte de cauchemar, dans une zone crépusculaire, aux frontières du visible et de l'invisible.

La Graine (1955) raconte une enfance, celle de l'auteur, *l'Herbe des Rues* (1956) une adolescence. On est sensible à la sobriété des descriptions, aux aspects touchants d' « apprentissages » pauvres en joies et en désirs. L'écriture épouse les moindres nuances d'une sensibilité étouffée. Peu de morceaux de bravoure. Pour peindre la grisaille, l'auteur distille savamment une poésie de l'humilité.

Pierre Gascar revient à la nouvelle, où il est passé maître, avec *les Femmes*, puis *Soleils* (1960) où quelques expériences amoureuses se transforment en autant d'éblouissements. Il parvient à faire admettre des romans où il se sent moins à l'aise, — comme *le Fugitif* (1961) qui recrée l'atmosphère grand-guignolesque et romantique d'une Allemagne en perdition, à la fin de la guerre, *les Moutons de Feu* (1963) qui s'inspire d'événements politiques plus près de nous, *le Meilleur de la vie* (1964), *les Charmes* (1965), — grâce à une écriture toujours suggestive, créatrice d'arrière-plans. *Les Chimères* (1969) sont de ce point de vue une totale réussite.

Dans la foule des romanciers qui se dirigent dans toutes les voies ouvertes au roman, relèvent d'inspirations diverses, utilisent des techniques variées, qui retenir ? Quantité ont apparu, puis disparu. Les uns ont promis, et n'ont pas tenu. D'autres ont persévéré, sans grand succès. Les cotes montent et descendent, à la faveur d'un ouvrage réussi. Le choix est difficile, purement indicatif. Tenter de grouper par familles d'esprits, ou de tempéraments, ou d'aspirations, mènerait à des mécomptes.

Parmi ceux qui se sont fait connaître pendant ou après la guerre, on peut citer Henri Thomas, à la fois romancier (*le Seau à charbon*) et poète (*Travaux d'aveu-*

gle). Un séjour de quelques années à Londres après la
guerre lui donne matière à des romans insolites, aux
mystères ténus, et d'une écriture subtile, comme *la
Nuit de Londres* (1956). Peu susceptible de toucher le
grand public, il l'atteint néanmoins avec *John Perkins*
et surtout *Le Promontoire* (1961). *Le Parjure* (1964) et
plus encore *la Relique* (1969) sont d'une texture de
plus en plus transparente. La réalité que l'auteur entend suggérer ne se laisserait assurément pas prendre à
de grossiers filets.

Paul Gadenne, prématurément disparu, s'était imposé avec des œuvres d'un ton très personnel comme *le
Vent noir* (1947), *l'Avenue* (1949), *la Plage de Sche-
veningen* (1952).

Jean-Louis Bory décroche le premier Prix Goncourt
d'après la Libération avec *Mon village à l'heure allemande*. Ses romans suivants, *le Panier d'œufs*, *l'Odeur de
l'herbe*, *la Peau des zèbres* (où est abordé avec franchise
et émotion le problème de l'homosexualité) mettent vivement en relief événements et personnages.

Claude Roy se montre intelligent, brillant, émouvant,
dans des récits inspirés par la guerre et ses conséquences
comme *la Nuit est le manteau des pauvres*, ou nourris
d'une idéologie généreuse comme *Soleil sur la terre*, ou
plus près de ses problèmes personnels comme *le Malheur d'aimer* (1958). *Léone et les siens* (1963) se veut plus
objectif, alors que *la Dérobée* (1968) se tient tout près de
la confidence. Claude Roy est également un critique per-
tinent et un bon poète. Il aborde tous les genres avec le
même bonheur.

Jean Bloch-Michel, avec *le Témoin*, *les Grandes Circonstances*, *la Fuite en Égypte*, *Un Homme estimable*,
se montre adepte du récit court, d'analyse, à la Benjamin Constant. C'est aussi un moraliste, influencé par
Albert Camus.

Dominique Rolin, qui s'était signalée pendant la guerre avec *les Marais*, reste fidèle à un propos poétique, d'inspiration nordique, ou germanique, dans *les Deux Sœurs* (1946) et *le Souffle* (1952), avant de donner dans une franchise assez crue : *Moi qui ne suis qu'Amour* (1948), *le Lit* (1960) et d'être influencée par le « nouveau roman » : *la Maison la forêt, Maintenant, le Corps* (1969).

Béatrix Beck sait utiliser les moindres incidents de sa vie dans des récits tendus, nerveux, émouvants : *Barny* (1948), *Une Mort irrégulière* (1951), surtout *Léon Morin, Prêtre* (1952). Après *le Muet* (1963), elle donne, avec *Cou coupé court toujours* (1967), un curieux récit d'écriture semi-automatique.

Françoise Mallet-Joris, qui connaît un succès de scandale avec un récit d'observation aiguë, de confidence un peu cynique, *le Rempart des Béguines* (1951), acquiert des qualités de fond dans des romans plus amples comme *les Mensonges* (1956), *l'Empire Céleste* (1958), d'allure balzacienne, avant de se livrer à diverses prouesses (roman historique, confidence journalière) qui font d'elle mieux qu'un auteur féminin.

Tout à l'opposé, quant à l'inspiration et la manière, il faut citer Marcel Schneider, plus poète que romancier dans *le Granit et l'Absence* (1947), *Cueillir le Romarin* (1948), *le Chasseur Vert* (1950), d'autres récits encore, où il donne dans un fantastique délicat tout droit issu des romantiques allemands, dans un insolite d'arcanes occultistes, créateurs de merveilleux dépaysements.

Raymond Abellio, qui n'a pas les qualités d'écriture de Marcel Schneider, a poussé plus loin que lui sa quête dans le déchiffrement de la Tradition, dont il est un adepte convaincu, jusqu'au didactisme. Il y trouve des ressorts romanesques, des vues propres à expliquer les événements contemporains qui prennent par là singulière allure : *Heureux les Pacifiques* (1947), *les Yeux d'Ézéchiel sont ouverts* (1952), surtout *la Fosse de Babel* (1962), somme mystique et feuilletonesque de notre époque, animée d'un vrai souffle.

Dans un genre plus sage, quasi traditionnel d'analyse et de réalisme, il faut signaler, en raison de qualités de premier plan, José Cabanis, peintre d'âmes provinciales, dessinées d'un trait aigu à la Jouhandeau, dans *l'Auberge fameuse* (1953), *Juliette Bonviolle* (1954). Il se replie sur un riche fonds autobiographique avec *le Fils* (1956), *le Bonheur du Jour* (1961), *les Cartes du Temps* (1962), *les Jeux de la nuit* (1964), *la Bataille de Toulouse* (Prix Goncourt, 1966), *Des jardins en Espagne* (1969), qui font peu à peu de lui un auteur du premier rang.

Michel Mohrt tente dans *la Prison maritime* (1961) de rénover le roman classique, en remontant à ses sources dans le passé. *La Campagne d'Italie* (1965) se déroule autour de souvenirs de guerre. *L'Ours des Adirondaks* (1969) met en scène des Américains plus ou moins futiles et un Français désabusé qui possède sans doute bien des traits de l'auteur.

Autobiographique également *la Gana* (1958), de Jean Douassot, qui fait sensation par un réalisme cru, sans tonitruance toutefois, et transmuté par une poésie des lieux, des personnages, des circonstances qui le fait accéder à une envoûtante surréalité : celle-là même dans laquelle vit un enfant qui transforme en féerie l'univers sordide où il prend naïvement pied. Jean Douassot crée un modèle à mi-chemin du rêve et de la réalité, dans de grandes coulées de lyrisme qui ne le rendent point aveugle à ce qui se passe autour de lui et qu'il pousse parfois à la caricature, selon un humour très personnel : *Sens Inverse* (1960), *la Perruque* (1969). Force de la nature à la façon d'Henry Miller, guidé par un

flair infaillible dont certains critiques ont fait un don de
« voyance », Douassot poursuit un chemin solitaire où
il accumule des découvertes.

Talent singulier que celui de Ladislas Dormandi, réaliste pointilleux dans *la Péniche sans nom* et *la Vie des
autres* (1951), insolite dans quantité d'autres romans.

Talent âpre, poétique, acharné à découvrir une vérité
difficile que celui de Geneviève Serreau : *le Soldat Bour-
quin* (1955), *le Fondateur* (1959), où se voient les grands
courants de sensibilité de l'époque, ses grandes options.
Dans *Ressac* (1962), sous les influences conjuguées de
Faulkner et de Beckett, mais dans une démarche
personnelle, l'auteur parvient à une sorte de perfection
énigmatique qui fait d'elle un des écrivains les plus
attachants d'aujourd'hui. Cette même perfection se rencontre dans *Cher point du monde* (1970).

Ce qu'on a appelé, avant et après la guerre d'Algérie,
« l'école d'Afrique du Nord » comprend de jeunes romanciers divers, dont la voix porte plus ou moins loin :
Mouloud Feraoun, Mohammed Dib, Mouloud Mammeri,
Albert Memmi (*la Statue de Sel*), Rached Bondjedra (*la
Répudiation*, 1969), et surtout Kateb Yacine qui, dans
Nedjma (1956), *le Polygone étoilé* (1966) lie une histoire
atroce (les exactions colonialistes en Algérie) aux mythes
ancestraux de son pays. Beaucoup ont été encouragés
à écrire par leur compatriote d'origine enropéenne, le
romancier Emmanuel Roblès, au tempérament généreux
et coloré.

Cette revue fort incomplète et d'où sont absents
(compte non tenu, sans doute, de nombreux oublis)
quelques romanciers à succès, ou fort connus, qui se
sont contentés d'exploiter, ou même de perfectionner,
une formule romanesque malléable, propre à tous les
propos, docile à tous les projets, donne, malgré tout, un
aperçu sur la richesse et la variété des apports. La gamme

est étendue qui va de l'écrivain de tempérament à celui qui se montre plutôt soucieux de son métier, du créateur à l'artisan et à l'artiste, sans que les rôles soient d'ailleurs incompatibles. Le ton, la manière, les plus ou moins grandes qualités d'écriture séparent plus que les genres : réaliste, poétique, psychologique, fantastique. Chacun découvre son canton, l'explore avec plus ou moins de bonheur, fait des découvertes d'importance ou de détail, parvient à une plus ou moins grande réussite. Tous cherchent une voix identifiable, reconnaissable parmi toutes les autres. Et si la postérité opère, même parmi ceux que nous avons cités, des coupes sombres, ils auront néanmoins figuré les témoins audibles et dignes de confiance d'une époque à bien des égards chaotique, d'un homme d'après-guerre à la démarche peu assurée. Entre « l'engagement » et la « tour d'ivoire », le champ d'expression est assez vaste pour ceux qui entendent faire de la parole un usage non vulgaire.

11. *Le roman en question*

En publiant *Qu'est-ce que la littérature ?* où il s'efforce de définir une phénoménologie de la création littéraire, Jean-Paul Sartre ne foulait pas un terrain vierge. Déjà, certains surréalistes, avant la guerre, avouaient s'être adonnés à l'écriture « par faiblesse ». Si quelques-uns de leurs suiveurs font, en revanche, confiance à la littérature, parfois jusqu'à l'excès, quelques autres, ayant subi plus ou moins profondément la même influence, ne se livrent pas sans mauvaise conscience à l'exercice littéraire. Le procès de la littérature reste ouvert. Il s'approfondit jusqu'à une contestation du langage.

GEORGES BATAILLE

Georges Bataille publie, vingt ans après sa rédaction, un roman : *le Bleu du Ciel* (1957). Il est également l'auteur de récits érotiques, publiés sous le manteau (*Histoire de l'Œil, Madame Edwarda, le Petit*) ou tout à fait

ouvertement : *l'Abbé C* (1950). Hors des genres et des
catégories, ne se préoccupant pas de sacrifier au roman
comme à ce qu'on est convenu d'appeler la poésie, l'auteur de *l'Expérience intérieure* (1943), *le Coupable* (1943),
Haine de la Poésie (1946) inaugure un genre qui marie
la confession nue à la réflexion philosophique et à la
recherche mystique. Il ne tient compte d'aucune règle,
hors celle de se faire entendre, et il brave tous les interdits, sociaux ou moraux. Engagé dans une quête de
l'absolu, il prend tous les chemins qui s'ouvrent à
lui. La littérature, il veut la considérer avant tout
comme un moyen d'expression, le langage, comme un
instrument. Ils lui servent à rendre compte d'expériences qui, de toute façon, se passent ailleurs.

Georges Bataille est animé de ce qu'il appelle « la
volonté de l'impossible ». Il voudrait tenir sa propre
tentative pour inutile, sans autre issue que le néant,
sur lequel elle débouche. A cette tentative pourtant, il
ne peut se soustraire. Comment assumer cette contradiction ? Par une série de conduites : le rire, le jeu,
l'extase (érotique ou mystique), la méditation (dans son
acception « yogi » ou « zen »), l'effusion poétique. Toutes
sont susceptibles de nous faire entrer dans le royaume
de la « souveraineté », de la communication universelle.

En vue de cette fin, le roman est d'un piteux secours. La poésie elle-même n'est trop souvent qu'une
« évocation » : elle bouscule l'ordre des mots, non l'ordre
des choses. Pourquoi écrire ? Pour prendre conscience
du mouvement même par lequel toute expérience, de
quelque ordre qu'elle soit, débouche sur le néant. L'écriture est un résidu. Si pensées, désirs, hantises, obsessions constituent son matériau, l'auteur refuse de l'exploiter. Elle ne doit être que la trace d'un mouvement
vers l'inconnu. Elle montre les restes d'un combat qui

se passe ailleurs et qu'il n'est au pouvoir de personne de faire cesser. Ce combat, c'est celui qu'ont livré Pascal, Sade, Rimbaud, Nietzsche. Il s'y sont jetés dans l'innocence. Bataille, lui, sait qu'il ne s'achèvera qu'avec sa propre défaite. Il en convient et en convient gaiement, sachant que la littérature est un leurre, et ce leurre le témoignage le plus précieux de ce à quoi l'homme aspire. L'influence de Georges Bataille sur la littérature contemporaine grandit encore après la mort de l'auteur, en 1963. Toutes ses œuvres sont à nouveau publiées, y compris celles qui furent longtemps interdites. Il devient, en particulier pour les « jeunes », l'un des auteurs les plus « présents » du moment.

MAURICE BLANCHOT

Pour Maurice Blanchot, qui poursuit parallèlement une activité de critique (neuve et importante) et une activité de romancier, le néant, sur lequel Bataille débouche au terme de ses expériences, se trouve au cœur même du langage.

Il ne pense pas, en effet, que l'écrivain veuille « dire quelque chose », « créer » sciemment un équivalent du monde. S'il y parvient, c'est au terme d'un mouvement par lequel le monde s'est d'abord révélé comme une absence, et le « dire » comme un moyen privilégié de se taire. En fait, l'écrivain « n'a rien à dire ». En même temps, il « doit dire ce rien ». C'est sa fonction, sa raison d'être. Les mots traduisent un silence originel et conduisent celui qui les profère au silence essentiel. Toute la littérature se tient dans ce mouvement. Tout se passe même, à partir d'un certain moment, comme si

la parole n'était pas le fait de l'écrivain. Réalité qui se
tient en dehors et au-delà des choses, qui vit indépendamment de l'écrivain, elle possède ses propres lois, et
ne se laisse pas toujours reconnaître au passage. Kafka
voulait écrire comme Flaubert, Baudelaire enviait
Théophile Gautier. Tout s'est passé comme s'ils avaient
été condamnés à faire « du » Kafka ou « du » Baudelaire. Maurice Blanchot va jusqu'à penser que la littérature est par excellence le domaine du *comme si*.

Le langage nie ce qu'il nomme : « Pour que je puisse
dire : cette femme, il faut que d'une manière ou d'une
autre, je lui retire sa réalité d'os et de chair, la rende
absente et l'anéantisse. Le mot me donne l'être, mais il
me le donne privé d'être. Il est l'absence de cet être,
son néant, ce qui demeure de lui lorsqu'il a perdu l'être,
c'est-à-dire le seul fait qu'il n'est pas. » Le langage est négation et destruction. C'est son premier temps. Mais à
son tour il existe, et par sa seule existence, il affirme.
C'est son deuxième temps. Le troisième auquel il parvient et qui est sa fin, unit cette affirmation qui nie
(l'existence) et cette négation qui affirme (l'être) ; il
porte la mort dans la vie et la vie dans la mort. C'est
là son ambiguïté fondamentale et le « double sens irréductible » qu'il transporte dans la littérature, l'origine
du tourment qui ronge l'écrivain. Blanchot voit dans
l'exercice littéraire la prise de conscience d'une impossibilité de parvenir à l'être par l'impossibilité de parvenir à la mort. « La mort, écrit-il, est la possibilité de
l'homme, elle est sa chance, c'est par elle que nous reste
l'avenir d'un monde achevé ; la mort est le plus grand
espoir des hommes, le seul espoir des hommes. »

Le romancier incarne dans *Thomas l'obscur, Aminadab, l'Arrêt de mort, le Très-Haut,* publiés pendant et
après la guerre, ces vues métaphysiques issues d'une
réflexion sur la nature du langage. Ces récits, qui font

d'abord penser à Kafka, ne sont pas immédiatement
« lisibles ». Leur pouvoir est plutôt d'envoûtement et de
fascination par les vertus mêmes d'une écriture qui
semble effacer la réalité à mesure qu'elle la suscite.
Tout se passe dans un clair-obscur où les événements
existent à la façon de feux follets, disparaissant plus vite
encore qu'ils n'apparaissent, où les personnages sont seulement entrevus. Il ne s'agit pas à proprement parler de
« romans », mais de narrations dont les phases jalonnent
une quête solitaire, propre à l'auteur. D'un ouvrage à
l'autre, on ne saurait assurer que cette quête progresse.
Elle recommence sans cesse à mesure que son terme se
dérobe. Quelques autres récits plus récents : *Au moment
voulu* (1951), *Celui qui ne m'accompagnait pas* (1953), *le
Dernier homme* (1957), *l'Attente l'Oubli* (1962), d'une parfaite rigueur d'écriture et d'un mouvement admirable,
sont aussi d'une parfaite obscurité quant aux intentions
de l'auteur. On y est sensible à un climat d'absence, ou
de non-présence, qui rend compte du vide essentiel
logé au cœur du monde comme au cœur de l'homme. Le
langage, destiné à combler ce vide, s'avoue comme
pur discours, jeu savant de mots, expression de l'inexprimable, transparence. Dépourvu de références à ce
que nous avons coutume d'appeler « réalité », il nous
donne en même temps le sentiment d'appréhender
une réalité essentielle, au-delà de tout discours.

LOUIS-RENÉ DES FORÊTS

Louis-René des Forêts est hanté par les mêmes
problèmes. Celui de l'adéquation du langage à l'expérience. Celui des rapports de la parole avec le silence.

Celui des fins que se proposent la littérature en général, le roman en particulier. Après avoir débuté, en 1943,
par un roman d'apparence faulknérienne, *les Men-
diants*, Louis-René des Forêts s'est borné à écrire de
loin en loin des récits et des nouvelles : *le Bavard* (1946),
la Chambre des Enfants (1960).

Le Bavard est en fait l'histoire d'un silencieux qui,
un soir, dans des circonstances extraordinaires, se
laisse aller à parler d'abondance. Il s'ensuit pour lui
une série de catastrophes, une honte dont il ne semble
pas pouvoir s'absoudre. Les lignes qu'il trace pour
raconter son aventure, il les révoque : n'est-il pas encore en train de bavarder, c'est-à-dire de mentir et de
s'en faire accroire ? La littérature est ce bavardage. Sa
seule excuse réside dans sa possibilité de mener au
silence.

La Chambre des Enfants réunit cinq nouvelles fortement apparentées dont les héros sont ou des muets ou
des individus qui s'exercent, par jeu ou par discipline,
à la mutité, ou des laconiques. On y voit aussi un chanteur, c'est-à-dire quelqu'un qui fait de la parole un
usage très spécial. L'auteur montre que le silence peut
être une forme de noblesse ou une forme, efficace, de
révolte. Se taire, c'est se retrancher de l'inanité du bruit
universel. C'est aussi, paradoxalement, donner à la
parole une importance qu'elle ne saurait détenir dans
le monde des relations courantes. Dans le cas du chanteur, elle devient l'expression, sur le plan de l'art, de
ce que l'individu porte de meilleur en lui.

Dans ce mouvement ambivalent de valorisation,
tantôt du silence, tantôt de la parole, se déroulent les
récits de Louis-René des Forêts qui prend, à son tour,
un amer plaisir à parodier sa démarche, à critiquer dans
son fondement même l'entreprise à laquelle il se livre.
S'il n'est pas de littérateur moins innocent que lui, il

en est peu qui soient parvenus à une telle maîtrise de
leur instrument. Là encore, la quête personnelle de
l'auteur est ce qui importe au premier chef. Il nous
donne néanmoins une matière suffisante de rêves, de
hantises, d'obsessions pour nous permettre de prendre pied dans son œuvre et de communier avec lui.

Le procès intenté au langage, le refus de pétrifier le
discours en des genres délimités, en fin de compte la
contestation de la littérature par elle-même constituent l'interrogation constante d'un moyen d'expression qui, comme tout art, cherche, par là, à renouveler
ses formes et ses techniques. Alors que dans les autres
arts cette mise en question aboutit à des révolutions
spectaculaires (qui aboutissent parfois à de nouvelles
modes, à de nouveaux poncifs), l'art des mots, l'art de
la narration, doivent vaincre des difficultés infiniment
plus grandes. On prend facilement son parti de ne pas
« comprendre » une toile abstraite, un morceau de musique dodécaphonique ; on ne peut se résoudre à ne
pas comprendre un récit. Le discours littéraire est communication par excellence. Le mettre en doute, c'est
mettre en doute la possibilité même de la communication. Dans cet étroit passage, où il risque d'être constamment écrasé, le roman moderne s'est pourtant introduit. Il a poussé ses investigations au point de
découvrir du nouveau.

12. *La réaction néo-classique*

Vers 1950, un changement de climat s'effectue avec l'apparition de jeunes écrivains qui, en général, n'ont pas participé aux événements de 1940, bien qu'ils en aient subi les conséquences. Surtout, ils ne se sentent pas à l'aise dans la France d'après la Libération.

Sans perdre de son influence, Sartre ne suscite plus le même intérêt. Pour avoir abusé du désespoir, de l'absurde, de la violence, le roman existentialiste révèle ses outrances et ses faiblesses. Cette éclipse de l'existentialisme sur les plans philosophique et littéraire coïncide avec la fin des illusions que nourrissaient les Résistants, avec un retour à l'état de choses antérieur à la guerre. Dans le sentiment qu'au fond « rien n'a changé » ou que « tout redevient comme avant », l'engagement révèle son inefficacité. Dans le repliement sur soi auquel se condamnent, ou se voient condamnés, ceux qui avaient donné beaucoup d'eux-mêmes quelques années plus tôt, naît un désintérêt de plus en plus marqué pour la chose publique. « Puisque nous n'y pouvons rien, bornons-nous à exercer notre métier », tel semble

être le raisonnement simpliste mais assez justifié de
beaucoup d'écrivains.

Les nouveaux venus des années cinquante s'installent dans cet état d'esprit et contribuent à le répandre. Les désillusions sur l'après-guerre se changent en accusations contre ceux qui se faisaient fort de renouveler l'état moral, spirituel et intellectuel de la nation. C'est de toute façon, disent les nouveaux venus, une tâche qui ne regarde pas l'écrivain. Revenons au beau langage, aux romans bien faits, à la gratuité, à la désinvolture, à l'évasion. Au roman à thèse et d'ambitions métaphysiques, ils entendent substituer le roman distrayant, spirituel, « bien écrit ». Le seul commandement auquel veuille obéir la revue *la Parisienne*, c'est celui de « plaire ». Assez d'outrances, assez de brutalité primaire, assez de jargon! Les maîtres que se donnent Jacques Laurent, Roger Nimier, Antoine Blondin sont d'anciens « collaborateurs » d'occasion ou des non-résistants : Jacques Chardonne, styliste fin et délicat, Paul Morand, romancier à la mode des années vingt, l'humoriste Marcel Aymé qui, dans un essai ambigu, vante le « confort intellectuel », Jean Giono, qui s'est retiré des agitations du siècle ; parmi les ancêtres : Stendhal, réduit aux dimensions d'un « petit maître ». Ce retour à un passé proche ou lointain s'accompagne d'un mépris plus ou moins affiché pour la recherche de techniques nouvelles ou d'un langage neuf, dans le meilleur des cas d'une volonté de classicisme, de clarté, de perfection formelle. S'y ajoutent en général des qualités d'esprit qui veulent être de légèreté, d'impertinence, parfois d'insolence. On veut en finir avec la « littérature de professeurs » et avec le « roman noir ». On fait la nique au sérieux.

JACQUES LAURENT

Jacques Laurent, qui sous le nom de Cecil Saint-Laurent broche de copieux romans populaires à grand succès (*Caroline chérie*), prend la tête des adversaires de Jean-Paul Sartre et de la littérature « qui pense ». Dans des pamphlets habiles, souvent brillants, il attaque l'existentialisme et ses disciples, les montre sots et ennuyeux, lourds comme des « philosophes allemands ». Il tente de mettre les rieurs de son côté en rapprochant Sartre de Paul Bourget, autre romancier à thèse.

Écrivain prolifique, qui touche à tous les genres, il est également arrivé à Jacques Laurent d'écrire des romans qui ne manquent ni de talent ni de savoir-faire : *les Corps tranquilles, le Petit Canard.*

ROGER NIMIER

En dépit d'une frivolité affichée, Roger Nimier semble prendre plus à cœur que Jacques Laurent son métier de romancier. Il débute par un bon roman, *les Épées* qui, en dépit de provocations de toutes sortes (l'ouvrage s'ouvre sur une masturbation), révèle un écrivain de race. Le cas de son héros passant par ennui, par insolence, et aussi peut-être par désespoir, de la Résistance à la Milice intéresse, et vaut sans doute pour d'autres fils de famille qui ont cherché à l'aveuglette, parmi les événements, des raisons de bouger plus que

d'agir. Dans son meilleur livre, *le Hussard bleu* (1950),
où il montre un régiment français occupant une région
de l'Allemagne vaincue, Nimier se souvient à la fois
de Stendhal et de Céline. Il emploie sans trop y croire
mais avec brio tous les procédés à la mode, du monologue intérieur aux dialogues argotiques. Ses héros tra-
vaillent ouvertement dans le cynisme, qui relève souvent
de l'esprit parisien : en se moquant de tout et d'eux-
mêmes, les « hussards » prennent garde de ne pas passer
la limite des insolences permises. Ce ne sont pas des
révoltés, tout juste des impertinents. Leur vide effraie.
Il est celui d'une génération qui ne croit à rien.

Après ce coup d'éclat, Roger Nimier accuse une
baisse sensible de talent dans *les Enfants tristes* (1951)
(qui ne sont que des enfants gâtés), dans *Histoire d'un
Amour* (1953), exercice linéaire, dépourvu de toute chaleur, et même de vie. Après quoi il se tait avant de disparaître précocement dans un accident d'automobile.

Bon écrivain, il aura manqué à Roger Nimier, pour
devenir un écrivain qui compte, le souci d'élargir son
horizon, d'approfondir un ennui (fruit de l'adolescence
et de l'époque) dont il aurait pu tirer de tout autres
accents. Le parti pris de frivolité n'est pas toujours
le masque de la pudeur. Il l'empêche d'être le témoin
auquel on aurait pu se fier pour la connaissance d'une
génération qui se voulait avant tout « désengagée ».

ANTOINE BLONDIN

L'auteur de *l'Europe buissonnière* (1949), *les Enfants
du Bon Dieu* (1952), *l'Humeur vagabonde* (1955) a entrepris non seulement de plaire mais de charmer. Il y par-

vient sans peine dans ces romans volontairement hors
du temps, dégagés de l'actualité, et dont les personnages
se reprocheraient comme une faute de tact d'afficher le
moindre sérieux. Ils courent d'aventure en aventure
sans presque se poser, comme des papillons au printemps, traversent les événements sans vouloir les connaître, se frottent les uns aux autres en prenant garde
de ne pas froisser leurs fragiles ailes. Ils n'ont pas la
tête aussi légère qu'on pourrait le croire, et de vagues
anxiétés parfois les visitent qu'ils refusent de prendre
au tragique. Dans ce jeu qu'est la vie, les agréments
passent de loin les désagréments pour peu qu'on la
prenne avec humour et qu'on refuse de se laisser entraîner dans les rouages de la machine sociale. Fuir les
responsabilités de tous ordres (même celles qu'entraîne
l'amour), ne pas se poser de questions qu'on ne soit point
en état de résoudre, tirer son épingle du jeu, tels semblent être les principes de la philosophie d'Antoine
Blondin.

Cette philosophie charmante mais un peu courte
devait s'infléchir singulièrement dans *Un Singe en Hiver* (1959), où l'auteur laisse voir un peu de son drame
personnel. On s'aperçoit alors que le charme n'est peut-
être qu'un déguisement de la solitude. Comme autrefois Roger Nimier, Antoine Blondin est, sans se l'avouer,
à la recherche d'un peu de chaleur humaine, d'un semblant de fraternité.

BERNARD PINGAUD

Jacques Laurent, Roger Nimier, Antoine Blondin se
veulent et s'avouent « réactionnaires », en littérature
comme en politique. Le cas de Bernard Pingaud est

plus complexe. Publiant, lui aussi, en réaction contre les modes en cours, s'exprimant dans une langue classique qui fuit l'effet et se veut souvent glacée, il s'est peu à peu ouvert aux problèmes du temps jusqu'à renier ses premières amours. Il y a loin de *Mon beau Navire*, son premier roman, et même de *l'Amour triste* (1950) qui manqua de peu le Goncourt, au *Prisonnier* (1958) où se marque une influence philosophique assez nette (le vide est au cœur de l'être comme au centre de l'amour) et la recherche d'une forme romanesque neuve. L'auteur est plus intelligent que sensible, plus critique que livré aux démons de la création. Derrière ses héros, ceux de *la Scène primitive* (1965) en particulier, on le sent tout entier : fragile, blessé, inquiet et cherchant à se défendre contre cette inquiétude par les jeux d'une dialectique qui, reposant sur le « peu d'être », débouche sur le vide. C'est ce qu'il ne peut s'empêcher de constater avec honnêteté et lucidité.

FRANÇOISE SAGAN

Françoise Sagan fait également partie de cette génération de jeunes romanciers qui tentent d'exprimer ce qui les sépare des générations précédentes. En dépit d'un succès inattendu et extraordinaire, difficilement explicable, elle n'est pas la plus douée d'entre eux. La lucidité, le désespoir serein, le détachement avec lesquels elle expose des cas amoureux, qui pourraient être touchants, frappent plus encore que son amoralisme naturel. Une jeune fille est jalouse de la maîtresse de son père : elle s'arrange pour causer sa mort. Voilà tout le sujet de *Bonjour tristesse*. La même jeune fille s'amourache d'un quadragénaire et, à la fin du compte, retombe sur l'ennui dont elle avait voulu s'évader en l'aimant : voilà celui d'*Un certain Sourire*. Ce sont des histoires simples, sans fioritures, exprimées dans une écriture classique, presque des histoires pudiques. Toutefois, la pudeur de l'expression recouvre une assez grande audace de propos. On y lit en filigrane l'émancipation tranquille et sans cris d'une certaine jeunesse qui a entériné la faillite des adultes, de leur monde et de leurs valeurs, et qui ne se préoccupe plus guère des règles de la « bonne éducation » pour faire son chemin. Elle entend vivre selon ses règles à elle. Elle est sans illusions.

Dans un mois dans un an révèle un propos romanesque plus ambitieux, mais les qualités qui ont fait le succès de Françoise Sagan ne paraissent guère susceptibles d'être approfondies ou renouvelées.

13. *Au-delà du roman*

La flambée des jeunes romanciers de 1950 devait
assez rapidement s'éteindre. Jacques Laurent n'écrivit
point d'œuvre qui répondît à l'agitation qu'il avait
causée. Roger Nimier bifurqua vers le journalisme et
l'édition. En dépit de ses efforts de renouvellement,
Antoine Blondin devint prisonnier de sa légende. Un
moment endigué, le mouvement qui portait les écrivains à créer de nouvelles formes romanesques, à exprimer au mieux cette réalité indicible de quoi la littérature est faite, reprend. D'abord, avec la résurrection
de la *Nouvelle Revue Française* qui, contre les exa-
gérations des uns, la nostalgie des autres, affiche
son souci de la seule qualité littéraire; avec la création,
la même année (1953), des *Lettres Nouvelles*, davantage attirées par la nouveauté et qui prétendent illustrer
une « littérature en marche ». Surtout, de nouveaux
romanciers comme Jean Reverzy, des écrivains comme
Pierre Klossowski et Samuel Beckett poursuivent ce
qui devient l'investigation avérée de la réalité par le
langage, que cette investigation prenne ou non la forme
du roman.

JEAN REVERZY

Médecin tard venu à la littérature, Jean Reverzy débute par un coup d'éclat avec *le Passage* (1954). Il y conte l'histoire d'une agonie : celle d'un homme atteint d'une maladie incurable et qui, après avoir longtemps vécu à Tahiti où l'avait envoyé sa « soif d'ailleurs », revient mourir dans sa ville natale. Il est secouru par un médecin qui lui rend le fatal « passage » moins douloureux. Tous deux sont animés du même désespoir serein. La vérité de la vie, c'est la solitude et la mort. Tout le reste est bruit inutile, vanité.

Le récit ne se signale par aucune nouveauté voyante. Composé comme un poème où reviennent des leitmotive, il donne de notre condition une vision si évidente que l'ouvrage lui-même semble constituer une réponse à l'angoisse des hommes.

Le grand sujet (et l'obsession majeure) de l'auteur est la mort. On s'en aperçoit davantage encore à la lecture de *Place des Angoisses*. A partir de souvenirs autobiographiques, l'auteur montre le rôle victorieux qu'elle détient dans ce champ de bataille où combattent sans espoir les humains. Loi commune, aux décrets sans recours, et à laquelle succombent ceux-là mêmes qui sont chargés d'en atténuer les coups : les médecins.

Après ces deux récits, Jean Reverzy, fortement impressionné par les pouvoirs et les limites d'un instrument, l'écriture, qu'il avait jusqu'alors surtout employé pour se délivrer d'une obsession, s'avise de le faire servir à des fins de création *ex nihilo*. Dans le *Corridor*

(1957), il campe des « mannequins » auxquels il veut donner vie par la seule force du langage. Il entend vérifier de quelle manière le langage particulier de l'écrivain diffère du langage courant, assimilé par lui à un *flatus vocis*, par quel mystère il pourrait donner naissance à la vie, l'autre ne servant qu'à déguiser la lente dégradation de l'homme vers la mort. Il annonce même une « science à naître qui se préoccupera de l'approche des vivants, de leur contact, de leur retrait, des mouvements de leurs corps et de leurs membres », bref, de tout ce que le langage est précisément impuissant à exprimer, et en même temps tenu d'exprimer. Du même coup, il renie ses précédents ouvrages, entachés à ses yeux de « littérature ». Obsédé par la mort, il voudrait capter la vie à sa source, montrer en quoi elle réside essentiellement. Il y parvient dans cet exercice qui ne déguise pas son parti pris. Il aboutit à un résultat auquel sans doute il ne s'attendait pas : la vie ainsi manifestée ne diffère en presque rien du songe ou du cauchemar. Le réalisme des descriptions minutieuses, et qui ne se veut qu'activité descriptive, est transcendé par la vision. On pense à Kafka.

Le Corridor ne représentait qu'un moment, le premier, du mouvement qui emportait l'auteur à la découverte d'une terre inconnue. Il meurt malheureusement — il avait eu l'intuition de sa mort précoce, il s'y attendait — avant d'avoir pu y aborder. Dans ses ouvrages posthumes : *le Silence de Cambridge, la Vraie Vie* (1960) il se montre toujours préoccupé de langage, mais pressé de noter de nouveaux thèmes que nourrit son obsession. Il disparaît avant d'avoir achevé la grande œuvre à laquelle il travaillait.

PIERRE KLOSSOWSKI

Théologien, et exégète de Sade, catholique cultivant
l'hérésie et mystique de l'érotisme, essayiste remarqué
et traducteur émérite, savant en divers domaines,
Pierre Klossowski, qui vécut dans l'intimité de Rilke
et de Gide, est venu au roman par hasard. D'abord
par un court récit théologique, *la Vocation suspendue*
(1950), où il illustrait deux tendances qui se disputent
le pouvoir au sein de l'Église, la « dévote » et « l'inqui-
sitoriale », ensuite et surtout par un triptyque : *Roberte
ce Soir* (1950), *la Révocation de l'Édit de Nantes* (1959),
le Souffleur (1960). En 1965, il publie *le Baphomet*, qui
donne de singulières lueurs sur les mœurs que la légende
prête aux Templiers. Il s'agit, en apparence, de récits
théologiques où se donnent libre cours des discussions
de pure scolastique à propos des rapports du corps et
de l'âme, ou encore du salut spirituel. Elles n'intéressent
que les spécialistes. En revanche, les situations qui les
font naître et dans lesquelles elles s'incarnent sont proprement romanesques.

Dans *Roberte ce Soir*, où l'héroïne pratique jusqu'au
bout les lois de l'hospitalité, c'est-à-dire se donne, avec
l'agrément et sous les yeux de son mari, aux hôtes de
passage qui en manifestent le désir, toute la question
est de savoir si elle consentira à se donner à son neveu,
qui vit sous le même toit qu'elle. Sans doute, elle n'est
pas qu'un corps dont le premier venu peut faire usage,
mais si, du point de vue théologique le corps n'est rien,
n'est que l'enveloppe de l'âme, tous les débordements
de ce corps sont permis, deviennent même une condi-

tion du progrès spirituel. L'argument est spécieux. Il
permet à l'auteur de pousser une reconnaissance audacieuse dans des régions où, en dehors de toute considération morale, l'érotisme devient une catégorie du vivant, non un moyen de jouissance, mais une porte
ouverte sur la connaissance.

Dans *la Révocation de l'Édit de Nantes,* l'aspect scolastique s'efface au profit d'une histoire plus complexe
et de situations qui jettent de singulières lueurs sur le
comportement humain. Roberte n'est plus seulement
la femme, mais une femme, socialement et même poli-
tiquement située (elle est député radical et membre de
la commission législative de censure), qui ne se satisfait plus des autorisations maritales. Elle découvre le
champ de la perversion sexuelle ; elle se fait un devoir
de le parcourir sans émotion ni remords, dans une parfaite égalité d'âme. C'est la condition même de sa quête
qui prend soit des allures bouffonnes, soit un aspect
scandaleux. Il faudrait à ses yeux que le scandale rentre
dans la normalité pour qu'elle se puisse dire complètement libre. Elle ne le devient qu'en secouant la tutelle
de son mari, vieux théologien, dont l'argumentation,
pourtant poussée à la limite de l'acceptation, échoue
à entériner un comportement aberrant et « naturel ».

Le récit comporte des allusions et des implications de
toutes sortes que les philosophes seraient seuls capables de démêler. Le profane se contente d'y être touché,
parfois jusqu'au bouleversement, par un climat poétique de mystère religieux et érotique qui met ses nerfs
à vif. Il ne s'agit pas, de la part de l'auteur, de provocations délibérées, et s'il se plaît à décrire des situations
scabreuses, c'est en vue d'un but dont le sérieux ne
fait pas de doute. Il y exprime, de façon non concertée
peut-être, une mythologie que nous avons vue fleurir
ailleurs : outre les apports personnels de l'auteur, elle

se situe au confluent du surréalisme démoniaque (plus visible encore dans *le Souffleur*, qui se tient à la limite du « roman noir »), des découvertes de Georges Bataille et des créations romanesques de Maurice Blanchot. Ici encore, il s'agit de parvenir par les moyens du langage à la conquête d'un certain inconnu qui, découvert, rendrait l'homme et le monde lisibles. Les résistances qui empêchent d'y parvenir gisent au cœur même de l'homme. C'est à les briser consciemment et avec méthode que semble s'employer Pierre Klossowski. L'homme est plus que l'homme, il implique tout ce qu'il a pensé et cru depuis des millénaires, ce langage qui est lui-même et qui ne lui appartient pas. L'entreprise de destruction est infinie. À supposer qu'elle soit un jour achevée, découvrirons-nous sous les décombres l'être, c'est-à-dire l'absolu ? Pierre Klossowski, après avoir posé cet absolu à la naissance de sa quête, l'envisage désormais comme un terme.

SAMUEL BECKETT

Samuel Beckett est Irlandais. Il publie ses premiers ouvrages en anglais. Puis il écrit en français la plus grande partie — et la plus importante — de son œuvre romanesque et théâtrale. Il est aujourd'hui l'un des écrivains « français » qui comptent le plus, pour beaucoup, le plus grand.

Le premier de ses romans, *Murphy* (1947) passa à peu près inaperçu. Il y racontait l'histoire d'un homme inquiet qui comble ses vœux en découvrant un emploi d'infirmier dans un asile d'aliénés, puis qui, insatisfait malgré tout, se tue. *Molloy* (1951) est également

l'histoire d'une quête : Molloy part visiter sa mère
mourante, s'égare dans la ville, puis dans la campagne,
puis dans une forêt où il se traîne sur le ventre et les
coudes avant d'échouer, inanimé, dans un fossé. Moran,
son père, part à son tour à la recherche du fils, revient
des mois plus tard chez lui sans l'avoir trouvé. Dans
Malone meurt (1951), un agonisant, pour tromper son
attente de la mort et son ennui, se raconte des histoires,
en général insignifiantes, qu'il brouille, emmêle, confond.
Dans *l'Innommable* (1953), le narrateur se confond avec
l'auteur qui s'accuse de parler afin de déguiser sa propre
histoire, la seule qui mériterait d'être racontée, et qui
n'y peut parvenir. A la fin, il n'est plus qu' « une grande
bouche idiote, rouge, lippue, baveuse, au secret, se
vidant inlassablement, avec un bruit de lessive et de
gros baisers, des mots qui l'obstruent ». Dans *Comment
c'est* (1961), l'homme est réduit à l'état de larve et se
confond avec la boue dans laquelle il se traîne. Du
monde, il ne lui vient plus que des bruits confus et
sans signification. Lui-même profère des paroles sans
suite, des onomatopées, des borborygmes. Les récits
eux-mêmes finissent par se réduire à quelques pages
intenses : *Assez* (1966), *Têtes-mortes* (1967), *Sans* (1969).

Ces récits tracent un mouvement : de la parole au
silence, de la vie (même précaire) à la mort (dans la vie).
Chemin faisant, les « héros » de Beckett sont de plus en
plus privés de pouvoirs physiques, de plus en plus
soustraits à l'agitation du monde, réfugiés en leur esprit
et, perdant bientôt jusqu'à la mémoire et l'usage des
sens, réduits à une conscience pure qui en vient à posséder exclusivement, mais à une puissance infinie, la
capacité de souffrir. Murphy évolue dans la réalité quotidienne et se tue par un acte délibéré. Avec *Molloy*,
le monde de tous les jours est gauchi et nous fait pénétrer dans un rêve éveillé où les personnages subissent

une dépréciation sensible sur tous les plans. Le cas de
Malone est pire, puisqu'il va mourir, tandis que vieux
et paralysé, il est déjà tout près de la condition animale. Le parlant de *l'Innommable* est sans identité,
sans mémoire, incapable de former des pensées cohé-
rentes. Il se demande s'il n'est pas seulement la forme
des mots qu'il prononce. Au-delà de la vie et de la
mort, il doit parvenir au bout d'un absurde pensum :
parler. Les deux personnages de *Comment c'est* se confondent avec la boue dans laquelle ils sont enlisés. Ainsi
sommes-nous passés d'une humanité normale à l'inhu-
manité par toutes les dégradations de l'humain. A la
fin de cette quête, il n'y a plus que le néant. Nous
sommes des bulles qui crevons les unes après les autres
à la surface d'une mare fangeuse, dans un bruit mou
que nous appelons l'existence.

« Rien n'est plus réel que le rien », affirme l'auteur.
Cependant le rien n'est pas une forme d'absolu plus
facile à gagner que les autres, et la littérature viendrait
démentir ce qu'une conscience affirme, s'il s'agissait
effectivement ici de littérature, de conscience et d'affir-
mations, de références à un ordre et à des valeurs. La
contestation universelle de Beckett se conteste elle-
même : elle est la description d'un état de fait, non une
protestation. La rage fracassante, souvent humoristique
et joyeuse, de l'être aux fers, se suffit à elle-même
et se consume avec une sorte d'allégresse terrible ;
elle ne s'en prend à rien et laisse même douter qu'elle
soit une rage. Elle pourrait n'être après tout que le
compte rendu fidèle d'une décomposition progressive
du monde et de l'homme, d'un désastre, tendant vers
un néant jamais atteint (ce serait enfin le repos) et
que nous n'avons pas encore aperçu. La rage n'étant
que de « dire », le « souci de vérité » mènerait les mots,
en éclatant au-dessus d'eux comme un commandement.

Contestation du monde et de l'homme ? Nous n'en doutons pas. Le premier perd peu à peu ses apparences jusqu'à se transformer en une cellule isolée dans l'espace, abstraite du temps, et baignée éternellement d'une même lumière indécise. Y gît un impotent, la plupart du temps sourd, muet et aveugle (à moins qu'il ne se réduise à un œil fixe et perpétuellement ouvert), qui ne devient bientôt plus qu'un être, ou un mythe d'être, subsistant à l'intérieur de n'importe quelle enveloppe monstrueuse. Il se confond avec l'auteur qui ruine ses constructions antérieures en montrant (dans l'*Innommable*) sur quelles supercheries elles étaient bâties, et qui disparaît lui-même en tant que sujet parlant au profit d'une voix anonyme et incontrôlée, productrice de bruits sans signification. Qu'est-ce, par suite, que son œuvre ? Une faiblesse, un mensonge et une duperie. Il était obligé de la créer, mais il est également obligé d'en dénoncer l'hypocrisie et la vanité. Le langage, royal créateur, est également destructeur : les mots sont tous équivalents dans l'inanité. « Si je disais plutôt babababa », se demande l'auteur, et c'est bien à une sorte de « babababa » qu'il aboutit en ne considérant plus dans la Voix que le bruit qu'elle émet. Demeurant là seule réalité des sensations cénesthésiques, la seule souffrance.

La contestation du langage s'accompagne d'une contestation de l'œuvre. Condamnés à parler, les héros de Beckett s'occupent à nier ce qu'ils viennent d'affirmer, à dire en même temps *oui* et *non*. S'il faut parler, du moins que ce soit pour ne rien dire. Dans les régions où aboutit Beckett et où l'œuvre se dissout dans un brouillard d'insignifiance à mesure qu'elle se crée, on peut croire en effet qu'il n'a rien dit. Pourtant nulle parole ne nous paraît plus essentielle.

La tentative de Samuel Beckett marque l'aboutis-

sement du procès fait à la littérature, au langage, à la
parole. Il est désormais impossible d'aller plus loin à
la rencontre du silence par le verbe. Il ne restait plus,
après cela, à l'auteur qu'une alternative : se taire ou
se répéter. Son œuvre théâtrale, d'*En attendant Godot*
à *la Dernière Bande*, à *Oh les beaux Jours!* suit un
mouvement parallèle. A la fin, il n'y a plus sur scène
qu'un personnage et qui parle. La réalité ultime demeure
le mot, mais un mot qui ne veut rien dire et qui fait
pouffer de rire par son inanité.

C'est de nous-mêmes que nous rions, amèrement. Nul
auteur ne nous a donné à ce point l'impression que sa
voix c'est la nôtre, qu'elles sont indéfiniment inter-
changeables, que nous parlons par sa bouche et qu'il
parle pour nous. La communication est devenue communion. L'œuvre littéraire s'efface au profit des réalités
ultimes de la vie, trouve, dans cet effacement, son
évidence.

14. Le « nouveau roman »

« Nouveau roman » est une appellation commode, mise en circulation par les journalistes, pour désigner un certain nombre de tentatives qui, dans l'anarchie des recherches individuelles, ont convergé dans le refus de certaines formes romanesques : le roman psychologique ou d'analyse, le roman de passion ou d'action, au profit d'un discours qui se préoccuperait moins des conventions du genre que d'une réalité particulière à exprimer. Quelle réalité ? A partir de là les opinions divergent. Il serait abusif de croire qu'unis dans un même refus, les tenants du jeune roman poursuivent la même fin. Si Nathalie Sarraute ou Alain Robbe-Grillet ont tenté de théoriser leurs vues, non seulement ces vues ne s'accordent pas, mais les résultats auxquels ils aboutissent sont fort différents. Il existe les mêmes différences entre l'œuvre de Michel Butor et celle de Claude Simon, de Robert Pinget, de Claude Ollier. Le « nouveau roman » ne forme ni une école ni même un mouvement.

Dans son recueil d'essais, *l'Ère du Soupçon*, Nathalie Sarraute montre de façon convaincante la déchéance progressive des composantes traditionnelles du roman tel que l'imaginaient les auteurs du xixᵉ siècle. L'intrigue, à la fabrication de laquelle ils apportaient tout leur soin, les personnages qu'ils « campaient » en s'efforçant de les rendre « vivants », d'en faire des « types humains » ou des « caractères », le souci qu'ils montraient d'étudier l'évolution de leurs héros dans un temps et un espace solides comme le roc, ou de les faire se « révéler » à l'occasion de moments privilégiés (crises passionnelles, entraînements du vice, fatalité des événements ou des situations), de tout cela il est bien certain que leurs grands successeurs du début de ce siècle n'ont cure. Joyce se moque de l'anecdote au point de calquer les aventures de Bloom sur celles du héros de *l'Odyssée* ; l'intrigue du *Procès*, celle du *Château* sont à peu près inexistantes ; quant aux personnages, ils renvoient le plus souvent à un dieu en plusieurs personnes qui n'est pas sans ressembler à l'auteur, tel du moins qu'il se voit. Le mot de « message » n'a été si longtemps à la mode que parce qu'il représentait en effet quelque chose de vrai : par l'intermédiaire de son « histoire », de ses personnages et des aventures qui leur advenaient, c'était bien des nouvelles de lui-même que l'auteur nous envoyait. Et bientôt ce sont ces nouvelles seules qui ont fini par nous intéresser. Auteurs et lecteurs ont montré concurremment de moins en moins de goût pour l'invention romanesque, au profit de ce qu'elle cache et de ce qu'elle révèle : la façon particulière que possède un homme d'être au monde. Par une évolution naturelle, le roman est passé de la description encyclopédique (du monde ou des passions) à l'appropriation morale, poétique, philosophique ou métaphysique de ce monde par un individu privilégié, l'auteur. Plus que sa « création », c'est sa vision personnelle qui nous importe, l'expression originale et vraisemblable que, par son œuvre, il nous donne de

l'univers et des rapports qu'il entretient avec lui. C'est
même dans son œuvre qu'il se révèle parfois le plus
complètement : Joyce dans *Ulysse* plus que dans sa
décevante correspondance, Kafka moins timidement et
avec un souci plus grand de cohérence dans *le Procès* ou
le Château que dans les notes de son Journal intime. A
cette limite, où triomphe la subjectivité, le roman
s'évanouit en tant que genre, devient expression pure.

Si Robbe-Grillet est d'accord avec Nathalie Sarraute
sur l'exactitude de cet historique, s'il pense qu'un roman ne peut se ramener à une intrigue et des personnages et qu'il faut proclamer la « mort du personnage » en
même temps que celle des catégories psychologiques ou
philosophiques (le temps, l'espace) dans lesquelles on
l'emprisonne, il veut, en revanche, rompre avec l'évolution qui porte le genre vers une subjectivité de plus en
plus poussée. Il demande que l'auteur s'oublie, ou même
s'élimine, au profit de ce qu'il donne à voir. Débarras-
sons le roman de ses personnages : ils servent trop souvent de substituts à l'auteur, il les charge de « significations » étrangères à leur comportement. De même, au
lieu de nous montrer les choses telles qu'elles se donnent,
il a tort de les regarder à travers la grille de sa personnalité. Il est conditionné par une histoire, un milieu, une
civilisation : « il ne parvient pas à voir le monde qui
l'entoure avec des yeux libres ». Plus généralement, il
« anime » les choses (c'est-à-dire leur découvre une
« âme »), les « humanise ». Alors que le monde s'impose
à nous dans sa pure existence, solide et têtu, inentama-
ble : « Autour de nous, défiant la meute de nos adjectifs animistes ou ménagers, les choses *sont là*. Leur surface est nette, lisse, *intacte*, mais sans éclat louche ni
transparence. » Pour Robbe-Grillet, le roman doit être
l'inventaire scrupuleux, et tel qu'il tombe sous nos sens,
de ce monde qui existe en dehors de nous : monde pur de

l'objet, monde de la « chose en soi ». Il s'attend à ce
qu'il communique au monde romanesque son évidence
et sa solidité.

C'est sans doute là une illusion. Dans la mesure,
d'abord, où il n'est ni possible ni souhaitable que le romancier travaille à devenir une pure conscience-reflet
et déploie tous ses efforts à se « désocialiser ». Dans la
mesure où l'expression romanesque, l'écriture, sont des
instruments « personnalisés » par le romancier lui-même
et en vue d'un certain usage. Comment le monde des
objets pourrait-il être pure gratuité quand il participe
à un monde humain et historique ? Comment peut-on
l'abstraire du temps et de l'espace, le croire rebelle à
tout changement, à toute transformation ? La « littérature du constat » dont un ami de Robbe-Grillet, Roland
Barthes, appelle la venue, serait la littérature d'un
monde immobile.

ALAIN ROBBE-GRILLET

Dans ses romans, Robbe-Grillet s'est évertué à donner les premiers témoignages de cette littérature « objective ». La ville des *Gommes*, ses rues, ses maisons, son
canal s'affirment dans leur évidence. En revanche, les
personnages n'existent qu'à la façon de silhouettes,
d'ombres mues par des ressorts qui nous échappent. Ce
qui frappe surtout, c'est la mécanique parfaite, agen-
cée comme un système d'horlogerie, par laquelle, au
cours d'une répétition terme pour terme des gestes et
des actions, l'auteur va jusqu'à créer un temps qui remet la partie en jeu pour son propre compte. Ce n'est ni
le temps des actions humaines, ni celui des horloges,

mais le temps de Robbe-Grillet. Et l'action y tient toute
la place, au point qu'elle anime une sorte de roman policier. Les *Gommes* annoncent un talent neuf et vigoureux.

Dans *le Voyeur* (1955), cette même action est frag-
mentée en une multiplicité de gestes et de conduites
vraisemblablement destinée à nous étourdir et à dissi-
muler un événement de première importance : le meurtre d'une petite bergère par le commis voyageur dont,
avant et après cet événement supposé, on nous chrono-
mètre minutieusement les allées et venues. Si l'on ne
nous avait pas caché cet événement, le roman n'existerait pas. Il est précisément le récit des efforts que déploie
le meurtrier pour combler un trou de quelques minutes
dans son emploi du temps, pour rendre au monde dont
l'ordre a été gravement perturbé par son acte sa surface
lisse, « intacte ». Les choses, les objets sont là pour qu'il
s'y accroche de toutes ses forces et afin, semble-t-il, de
le *distraire*. La solidité, l'immuabilité de l'univers lui
servent à effacer son intervention criminelle, lui en
ôtent la responsabilité, lui communiquent leur innocence. N'étant pas naturellement une simple composante
de l'univers, il veut en devenir une, s'effacer dans le
monde pour devenir, lui aussi, définissable par ce que
nous montre sa « surface », c'est-à-dire ses gestes et
ses conduites.

Dans *la Jalousie* (1957), Robbe-Grillet se passe cette
fois d'histoire suivie, comme de personnages cohérents,
ou même clairement reconnaissables. Il nous offre un
kaléidoscope d'actions, ou plutôt de *visions* d'actions
(imaginaires ou réelles) qui se chevauchent dans un
temps aboli. Les individus se définissent par les rapports simples qu'ils entretiennent entre eux : un mari,
une femme, son amant, ou avec le cadre dans lequel ils
vivent : un quelconque pays colonial. Pour combler ces

manques et ces vides, l'auteur se livre, mètre en main, à une description géométrique des lieux, des objets et de leur emplacement, de la course du soleil et de l'ombre aux diverses heures de la journée, revenant sans cesse sur les mêmes descriptions, sur les mêmes incidents, sur les mêmes gestes et les mêmes paroles. L'effet est singulier : on se croirait transporté dans un théâtre d'ombres dont il n'existerait que la scène et les portants, et où nous serions chargés de pourvoir nous-mêmes au spectacle d'après les indications finalement fort incomplètes qu'on nous propose. Le monde solide des objets semble être le résultat d'une vision, ou d'une hallucination, et si les faits et événements sont en effet dépourvus de cette « profondeur » que l'auteur leur nie, ils sont également dépourvus des qualités qui pourraient faire croire à leur existence. La recherche extrême de l'objectivité se confond avec la pire subjectivité : nous voyons le monde par les yeux d'un mari jaloux. Il pourrait même être tout entier sa construction.

Il n'en faut pas conclure que Robbe-Grillet ne sait pas ce qu'il fait, ou qu'il a échoué à créer le monde qu'il a voulu mettre sur pied, ou que son instrument le trahit. La conquête de l'objectivité est une illusion, pour autant qu'on se sert d'un langage qui ne saurait être celui des choses, muettes par définition. C'est un langage humain, mieux : un langage de romancier. En appelant son roman « la Jalousie », qui désigne à la fois un objet et un sentiment, l'auteur se condamne, même sans le dire, à nous montrer un jaloux et un univers vu à travers les lames d'un store. Le monde plein qu'inventorie Robbe-Grillet est en fait un monde vide, et dénué de signification si l'homme n'entretient pas avec lui des rapports complexes, dialectiques, qui en font un monde humain, fût-ce au cas où l'individu voudrait disparaître et s'absorber dans le monde des choses et des objets.

Cette volonté de disparition, d'absorption, relève encore de la subjectivité.

On devait en avoir une preuve éclatante avec *Dans le Labyrinthe* (1959) qui, par le truchement d'une description maniaque, verse dans l'hallucination. Un soldat, chargé de remettre aux parents d'un de ses camarades tué un coffret de lettres et d'objets sans valeur, erre dans les rues d'une ville morte dont les maisons semblent toutes pareilles et que recouvre la neige. Des réverbères, des portes cochères, des couloirs et des escaliers, tout cela sans doute existe, mais à la façon de ces objets dépaysants que peignent les surréalistes et qui ajoutent à l'irréalité de la peinture. En se bornant à nous donner des images, rien que des images qui, au lieu de se succéder, s'associent, s'emboîtent, se catapultent, se chevauchent, se mêlent, l'auteur brouille la réalité que ces images sont chargées d'exprimer, ruine cette réalité en tant que support. Quelle est la part ici de l'inventaire objectif, celui du souvenir, du rêve, de l'hallucination? On se trouve placé devant un jeu de miroirs, sans doute bien réels, mais qui renvoient des images, et ne les produisent pas. Robbe-Grillet aboutit au résultat exactement contraire de celui qu'était chargé de produire sa théorie. Cette défaite d'un théoricien controversé est la victoire d'un romancier. Robbe-Grillet a fini par convenir qu'objectivité et subjectivité formaient les deux faces complémentaires de sa manière d'appréhender le monde et que l'excès de l'une pouvait se retourner en l'autre. Ses films, qui renouvellent le récit cinématographique, montrent l'épanchement sans limites de cette subjectivité : *l'Année dernière à Marienbad*, *l'Immortelle*, plus récemment *l'Eden et après*, ouvertement fondé sur les obsessions de l'auteur.

NATHALIE SARRAUTE

A l'encontre de Robbe-Grillet, Nathalie Sarraute a
pris franchement son parti de l'évolution du genre.
Tirant profit de l'exemple de Dostoïevski, plus encore
de Virginia Woolf, elle tente même de pousser cette
évolution jusqu'à ses ultimes conséquences.

Portrait d'un Inconnu (1949), *Martereau* (1953), sont
des récits qui se passent de toute anecdote, *a fortiori*
d'intrigue, et les humains qu'on voit s'y agiter : un
grand-père, sa petite-fille, ou le dénommé Martereau,
ne possèdent même pas de frontières individuelles.
Nathalie Sarraute décrit les mouvements de forces
vivantes, d'appétits ou de désirs qui tantôt s'affrontent,
tantôt s'agglomèrent, tantôt se divisent, à la façon de
ces êtres organiques placés tout au bas de l'échelle animale qui se rétractent sous l'action d'un acide ou
poussent au loin leurs pseudopodes. Son premier ouvrage, publié en 1936 et passé inaperçu, *Tropismes*, se
paraît même à cet égard d'un titre significatif. On y voit
des humains en groupes (femmes jacassant dans un salon
de thé, passants contemplant une vitrine) agités de
soubresauts divers, déterminés par le lieu, la circonstance, la « situation ». Quand elle met en scène des individus, ils se ramènent non à un « type » mais plutôt à
une espèce à la fois zoologique et sociale qui suffit à les
définir. Elle peint une humanité de lieux communs.

A la différence de Robbe-Grillet, qui entend rester à
la « surface » du monde et veut se borner à la décrire,
Nathalie Sarraute suggère l'existence, sous ces apparences banales, d'un « sous-monde », doué d'une vie

grouillante et frénétique, qui serait le vrai monde des
rapports humains. Il forme le tissu du roman, de même
que, la parole ayant été donnée à l'homme pour déguiser sa pensée, il existe sous la surface de la communication une « sous-conversation » (gestes qui contredisent
la parole, silences, sous-entendus, inflexions, attitudes
du corps, expressions du visage), qui constitue la vraie
communication. Loin de s'en tenir aux apparences,
c'est au contraire ces apparences qu'il faut percer et
dont il faut montrer la vraie signification, révéler les
lignes de force. Par cette analyse, elle atteint aux sources
d'une vie élémentaire mais complexe d'où naissent les
formes élaborées du sentiment, les efflorescences de la
« psychologie ». Pour l'auteur, non seulement les hommes
ne se gouvernent pas selon la raison ou leurs principes :
ils ne sont même pas parvenus à conquérir leur individualité. Ce qui l'intéresse, c'est le tissu commun de leur
existence, les rapports grossiers (d'adaptation, d'agres-
sivité, de défense), ou subtils et inexprimables, qu'ils
entretiennent entre eux et avec le monde. La gamme
de ces rapports est aussi étendue et aussi diversi-
fiée que la gamme des situations humaines où ils
s'exercent.

Dans *le Planétarium* (1959), le plus brillant des livres
de l'auteur, ce « sous-monde » se laisse mieux voir sous
ses aspects métaphoriques, en même temps que les
individus y sont plus visibles. On reconnaît des personnages : un jeune sot qui se veut des goûts artistes, une
tante maniaque, une famille divisée, et même un type
de femme de lettres célèbre tantôt vue dans sa gloire,
tantôt dans ses ridicules. Ils n'ont aucune importance,
pas plus que n'a d'importance l'intrigue qui sert de fil
conducteur au récit. Ce que l'auteur suggère par le
titre même de son roman, c'est que chacune de ces individualités se meut, autonome et fermée, à l'intérieur

d'un système où elles s'attirent, se heurtent, se repoussent, le plus souvent avec une grande violence. La particule autonome ne se rassemble qu'exceptionnellement autour de son noyau. Ce qui la caractérise plutôt c'est sa capacité d'étalement, de rétraction, de hérissement, d'élasticité, ou de reformation de ses cellules désagrégées par l'ennemi. Ce monde du combat acharné, meurtrier, est en même temps un monde clos, prisonnier. Nous n'existons que pour nous-mêmes, et nos jugements qui paraissaient les mieux fondés, à partir d'un objet immobile, d'une œuvre d'art (*les Fruits d'Or*, 1963) sont sujets à toutes les variations, emportés par les courants de la mode et du snobisme. Les mots mêmes ne sont pas sûrs. Pour l'écrivain, écrire est un jeu hasardeux et mortel, comme les exercices du trapéziste (*Entre la vie et la mort*, 1968).

MICHEL BUTOR

On a longtemps accolé le nom de Michel Butor à celui de Robbe-Grillet. Ces deux jeunes romanciers n'ont pourtant rien en commun et Michel Butor, le premier, a remis les choses au point en attaquant violemment les thèses de l'auteur du *Voyeur*. S'il veut en effet lui aussi renouveler le genre, s'il donne une grande importance au « monde objectif » et s'il ne croit guère à la psychologie, il croit à ses personnages et aux relations qu'ils entretiennent avec le monde. Pour lui, c'est plutôt ce monde qui a changé, notamment dans ses catégories principales : l'espace et le temps.

A la différence des autres tenants du jeune roman, il ne pense pas qu'on puisse se débarrasser si facilement du temps, soit en en brouillant les modes, soit en le remplaçant, comme Robbe-Grillet dans *la Jalousie*, par un temps immobile. Si le temps est une réalité du monde en même temps que notre propre réalité, cette réalité ne va pas de soi, elle n'est pas « donnée », comme dans le roman classique. Il faut sans cesse la conquérir, la reconstruire, si on ne veut pas la voir emporter dans ses eaux les événements que nous avons vécus et notre propre personnalité. En outre, le temps ne possède pas une simple valeur de contenant : il tient aux fibres mêmes de notre être qui se manifeste, bien entendu, à travers lui, dans un rapport dialectique dont l'autre terme serait la manifestation du temps à travers nous. C'est ce complexe « être-temps » que Michel Butor cherche à exprimer, un peu sous la forme de la « chronique » faulknérienne, mais par une tout autre démarche : analytique, minutieuse dans la peinture des détails, plutôt que globale et synthétique.

Dans *l'Emploi du temps* (1956), le héros, à la fois le narrateur et l'écrivain, entend noter, sept mois après qu'ils se sont passés, les événements qu'il a vécus dans la ville anglaise de Bleston où il se trouve encore au moment où il entreprend de se les remémorer. L'ennui, et la difficulté, viennent de ce qu'il continue de vivre d'autres événements. Il peut en faire d'autant moins abstraction qu'ils sont la conséquence des événements antérieurs, et qu'ainsi le présent fait constamment brèche dans le passé, en change le contenu et la couleur, lui donne une signification que le narrateur lui avait fallacieusement prêtée. De quelle solidité, de quelle permanence peut se targuer une réalité qui change ainsi selon le moment où on la considère ? Le doute s'attaque aux vrais caractères de la réalité. Le monde « objectif » auquel le narrateur se raccroche comme sûr et solide devient lui-même problématique, fantomatique, évanescent. La tentative de reconquête du temps est une entreprise impossible et le roman lui-même manifeste cet échec : il se termine sans pouvoir s'achever, dans un ressassement dramatique qui figure la tentative désespérée d'en finir vraiment, et l'impossibilité de parvenir à cette fin.

La Modification (1957) innove de façon provocante dans la forme : tout le récit se déroule au vocatif (deuxième personne du pluriel de politesse), tandis que le contenu s'en révèle classique. Il s'agit, en effet, de la lente transformation intérieure d'un homme qui, parti pour Rome afin d'en ramener sa maîtresse, se décide à laisser les choses en l'état : rester avec sa femme et ses enfants, continuer son activité de commis voyageur et partager ses séjours à Rome avec la femme illégitime. Il avait pris le train avec un grand élan intérieur qui lui faisait imaginer une nouvelle vie, vouée à la plénitude et au bonheur. Durant le voyage, ses observations, ses réflexions, ses souvenirs et jusqu'à ses rêves qui font du passé et du présent un tohu-bohu où les événements se chevauchent, se répètent, s'imbriquent les uns dans les autres, l'ont insensiblement amené à « modifier » son projet. C'est une vie entière qui nous est montrée dans une confusion des lieux et des temps, et sans que la permanence du narrateur soit elle-même toujours sûre. La réussite consiste dans la maîtrise avec laquelle cette confusion nous est montrée de façon intelligible. Par l'emploi du « vous », l'auteur parvient à modifier également les rapports traditionnels du romancier avec son œuvre. Cette personne verbale lui donne à l'égard de ce qu'il dit une « distance » de témoin et de juge, sans le faire tomber dans la fausse objectivité du romancier-démiurge.

Degrés (1960) est une tentative plus ambitieuse encore. Plus ouvertement que dans ses romans précédents, Michel Butor a voulu y faire tenir « une totalité à l'intérieur d'une description », celle-ci fût-elle la plus banale possible. C'est la relation exhaustive, par un professeur d'histoire et de géographie, d'une heure de cours, un certain mardi 12 octobre 1954. Y sont contenus non seulement la relation du cours lui-même mais la vie entière du professeur, de son neveu à qui il s'adresse, de l'école où il enseigne, de ses parentés et de ses occupations hors de l'école, mais également les faits et gestes de quelques-uns des trente-deux élèves qu'il enseigne, des professeurs ses collègues. A mesure que s'allonge la description, que s'entassent les énumérations, la tentative totalitaire de saisir la réalité finit par effacer cette réalité dont ne nous sont donnés que les signes, comme dans un aide-mémoire. Chaque lecteur y lit ce qu'il veut, sur le plan qui l'intéresse, et l'excès de signification auquel veut parvenir le romancier se perd dans une absence de signification. Sans doute a-t-il voulu montrer, ici aussi, l'échec auquel aboutit une tentative de cette sorte : le livre lui-même en est le témoignage.

Mobile (1962) embrasse les mêmes données de temps et d'espace à l'échelle du continent américain. L'immensité de celui-ci, le chevauchement des heures selon qu'on passe de l'est à l'ouest, et *vice versa*, la répétition jusqu'à satiété des mêmes spectacles humains dans une indifférenciation monotone, donnent l'image d'une réalité inhumaine, impensable, qui doit faire regimber le lecteur, habitué à vivre dans des cadres plus connus de lui. Il n'accepte pas ce « dépaysement » démesuré où ses repères s'évanouissent. Il accuse l'auteur d'artifice alors que celui-ci s'est efforcé de rendre avec les moyens les plus simples une vision « naturelle ».

Dans *Réseau aérien* (1962), Michel Butor, conscient de ce que l'avion a modifié notre vision du monde, le rythme de la vie, donne l'image de ce monde nouveau de l'espace et du temps auquel il faudra bien qu'on s'habitue. Le roman devient alors description tonitruante d'un tohu-bohu de sons, de formes, de couleurs (*Description de San Marco* (1963), *Illustration* (1964), *6 810 000 litres d'eau par seconde* (1965).

CLAUDE SIMON

Claude Simon débute après la Libération par un roman classique, *le Tricheur*, dont le héros est fort proche du Meursault de *l'Étranger*. Il s'agit là d'une rencontre, non d'une influence. Et à travers son héros, l'auteur exprime plus une difficulté de vivre qu'une impossibilité de prendre un monde absurde au sérieux. Après quelques années de tâtonnements et de silence, il mêle dans *Gulliver* et *le Sacre du Printemps* un récit narratif classique à des obsessions qui en rompent le ton. Le rythme en est syncopé. Plusieurs histoires particulières se recouvrent et s'imbriquent. On sent que l'auteur a lu Faulkner et qu'il a tiré parti de ses lectures. Il se révèle vraiment avec *le Vent* (1957), puis *l'Herbe* (1958).

Le Vent, ou « tentative de restitution d'un retable baroque », nous fait entrer dans l'univers de la fascination. Le temps s'est aboli, les gestes et les paroles des humains qui nous sont présentés sont englués et comme figés dans une substance épaisse, montrés comme des « figures ». Une intrigue assez laborieuse nous décrit longuement les diverses phases de la révolte d'un « innocent » à la Dostoïevski contre un monde en constante posture d'agression. Elle se perd elle-même dans la matière du temps vécu. Point de progrès, mais un ressassement auquel contribue une écriture alourdie, surchargée de participes et d'adjectifs, une sorte de mortier. L'auteur vise moins à intéresser ou bouleverser son lecteur qu'à l'hypnotiser. Il y parvient quand le lecteur parvient à briser la barrière de l'écriture ou, lui aussi, à s'engluer dans cette écriture.

L'Herbe (1958) se place sous l'invocation de Pasternak : « Personne ne fait l'histoire, on ne la voit pas, pas plus qu'on ne voit l'herbe pousser. » Cette histoire est à la fois l'histoire des hommes qui, dans tous les romans de Claude Simon, agit comme une fatalité, et le récit romanesque. Les personnages de *l'Herbe* (une vieille femme qui agonise, sa nièce, le mari et l'amant de celle-ci) n'ont en effet pas d'histoire, ou une histoire si banale qu'on peut la négliger. Ce qui intéresse l'auteur, c'est la matière qui est prise dans les événements d'une vie ; là encore, c'est cette matière qu'il rend fascinante. Ses personnages sans importance et peu individualisés prennent un relief qu'aucune analyse n'aurait pu leur donner. La construction entière forme un bloc à l'intérieur duquel nous sommes prisonniers.

La Route des Flandres (1961) mêle de façon encore plus intime l'histoire générale des hommes (la défaite de 1940), l'histoire d'une famille et les histoires d'individus. Elles s'insèrent les unes dans les autres à la faveur d'événements présents qui suscitent des souvenirs, des visions, des hallucinations. Dans un tissu serré qui s'étend dans la durée et l'espace, avec beaucoup de « trous » et de « reprises », les individus sont pris comme autant d'araignées dans leur toile et manœuvrent comme des insectes. Pourtant, chacun porte à lui seul un monde sans limites qui recoupe d'autres mondes. Il lui suffit de vivre ou, comme dit le philosophe, « de perdurer dans l'être », et c'est cette vie, confondue avec d'autres, prise dans le vaste mouvement du monde, ballotée au gré des événements, s'enfonçant dans le souvenir ou se diffusant à la surface des choses, qu'avec acharnement Claude Simon s'efforce de faire affleurer dans les mots, dans une matière de langage dense et obscure.

Il y parvient à nouveau dans *le Palace* (1962), récit d'un épisode de la guerre d'Espagne. Du moins, en apparence. Plus que le fait divers : l'assassinat d'un chef révolutionnaire par des ennemis du même bord, c'est le climat même d'un quartier général de révolutionnaires, d'une ville (Barcelone), d'un peuple sorti de ses gonds, dans les odeurs, la chaleur, les spectacles de la rue, que l'auteur ressuscite. De sa phrase surchargée, méandreuse, lovée sur elle-même, Claude Simon use en virtuose. Elle lui est insensiblement devenue un instrument de découverte et de création. Elle éponge une réalité dont elle a pris tout le suc comme dans le monumental récit simplement intitulé *Histoire* (1967). Dans *la Bataille de Pharsale* (1969) et suivant une trajectoire parallèle à celle de Robbe-Grillet, Claude Simon s'enfonce dans ses obsessions, leur donne libre cours au point que, suscitées par des événement-chocs, elles donnent à ceux-ci l'apparence d'un éternel et reviviscent cauchemar.

CLAUDE OLLIER

Claude Ollier a précédé, dit-on, Robbe-Grillet dans la découverte du système esthétique qui vise à exprimer le monde dans sa totale objectivité, et bien que la publication de *la Mise en scène* ait suivi celle des *Gommes* et du *Voyeur*. Il est plus systématique, plus radical aussi.

Dans *la Mise en scène*, qui raconte une expédition en pays lointain, le monde est un décor, l'homme un insecte dont les mœurs relèvent de l'entomologie. Avec un souci du détail infime, l'auteur montre des gestes, des comportements, fait entendre des paroles, relate des événements qu'il importe au lecteur de recomposer dans leur ensemble. Il ne s'agit pas d'un puzzle, tous les éléments de la construction étant liés entre eux par le ciment du récit. L'auteur n'est pas plus présent dans ce récit que dans ce qu'il nous donne à voir et enregistre à la façon d'une machine. Il se veut et est, effectivement, pur regard.

Par l'œuvre, le spectacle se transmet dans sa totale objectivité. Comment pourrait-il la garder dès qu'un autre œil, celui du lecteur, prend la relève ? dès qu'il distingue, sépare l'accessoire de l'essentiel, recompose, valorise ? dès qu'une conscience à la recherche d'une signification se substitue à celle de l'auteur ? Sans doute, est-ce là l'effet d'une mauvaise habitude dont, malheureusement, nous ne pouvons nous passer. On imagine alors que, selon le lecteur, l'œuvre est susceptible de prendre les acceptions les plus différentes et que ce qui semblera à l'un simple compte rendu peut revêtir pour un autre les couleurs du fantastique. Du moins, Claude Ollier brise-t-il avec la conception du discours pourvu des seules significations que l'auteur aurait voulu lui donner. Au même titre que n'importe quel autre fait du monde, la création du romancier souffre toutes les interprétations.

Que la description minutieuse et même fanatique du réel puisse basculer dans l'irréalité, s'égaler au rêve, libre et surprenant, nous en avons le témoignage par *le Maintien de l'Ordre* (1962), où il ne semble s'agir que de la surveillance, par deux individus, d'un troisième qu'ils veulent supprimer. En dépit de l'auteur,

une atmosphère se crée, peu à peu envoûtante, une
action se déroule, avec tous les rebondissements d'une
intrigue policière, nous prenons intérêt aux personnages
quelle que soit l'ignorance où nous sommes tenus de
leurs mobiles, bref, une réalité se compose sous nos yeux
qui n'a sans doute que peu de rapports avec celle qui
nous est minutieusement montrée. Dans une liberté qui
n'a jamais été offerte au lecteur avec cette générosité,
nous collaborons avec le romancier à la construction
de son histoire, nous la fabriquons avec lui. L'impersonnalité totale rejoint par la lecture la totale subjectivité. Un monde uniformément plat découvre ses
arrière-plans et ses profondeurs tant l'écorce du réel,
la peau des choses est membrane fragile et facile à percer. L'acharnement têtu de Claude Ollier à parvenir au
terme de l'unique voie qu'il emprunte le mène à ce
point où l'un bascule dans l'autre, où les contradictions
s'équilibrent et s'annulent, où le récit se répète de maintes façons différentes (*l'Échec de Nolan*, 1967).

ROBERT PINGET

Robert Pinget ne s'est pas d'abord voulu romancier.
Il débute par des récits ironiques et satiriques qui ne
comportent aucune morale (*Mahu ou le Matériau*,
1952, *le Renard et la Boussole*, 1953). Son talent s'affirme et déconcerte davantage encore, mais ravit, dans
Graal flibuste (1957). Il y raconte un voyage imaginaire dans un pays imaginaire peuplé d'êtres imaginaires. On pense aux inventions d'un Henri Michaux qui
voudrait être plus satirique que cruel.

Baga (1958) comporte une histoire plus suivie et l'invention y est moins langagière. Baga existe en tant que roi tant qu'il remplit cet office. Il existe en tant qu'homme quand il se fait ermite au fond d'une forêt. La fantaisie se déchaîne. Jaillissant des mots, elle manque parfois de rigueur et de poids.

Le Fiston (1959) existe cette fois en tant que roman et même de « nouveau roman ». C'est l'histoire d'un père écrivant à son fils qu'il invite à rentrer au logis. Afin de l'appâter, il lui raconte les événements qui se déroulent dans la ville, décrit amours et enterrements, comme pour former un conglomérat de vie auquel l'autre pourrait se laisser prendre. Le père est aussi un ivrogne, et qui recommence sa lettre. Les mêmes événements ne sont plus racontés de la même façon : un décalage insensible et subtil les rend seulement probables ; peut-être même ont-ils été inventés. Robert Pinget a finalement découvert sa manière à lui de ruiner la réalité.

Il s'y emploie dans *l'Inquisitoire* (1962) où un vieil homme, sourd, répond à côté des questions qui lui sont posées par un policier, à l'occasion d'un crime dont il aurait pu être témoin. Par le jeu des questions et des réponses, un monde bizarre, fantasmagorique, en même temps balzacien et précis comme un inventaire, se recompose sous nos yeux par le menu, dans ses détails cocasses, tragiques, incongrus. On pourrait en faire la géographie, en relever la topographie. Pourtant, il n'a qu'une existence probable, il n'est que la vision d'un vieil homme sourd muré dans ses propres histoires. L'édifice baroque et monumental qu'a édifié le romancier n'a pas plus d'assise et de solidité qu'un château de cartes. Le lecteur n'en apprécie pas moins la saveur d'un certain folklore campagnard et il subit l'autorité d'un langage qui fait presque à lui seul les frais d'un récit

comme *Quelqu'un* (1965). Robert Pinget, qui se défend
d'appartenir à « l'école du regard » pour la raison simple
qu'il est surtout sensible à la parole (telle qu'elle est émise
par une voix et entendue par des oreilles très diverses)
poursuit une recherche — de nouveau dans *le Libera*
(1968) et *Passacaille* (1969) — dont il n'imagine pas la
fin. Pour lui, en effet, vivre c'est parler. Ou encore : parler et vivre, c'est la même chose.

15. « *Tel Quel* »

En 1957, la revue de Jean Cayrol, *Écrire*, publiait un récit, *le Défi*, qui valait à son auteur de vingt et un ans un prix d'encouragement. L'année suivante, Philippe Sollers publiait *Une curieuse solitude*, qui suscitait l'enthousiasme de François Mauriac, d'Aragon et du critique du *Monde*, Émile Henriot, tous trois d'accord pour prédire au nouveau venu une brillante carrière. Ce premier roman, histoire sans grands détours d'un fils de famille qui tombe amoureux de sa bonne espagnole, révélait en effet un talent sensible et mélodieux qui, au moment où se renouvelaient les formes et les techniques romanesques, s'inscrivait dans le sillage de quelques grands aînés et renouait avec une tradition qu'on avait cru moribonde. Mauriac et Aragon revivaient leur jeunesse.

Philippe Sollers s'appliqua à décevoir ses éminents supporters. Si la revue qu'il fonde en 1960 évoque par son titre Valéry et se place sous le patronage de Mallarmé, si on y rompt des lances contre « l'engagement » sartrien et toutes les formes du « réalisme », on y publie des auteurs choisis semble-t-il pour leur anti-conformisme, on y fait l'éloge du « nouveau roman » et

en particulier d'Alain Robbe-Grillet. Celui qu'on se
plaisait à voir en héritier va jusqu'à renier les ouvrages
qui lui ont valu sa précoce renommée et se place en
nouvel explorateur d'un domaine autrefois foulé par
Lautréamont, Jarry, les surréalistes, Joyce, autant que
par des contemporains immédiats aussi différents que
Maurice Blanchot et Francis Ponge. Résolument
« littéraire », *Tel Quel* met l'accent, dès le début, sur
ce qui importe le plus à l'écrivain : l'acte d'écrire, et
se lance dans l'étude, d'abord tâtonnante et timide,
des heurs et malheurs de l'écriture, de ses possibilités
et de ses pouvoirs.

Les jeunes promoteurs de la revue (avec Sollers :
Jean-René Huguenin, Renaud Matignon, Jean Edern-
Hallier) définissent l'écriture comme « *une volonté de
s'ajouter la réalité en la ressaisissant, et, plus qu'en la
contestant, en la représentant* ». Ils n'ont aucun désir de
changer le monde, l'homme ou la vie. Ce qui est de
leur ressort, c'est de « vouloir le monde » tel qu'il est,
c'est-à-dire de « l'exprimer ». Et la peinture que fait de
ce monde Robbe-Grillet leur convient par son absence
d'anthropomorphisme, de fins métaphysiques et morales, par l'évanouissement de l'auteur au sein d'un inventaire minutieux des objets, des gestes, des comportements, au sein d'une durée et d'espaces dont les repères
sont soigneusement précisés.

Le Parc, que Philippe Sollers publie en 1961, ressor-
tit au « nouveau roman » par ses descriptions maintes
fois reprises (et toujours différentes) : de la tombée de
la nuit sur un boulevard vu du haut d'un balcon, des
bruits de la rue ou de la disposition des plans sur lesquels
s'étagent les toits, du mouvement des oiseaux ou des feuil-
les des arbres, agitées par le vent. Il ne s'y passe rien
et un seul personnage existe : celui qui tient la plume
et entend nous rendre complices de ses exercices, d'écri-

ture précisément : tracer sur un cahier « divisé en deux
parties » des phrases « à l'encre bleu-noir » à l'aide d'un
« vieux stylo démodé », « d'une écriture fine, serrée, pen-
chée vers la droite et qui n'occupe que les trois quarts de
la page », etc. Ces détails oiseux sont là pour attirer
l'attention sur ce qu'en l'absence de tout sujet il faut
tenir pour le sujet du livre : l'acte d'écrire, considéré
autant dans sa matérialité que dans les implications
que cet acte suppose. L'auteur tire celles-ci au cours d'un
incessant va-et-vient entre la fixation des signes sur le
papier et la réflexion que ces signes, lus, suggèrent. Un
subtil jeu de correspondances s'établit auquel le monde
participe tandis que tournent les saisons et que le jour
succède invariablement à la nuit.

Un article de Sollers, à la même époque, nous livre
la « philosophie » de sa démarche. C'est un panégyrique
des pouvoirs de l'écriture. « *L'homme*, écrit-il, *ne sait au
fond ce qu'il peut penser. La fiction est là pour le lui appren-
dre.* » Car, au rebours de ce qu'un vain peuple pense, « *le
monde, mon esprit, moi, tout cela, sont une fiction* », dont
la « fiction » littéraire est précisément « l'antidote ». De
la fiction née de l'écriture, « *doit s'extraire la réalité* ». Autrement dit, sont renversés les rapports traditionnels entre ce que nous nommons le réel et ce que, selon la
croyance commune, l'écrivain façonne à partir de ce réel :
dans la représentation, l'expression par l'écriture. Pour
Sollers, ce que nous nommons « réalité » est dépourvu
d'existence, alors que dans ce terreau, ou cette gangue,
qu'est l'écriture, elle est enserrée et susceptible d'être
mise au jour. Davantage : le sujet écrivant (déclaré fic-
tif avant qu'il prenne la plume) dans l'acte d'écrire se
dévoile, se reconnaît, en fin de compte existe.

En ce premier temps de sa réflexion, Sollers met cependant une condition — qu'il abandonnera par la suite
— à ce dévoilement, cette reconnaissance, ce surgisse-

ment de l'existence : que l'auteur fasse « inlassablement
appel à l'imagination, à la mémoire, au rêve ». C'est-à-
dire que l'écriture ne serait pas forcément l'unique mo-
teur. Elle sollicite la participation de l'écrivain qui joue
un rôle éminemment actif. Reste qu'en traçant des lignes
sur le papier, l'écrivain délimite un espace qui n'est ni le
réel ni l'imaginaire, ni le langage (au sens d'instrument)
ni la pensée, mais le lieu où s'effectue la mise en jeu dialectique des uns et des autres. Il s'ouvre par là « un
monde spécifique » qui se confond avec la connaissance.

Ces positions initiales de Philippe Sollers et de *Tel
Quel* — elles évolueront sensiblement — marquent l'aboutissement d'une réflexion que nous avons vu lentement
se former au cours des cinquante dernières années (Sollers lui-même remonte aux « formalistes russes » des
années vingt) et qui, dans le roman, a peu à peu causé
la ruine du « réalisme », du « psychologisme », de toutes
les formes de « positivisme ». A ce moment, le jeune disciple de Mallarmé (« le monde doit aboutir au Livre »)
est également un intelligent lecteur de Proust, de Joyce,
tout autant que de Breton, d'Artaud ou de Bataille. Il
s'est persuadé que si l'écriture est un « jeu », elle est
aussi une « expérience » qui engage gravement l'écrivain. Il a parcouru rapidement les étapes d'une philo-
genèse qui aboutit à cette notion « d'espace littéraire »,
elle-même prise à Maurice Blanchot, dont toute réflexion
critique sur la littérature ne saurait désormais se passer. Ce qui lui appartient en propre, c'est la volonté de
tirer toutes les conséquences de cette réflexion — jusqu'au paradoxe et peut-être jusqu'à l'absurde —, de
les systématiser, de les formuler en « programmes » et
« déclarations » qui le posent en chef d'école, de leur conférer une allure « scientifique » et, finalement, de les
faire converger dans l'étude du langage.

Philippe Sollers émerge à une époque qui redécouvre

Saussure et en un pays qui, riche certes en grands linguistes (Meillet, Vendryès, Ferdinand Brunot), en
était resté à des conceptions durkheimiennes du langage, alors qu'à Moscou, à Prague ou à Copenhague ont
cours depuis longtemps des conceptions nouvelles qui
finissent par s'acclimater à Paris. Les « telquelliens »
s'en feront les champions. C'est également le moment où,
grâce à Claude Lévi-Strauss, le « modèle » linguistique fait
fortune en ethnologie et devient le « référent » à la mode
dans nombre de sciences humaines. Tout est langage,
tout devient langage, de la cuisine au costume. Une sémio-
logie universelle répond au « structuralisme » pour
nous donner une image nouvelle des activités humaines
et leur trouver des significations inusitées. On a cessé de
croire à l'existence d'un monde innocent. De même que
les choses dont il est composé sont interprétées et signi-
fiées par l'homme à l'aide de concepts qui constituent le
seul contenu du langage, de même toute science, toute
technique, tout comportement humain s'élabore à partir d'un vaste champ de « signifiés » qui rend le monde
susceptible de toutes sortes de « lectures ». L'écriture littéraire y prend naturellement sa place en tant que sur-
lecture (lecture de toutes les lectures), en tant que déchiffrement suprême.

Nous en sommes au deuxième temps de la démarche
de Sollers et d'amis nouveaux : Jean Ricardou, Jean
Thibaudeau, Jean-Louis Baudry, qui ont pris peu à
peu la place des anciens. « Formalistes », ils ne le sont pas
seulement au sens que la forme, pour eux, doit toujours
précéder le contenu : ils pensent que la forme, à elle seule,
est « génératrice de sens », hors de tout contenu autre
que sa propre production. Et pourtant, ils refusent une
appellation qui pourrait laisser croire qu'ils sont attachés au seul « signifiant » : l'écriture fonctionnant en
tant que « code ». La révolution qu'ils disent avoir opé-

rée consiste en ce qu'au lieu de laisser s'affronter le
monde des choses et l'écriture, celle-ci passant pour la
traduction de celui-là, ils ne veulent considérer qu'un
« signifié traité scripturalement ». A ce compte, affirme
un de leurs inspirateurs, Roland Barthes, « *il n'y a pas
de rupture de substance entre le livre et le monde... mots et
choses circulent entre eux de plain-pied, comme les unités
d'un même discours, les particules d'une même matière* ».
Voilà du même coup résolu — du moins en apparence —
le problème dont Mallarmé, le premier, avait clairement posé les termes. En fait, et c'est ce qui res-
treint la portée de cette solution « conceptuelle »,
tout écrivain véritable le résout à sa façon, mais sans
le savoir. Une critique, également nouvelle, pourrait
s'appliquer à découvrir les chemins par lesquels il y
parvient.

Outre que l'écriture ne peut dès lors se borner,
comme le croyait initialement Sollers, à « représenter »
le monde, à l' « exprimer », il s'ensuit, dans un troisième
temps, que son intervention dans le champ des signifiés
modifie celui-ci et le transforme. S'il est abusif de la
croire « inévitablement reliée au processus de connaissance scientifique et de transformation sociale » (lequel
correspondrait, par un autre abus de langage, à un
simple « changement de lecture » dans les domaines de
la science et de l'histoire), du moins peut-elle posséder —
non de son fait, hélas! mais du fait de l'écrivain, et
c'est là que le bât blesse — une valeur contestatrice et
révolutionnaire. Considérée dès lors comme « une con-
tinuation de la politique par d'autres moyens », elle débouche et s'inscrit dans le mouvement du « matérialisme
dialectique ». On ne s'étonne pas que, dans le fil de leur
logique, Sollers et ses amis fassent serment d'allégeance
au Parti communiste. C'est malheureusement le moment
où celui-ci se pose en parti de l' « ordre et de la sagesse »

et où l'U. R. S. S. envahit la Tchécoslovaquie. Le « matérialisme dialectique », à supposer qu'il s'agisse de lui,
est susceptible de plus de détours que les syllogismes nés
d'une réflexion sur l'écriture, et une évolution qui aboutit à un démenti par les faits devrait mettre en garde
quant à la valeur des raisonnements qui l'ont sustentée.

On doute, surtout, de la solidité d'une base axioma-
tique par laquelle le monde se réduirait à une « écriture »
(ou « un réseau d'écritures ») et où l'homme serait
essentiellement un « signe » parmi d'autres signes. La
globalité que vise l'écriture ne saurait faire grand profit
de cet aspect d'une réalité vue sous le seul angle du
concept. Du moins cette vue permet-elle à Sollers d'en
tirer quelques conséquences en ce qui concerne la littérature et en particulier le roman.

Il fait d'abord justice de ce qu'on appelle « littérature », et qui, pour lui, relève d'une « histoire close » :
celle des sentiments, des idées, des représentations mystiques ou intellectuelles, de ce qu'on résume dans le
terme vision du monde, et qui diffère selon les époques
et les individus. Les livres, selon Sollers, n'ont jamais
été étudiés que pour leur contenu, et les auteurs dans
les rapports biographiques qu'ils entretiennent avec
leur œuvre. On détermine ainsi une évolution où
œuvres et écrivains se succèdent selon les lois d'une
secrète harmonie à travers des modes de penser et de
sentir, des mouvements, des écoles, des familles d'esprits.
Sont écartés les aberrants, les maudits, les « en marge »,
tout juste bons à meubler une petite histoire à l'écart
de la grande qui va son chemin. Sans doute, aucun
écrivain ne se confond-il avec un autre et l'on prend
même grand soin de les différencier par le style ou la
manière, qui sont comme leur marque propre ; ils
relèvent néanmoins d'un même « système de lisibilité »

qui répond d'ailleurs de leur part, jusqu'au milieu du siècle dernier, à l'utilisation d'une même grammaire de déchiffrement du monde. Ils parlent tous une langue officielle qui, en dépit de ses variations, constitue le langage littéraire. Or, constate Sollers, ce langage est fortement perturbé avec l'apparition de Lautréamont et de Marx, de Mallarmé et de Freud. L'évolution est rompue, et saute aux yeux ce dont on aurait dû s'apercevoir depuis longtemps : que, pour chaque écrivain, la nécessité d'écrire est ressentie comme une rupture avec tout ce qui s'est écrit avant lui, qu'elle est vécue en tant que rupture, qu'elle est en fait rupture. Toute écriture répond à la lecture d'un monde dont consciemment ou non elle conteste les concepts, les mythes, les façons de voir ou de penser, au profit d'une connaissance qui lui semble plus exacte. C'est en dépit d'eux-mêmes que les écrivains d'une même époque semblent partager les mêmes points de vue, appartenir à la même école ou au même courant. La contestation que leur écriture manifeste est toujours unique et particulière. Elle équivaut pour chacun d'eux à une nouvelle définition du réel, à une remise en cause des rapports que l'écrivain entretient avec ce réel.

Cette réalité que Sollers voit comme une « fiction », « une convention », un « conformisme », Roland Barthes la définit comme « un flux d'écritures ». Autrement dit, le monde est « déjà écrit ». Quel sera dès lors le travail de l'écrivain ? S'il entend « représenter » ce monde, l' « exprimer », il ne fait que répéter à sa manière ce qui est déjà dit. « Créer » un monde qui lui appartienne ? Il s'abuse sur ses pouvoirs et sur lui-même : il n'est pas l'auteur de ce qu'il écrit, mais le produit de son écriture, et croire qu'il extrait de soi, ou de la réalité, une peinture qui porterait sa marque relève d'une mythologie qui se meut entre les termes production, marchandise,

consommation. Ce qu'il cherche, en fait, c'est à insérer
dans le réseau d'écritures dont le monde est tissé une
écriture particulière, « textuelle », par laquelle, à l'instar
du peintre depuis longtemps libéré de la « figuration »,
il intervient dans le champ de signifiés pris ouvertement comme signifiants. Écriture en même temps
« plurielle » parce que peu importe le support qui la fixe
sur le papier comme peu importe le langage qu'elle
utilise et qui peut être celui des mathématiques, de
l'informatique, ou encore l'idéogramme chinois de
Nombres, dernier texte en date de Philippe Sollers.
L'auteur, entre-temps, s'est effacé jusqu'à disparaître,
fabriquant anonyme d'un texte qui ne lui appartient
pas plus qu'à ce collaborateur nécessaire qu'est le
lecteur et dont la rencontre permet seule au texte
d'exister. A cette enseigne, genres et formes littéraires
s'écroulent, de même que tombe en ruine la conception
qu'on se faisait de « l'œuvre » et de « l'auteur ». Après
qu'ont disparu l'objet, le sujet, le récit, doit également
disparaître l'image d'eux-mêmes qu'auteur et lecteur
ont la mauvaise habitude de vouloir reconnaître dans
le texte que l'un écrit, que l'autre lit. « Il faut concevoir
l'écrivain, écrit Roland Barthes, comme un homme
perdu dans une galerie de miroirs : là où son image
manque, là est la sortie, là est le monde. » Le texte est
ouverture et, par le rejet du « jeu narcissique », « avènement d'une différence ». La « différence absolue » n'est
autre que la révolution.

On admettra donc que les collaborateurs de *Tel Quel*
n'écrivent pas de « romans ». Si le « texte », comme le
déclare Sollers, « n'a plus à informer, à convaincre,
à démontrer, à raconter, à représenter », le roman, tel
qu'il survit, n'est que « *le discours incessant, inconscient,
mythique des individus* », en un temps où l'individu ne
s'est pas encore rendu compte qu'il est « écrit » par

les divers codes et langages dans lesquels la société
l'enserre : argent, législation, formes économiques, littérature. Il existe cependant pour lui un recours : prendre
conscience qu'il existe en tant que fiction, c'est-à-dire
carrefour de signes, et qu'il peut être à son tour producteur de signes par « *un renversement décisif, scandaleux
sans doute, mais dont la nature singulière constitue
l'expérience littéraire* ». Qui décide d'écrire refuse en effet
par là même d'être écrit et se confère une existence :
brisant « la parole qui est en lui parlée, il accède à sa
propre génération ». On pourrait dire en résumant que si
la vie c'est l'écriture, l'écriture c'est la vie : « ceux qu'on
appelle les écrivains ne font qu'accentuer une réalité
qui est celle de tous ».

Qu'est-ce qu' « accentuer » la réalité, sinon se livrer
au travail de l'écrivain tel que l'ont défini avant Sollers,
et avec beaucoup plus de précision, Breton, Blanchot
ou Bataille ? Sollers est moins « révolutionnaire » qu'il
ne le paraît et, là encore, il ne fait qu'aménager des positions depuis longtemps conquises. Son effort de synthèse
n'en est pas moins brillant, d'autant qu'il a tiré profit,
chemin faisant, du travail des linguistes, des sémiolo-
gistes, des structuralistes et qu'exploitant intelligem-
ment ses sources, il y trouve les arguments décisifs à
l'appui de sa thèse : peu importe qu'on appelle roman,
poème ou essai l'ensemble de signes que trace un écrivain, peu importe même l'homme qui les produit et peu
importe son « œuvre » ; ce qui compte c'est le texte.
Conçu selon les lois d'une science que Sollers prétend
désormais exacte, celles de la production et du fonctionnement du langage, il « désécrit » le monde et le récrit
sur un mode plus authentique et plus vrai, il mène à
une connaissance plus approchée de celui-ci.

Si l'on ne s'en laisse pas imposer par l'appareil
« scientifique » qu'utilise l'animateur de *Tel Quel* et si

l'on fait bon marché de son jargon linguistique ou philosophique, on tombe sur des conceptions qui nous sont
familières. Il y a beau temps que le mot « littérature »
est souvent employé dans son sens péjoratif (pour en
marquer le côté rhétorique) et que l'appellation de
« roman » est devenue élastique au point de désigner
tout écrit en prose qui se signale ouvertement comme
une fiction. Jamais pourtant le point d'aboutissement
d'une longue évolution n'avait été formulé aussi pé-
remptoirement.

Point d'aboutissement où toutes choses subsistent
d'ailleurs, à condition qu'on leur trouve de nouvelles
définitions. Quand Sollers définit la littérature comme
« *une relation chiffrée, un glissement qui, en ouvrant les
différents sujets par-delà leurs limites, dévoilent les objets
de la pensée et du monde* », il ne fait qu'établir plus solidement l'objet dont il voulait se débarrasser. Qui pré-
tendrait en effet que les grands écrivains du passé, en
croyant « représenter » le monde ou l' « exprimer »,
ne se sont pas livrés à ce « dévoilement » ? Stendhal
croyait « promener un miroir le long de la route », et,
certes, il se trompait quant à la nature exacte de son
travail. Ses romans n'en constituent pas moins un
code de lecture particulier du monde qu'il avait sous
les yeux, « une relation chiffrée » qui ouvrait ses lecteurs
à des « objets de pensée et du monde » qu'ils n'auraient
pas aperçus sans lui.

Le roman ne sort pas non plus si mal en point des
mauvais traitements que lui inflige Sollers. S'il est en
effet « *la manière dont une société se parle, la manière
dont l'individu doit se vivre pour y être accepté* », on imagine mal que, sous une forme ou une autre, une société
cesse brusquement de se parler à elle-même, ou que
l'individu perde soudain le désir, par ce moyen, de
surplomber sa vie. Il existe toutes sortes de canaux par

lesquels individu et société prennent conscience d'eux-
mêmes. On ne saurait négliger celui-ci, quelque approxi-
matif qu'il se révèle être. En fait, c'est à réduire cette
part d'approximation que travaille l'animateur de
Tel Quel, comme s'il voulait donner au genre dont il
annonce la mort une dignité plus haute, une efficacité
plus grande. Il le rétablit même sur ses bases quand il le
considère « comme un poème dont l'action vire, par
réflexion, au récit » (ce récit tant honni), la réflexion
jouant le rôle d'une recharge en « capacité poétique
(mythique) ». Ne serait-il pas en fin de compte le produit le plus achevé de l'activité « textuelle » » ? On peut
le penser à la lecture de cette affirmation : « *Dans un
champ unifié des signes, le roman devient l'arrivée de ces
signes, l'histoire qui est la leur.* »

On pourrait croire que la montagne a accouché d'une
souris si l'on ne portait au crédit de *Tel Quel* l'éclaircis-
sement des rapports qui lient traditionnellement l'écrivain à son travail, la formulation des concepts sur
lesquels repose ce travail. Les moyens et les buts à
propos desquels une réflexion centenaire s'est exercée
sont désormais précisés, les attendus d'une nouvelle et
nécessaire prise de conscience formulés avec vigueur
et pertinence. Au-delà de cet acquis, il paraît de moindre
importance que la littérature — qui s'est toujours définie
comme un traitement particulier du langage — prenne
le nom d' « écriture textuelle », et il paraît aventuré de
croire qu'une production scientifico-littéraire débouche
obligatoirement sur le matérialisme dialectique, devienne
par ses seules vertus, un facteur de transformation politique et sociale. Les collaborateurs de *Tel Quel* ne
craignent pas les assimilations faciles et, sous le prétexte qu'il ne s'agit ici et là que d' « écritures », ils ont
tôt fait de magnifier un rôle qui est traditionnellement
revendiqué, à plus ou moins juste titre, par les écri-

vains d'Occident. Le langage littéraire et le langage économique (celui des rapports de production), s'ils se meuvent dans un même champ de signifiés, ne renvoient pas, hélas! aux mêmes référents. Les concepts ici se laissent aisément manipuler et là sont fondés sur le droit du plus fort ou du plus riche, sur un pouvoir concret et matériel que l'État ne se borne pas à symboliser par sa justice, sa police et son armée. On n'imagine pas une écriture subversive capable de modifier les relations de propriété, alors que si celles-ci viennent à changer, sous le coup d'affrontements matériels et toujours sanglants, la lecture d'un monde donné change brusquement en même temps que sont transformées ses diverses « écritures ».

Bornée au « dévoilement », limitée à la prise de conscience, la tâche de l'écrivain revêt, en certaines circonstances, une portée parfois incalculable. Elle suppose néanmoins l'existence de faits, de rapports, d'événements susceptibles d'être « dévoilés » et une volonté humaine pour pratiquer les changements nécessaires. Autrement dit, si les pouvoirs subversifs de l'écriture ne sont pas niables, il est illusoire de croire qu'elle les possède par grâce d'état. Par quelle autre grâce, l'écriture surgit-elle? Comment devient-on « producteur de signes »? A lire Sollers, on pense à Vénus sortant de l'onde, ou à Minerve surgissant tout armée du front de Jupiter. Et quel est en fin de compte le rôle des « signes », sinon de signifier, c'est-à-dire de renvoyer à autre chose qu'eux-mêmes et qui est mêmement compris par une plus ou moins vaste communauté d'hommes? A confondre des activités humaines fort différentes, les collaborateurs de *Tel Quel* ajoutent à l'illusion selon laquelle l'ordre du monde se réglerait comme l'ordre des mots. Médiateur du réel, l'écrivain ne transforme celui-ci qu'en suscitant à ce réel l'horizon du possible. Avant que ce possible agisse efficacement sur la réalité, il y faut bien d'autres médiations. Elles ne sont pas de son ressort.

Du moins peut-on penser que le travail d'élucidation auquel se livrent les écrivains de *Tel Quel* rendra plus rigoureux, plus nécessaire et plus efficace l'exercice d'un langage que trop de romanciers considèrent encore comme un simple instrument. En ce sens, Sollers et ses amis n'auront pas desservi le roman. Ils l'auront au contraire rendu plus apte à formuler cette parole « plurielle » du désir et de l'exigence qui animent les hommes de ce temps, au sein de sociétés dont, à l'Est comme à l'Ouest, on entend craquer les étais.

Tel Quel prétend se livrer, comme autrefois les surréalistes, à une activité de groupe. De même, pourtant, que chez les surréalistes, quelques personnalités prenaient le pas sur d'autres et alors que toutes, finalement, revendiquaient publiquement, par leur signature, leurs productions individuelles, de même, dans le groupe *Tel Quel*, les recherches collectives ne conduisent nullement à ce qui, logiquement et avec plus de raisons encore, devrait constituer l'effacement de l'auteur (son strict anonymat) derrière un texte dont il se veut seulement et dans un sens purement matériel le scripteur. Philippe Sollers, Jean Ricardou, Jean Thibaudeau, Jean-Louis Baudry, pour ne citer que les romanciers (au sens traditionnel du mot), possèdent chacun leur individualité propre, et même la revendiquent. A juste titre : si la voie est commune les démarches ne sont pas les mêmes, et on ne saurait confondre *Drame*, le plus abouti des textes de Sollers, avec telle ou telle autre tentative de ses amis. On conviendra que des critères aussi désuets que « talent », « manière », « qualité de l'écriture » n'ont rien à voir en l'affaire, mais comment ne pourrait-on pas constater l'existence chez chacun d'un coefficient personnel par lequel sont sensiblement modifiées les voies qu'emprunterait pour se manifester une même conception de l'écriture ou, dans le vocabulaire du groupe, un même « modèle linguistique » ?

Si *Drame* est le roman d'un langage qui se cherche, sur un plan où peut accéder tout lecteur ne disposant pas de connaissances spéciales en linguistique, Jean-Louis Baudry — *les Images* (1963), *Personnes* (1967) — s'appliquerait, selon Sollers, à « mettre en cause tout sujet du langage par le traitement systématique du pronom », Thibaudeau — *Une Cérémonie royale* (1960), *Ouverture* (1966), *Imaginez la nuit* (1968) — viserait à faire du roman « une autobiographie multidimensionnelle », tandis que Ricardou — *l'Observatoire de Cannes* (1961), *la Prise de Constantinople* (1965) — qui possède d'autre part d'éminentes qualités de critique (*Problèmes du nouveau roman*, 1967), viserait « le fonctionnement de séries signifiantes parallèles ». Il est clair que de pareilles tentatives relèvent de critères assez particuliers, et propres au groupe qui les a élaborés. Il faut attendre qu'ils soient admis par des cercles plus larges de critiques et de lecteurs, avant de s'aventurer à porter quelque appréciation que ce soit sur des productions dont le sens et le but n'apparaissent point à la lecture des textes eux-mêmes. Peut-être s'apercevra-t-on alors que les limites du roman — œuvre de fiction, en prose, qui possède en elle-même sa propre signification — sont en effet largement transgressées, au profit d'un genre — ou d'un non-genre — qu'actuellement on ne peut désigner que par le terme vague et labile de « texte ». A quelles lois de production obéiront ces textes ? Quelles fonctions seront-ils appelés à remplir ? Toute réponse à ces questions ne peut s'appuyer aujourd'hui que sur des théories, c'est-à-dire des déclarations d'intentions.

JEAN PIERRE FAYE

A la façon de tous les groupes fortement structurés, *Tel Quel* a eu ses hérétiques et ses scissionnistes, les rivalités de personnes venant envenimer des différends qui portent, comme il se doit, sur le sens et les modalités de l'action à mener. Si le départ de Jean Edern-Hallier a eu peu de conséquences pour la vie du groupe, en revanche celle de Jean Pierre Faye a privé *Tel Quel* d'une attachante personnalité de romancier.

Jean Pierre Faye avait publié en 1958 un premier roman : *Entre les rues*, qui faisait éclater le récit traditionnel au profit de relations juxtaposées d'une réalité dont n'apparaissaient ainsi que les aspects chaotiques, discontinus et volontairement fragmentaires : autant de plans de coupe, moins décrits que photographiés, d'une Amérique en proie au maccarthysme, et vaguement reliés par une histoire prétexte. Tout se déroule moins au niveau de la perception qu'à celui de l'enregistrement des sensations : ici l'image du trafic urbain, là une conversation, ailleurs la description d'un comportement dont nous ne connaissons ni les motifs ni la signification. Dans ce labyrinthe de faits, d'événements, de phénomènes, le lecteur s'égare, mais non sans construire peu à peu une « grille » (habilement suggérée par l'auteur) qui lui permettra à la fin, usant de tous les matériaux qui lui sont prodigués comme autant de « signes », de « déchiffrer » ce qui de prime abord lui apparaissait en tant que réalité brute, en deçà de toute interprétation. Peu importe le sens qu'à ce décryptage donnera le lecteur, et peut-être existe-t-il autant

de « sens » que de lectures. L'auteur, qui s'est refusé à
tout regard d'ensemble, à tout « point de vue », plutôt
que de nous offrir une réalité close sur elle-même, une
totalité qu'il s'agirait de pénétrer, s'applique au contraire
à nous ouvrir les yeux sur un monde lui-même constamment ouvert à toutes les significations. Les premières
recherches de Jean Pierre Faye apparentent l'auteur
d'*Entre les rues* au Nouveau roman.

Avec *la Cassure* (1961), qui décrit une série de ruptures : à l'intérieur d'un couple, à l'intérieur du personnage principal, à l'intérieur d'une situation politique
(la France du 13 mai 1958), le lecteur a l'impression de
tourner en rond, et cette impression n'est pas fausse :
les cercles concentriques dont l'aire balaie les différentes
réalités qui nous sont données à voir possèdent un
même centre, ou plutôt une même absence de foyer : un
néant ou un vide que le personnage principal sent béer
en lui et qui est moins de nature psychologique que
philosophique ou métaphysique. Le centre de l'être
n'est qu'une absence d'être entre plusieurs situations
qui successivement l'emplissent.

Battement (1962), fait apparemment plus de concessions
au romanesque : atmosphère d'une ville mystérieuse,
Munich, histoire policière greffée sur des activités
politiques (agents du F. L. N., espions, tueurs de la
Main rouge), personnages dont les agissements demeurent incompréhensibles. Tout concourt cette fois à
suggérer l'image d'une immense toile d'araignée qui se
tisse fil à fil et dont le personnage principal va se trouver
prisonnier, d'un réseau de circonstances qui répond au
réseau d'obsessions dans lequel il se débat. Au centre :
le même vide d'être, entre des « battements » qui sont
figurés par le rythme même du roman, et ces lumières
d'enseignes qui dansent sur le mur d'une chambre.

Cependant, cette confiance en une réalité objective

qui constitue l'un des dogmes du Nouveau roman est
désormais battue en brèche. Les êtres dont nous épions
les gestes et tentons de comprendre les situations ne sont
pas plus préhensibles que des fantômes, et fantomatique
également cette ville qui n'existe que par des bruits,
des ombres et des lumières perçus du fond d'une chambre. C'est au cœur d'un vertige tourbillonnant que
s'est installé le romancier et c'est au cœur de ce vertige
qu'il nous plonge, physiquement, sa réussite consistant
paradoxalement à fixer ce qui naturellement se dérobe
à la description comme au récit.

C'est avec *l'Écluse* (1964), que Jean Pierre Faye devait
obtenir le Prix Renaudot. Il est à ce moment l'un des
membres les plus actifs de *Tel Quel* et paraît devant les
caméras flanqué de Philippe Sollers, comme si la récompense était allée au groupe et marquait la reconnaissance officielle de l'école. En fait, les Renaudot répa-
raient la faute de n'avoir pas couronné en 1962 le meilleur
roman de Faye (et l'un des meilleurs romans de
l'année). *L'Écluse,* qui se passe dans un Berlin coupé en
deux et où s'active un réseau d'espionnage relié à une
autre ville alors coupée en deux : Jérusalem, montre
trop la volonté de l'auteur de tirer profit de ce qui
n'existait romanesquement que sur le plan de l'obsession. Une géométrie sèche se substitue à ce qui paraissait une spontanéité propre à faire jaillir phénomènes et
spectacles. L'histoire policière prend trop ouvertement
le pas sur cette autre histoire que l'auteur raconte entre
les lignes et dans les blancs qui séparent ses paragraphes.

Les Renaudot eussent été mieux inspirés en couron-
nant un ouvrage du même auteur qui paraissait au
même moment : *Analogues*, même si l'appellation de
« récit autocritique » pouvait laisser croire que cet
ouvrage ne relevait pas de leur juridiction. Jean Pierre
Faye y développait un nouveau récit à partir de ses

trois romans précédents, y faisait s'y rencontrer leurs
personnages et recouper les actions dans lesquelles ils
sont impliqués, inaugurait ainsi un quadrillage de signes
et de repères, ou encore : un nouveau réseau qui sur-
plombe et englobe les grilles des récits précédemment
ouverts sur diverses significations, et s'appliquait à
déterminer les intersections de trajets en apparence
divergents, construisant par là un espace romanesque
où « se compose elle-même devant nous la musique des
jeux humains ». Il nourrit le même souci dans *les
Troyens* (1970), « hexagramme » où se recoupent les itiné-
raires de ses romans précédents.

Ce n'est pas un autre « point de vue » que l'auteur
ajoute aux précédents et il n'ambitionne pas plus qu'au-
paravant de parvenir à une « totalité ». La réalité qu'il
déchiffre n'est pas pour autant « approfondie ». Il
prouve simplement qu'en usant de tous les matériaux
qu'elle offre au romancier en tant que « signes », de
nouvelles combinaisons de ceux-ci, aux nouvelles places
qu'il leur confère, aboutissent à des significations imprévues, et surprenantes pour l'auteur lui-même. Par la
vertu de l'écriture considérée comme une combinatoire
s'élabore sous nos yeux un monde quasi infini de
possibles. Encore ne faudrait-il pas croire que l'écriture
les crée. Ils sont là et existent, fût-ce à l'état de projets,
l'écriture n'a pour fonction que de les découvrir. Elle
est entreprise de déchiffrement d'un univers considéré
comme un vaste réseau de signes ou, si l'on veut encore,
grille de toutes les grilles à travers lesquelles les phénomènes deviennent lisibles, lecture de lectures. Alors
que ses anciens amis de *Tel Quel* s'enfoncent dans
d'abstruses recherches langagières dont on ne voit
point encore (sauf pour Sollers) sur quels résultats elles
peuvent déboucher quant à l'avenir du roman, Jean
Pierre Faye donne corps à des fictions qui, tant par

l'emploi de techniques soumises à leur objet que par la
fonction dévolue à l'écriture, administrent la preuve
qu'au-delà du Nouveau roman la porte reste ouverte
à de nouvelles conceptions par lesquelles et de quelque
nom qu'on les désigne, la fiction joue un rôle actif de
dévoilement et de compréhension d'un monde toujours
plus vaste, plus ramifié, plus secrètement structuré et
plus riche de virtualités que ce qu'en perçoit le commun
des mortels enfermé dans la sphère de ses activités,
de ses préoccupations et de ses besoins individuels. Le
romancier lui-même sort de sa coquille. L'observation,
la documentation, l'expérience de la vie et tout l'arsenal
de la psychologie des rapports humains ne suffisent
plus à rendre compte d'une réalité que la cybernétique,
les sciences humaines, l'informatique traquent dans
ses efflorescences comme dans ses ressorts cachés. Le
romancier ne peut se désintéresser des méthodes par
lesquelles elles rendent de plus en plus lisible un monde
apparemment chaotique, car c'est à une meilleure lisibilité de ce monde que lui-même tend.

Alors que le Nouveau roman peut être envisagé comme
un nouveau point de vue de romanciers sur le monde,
la tentative de Jean Pierre Faye — et vraisemblablement
celles du groupe *Tel Quel* — vise à substituer à l'observateur privilégié et au producteur de langage une entité
qui répond mal désormais à l'appellation d'auteur,
tant il apparaît comme la voie par laquelle la réalité
procède elle-même à sa propre naissance et dans son
propre langage. Mais l'écriture serait-elle simple sismogramme que ce sismogramme ne se concevrait pas
sans les antécédents qui président à sa formation, pas
plus que sans les conséquences que celle-ci entraîne :
des modes de lecture qui appellent à l'existence des
lecteurs mieux informés et plus exigeants.

MAURICE ROCHE

Membre du groupe *Tel Quel*, mais proche ami de Jean Pierre Faye, Maurice Roche publie en 1966 un roman : *Compact*, que Philippe Sollers préface, notamment en ces termes : « Au texte plat et diffus de la communication courante (des informations), du récit codé dans un ordre mort, répond... un autre texte, compact, et comme à trois dimensions, qui nous raconte nous-mêmes non pas sous forme de tel ou tel " personnage " (nom, signes particuliers), mais anonymement sous toutes les formes : là, « nous » sommes simultanément ce " tu ", ce " je ", ce " on ", ce " vous ", ce " il " et ce " ils " du rêve, du mythe, de l'épopée, de la tragédie. » On ne saurait mieux dire que ce « personnage » dont le Nouveau roman avait déjà entériné la disparition perd jusqu'aux caractéristiques qui, dans la vie courante, permettent néanmoins de ne pas confondre les individus. Lieu de rencontre, point d'intersection, résultat de diverses combinaisons de forces anonymes, incarnation éphémère d'un passage entre la vie et la mort, il n'a par lui-même aucun intérêt et ne vaut pas la peine que se donnerait le romancier pour lui conférer au moins une existence romanesque. Il est en effet successivement ou simultanément celui qui, dans le récit brisé en mille morceaux de Maurice Roche, prend la parole, à qui l'on (?) s'adresse ou qui s'agrège à des collectivités, comme la grande ville (à la fois Paris, Papeete, New York, Tokyo), ou qui, encore, est manipulé par des forces venues du fond des âges, soumis à un destin biologique, déterminé par tous les gadgets qui orientent son existence quotidienne. Ici, en outre, il est aveugle, grabataire, et sa peau de futur cadavre est revendiquée par un médecin japonais qui collectionne les tatouages. Tel un personnage de Beckett, c'est par la souffrance qu'il donne les maigres preuves de son existence.

Le récit de cette douleur aux multiples faces pourrait être fort dramatique, et il l'est souvent, dans la mesure où le lecteur n'a pas perdu tout à fait l'habitude de se substituer au « héros », ou bien encore quand il suppose assez gratuitement que celui-ci pourrait être le porte-parole romanesque de l'auteur. Ce serait mal comprendre les intentions de Maurice Roche, soucieux de nous montrer des aventures généralement dérisoires et tein-tées d'un humour fort noir. A grand renfort de trou-vailles typographiques le romancier propose diverses grilles de lectures qui permettent de cerner cette ano-nyme douleur vécue par un représentant de notre espèce. C'est par là que l'ouvrage forme une sorte de totalité ouverte, tandis que l'auteur au lieu de se mou-voir parmi les abstractions, donne le sentiment d'un vécu que nourrissent des forces éminemment concrètes. Il nous intéresse, nous touche, élargit nos horizons. *Compact* est la plus belle réussite de cette conception du roman qui succède au Nouveau roman et que les journalistes, pour ne pas être en reste avec la mode, ont déjà appelé « structuraliste ».

En marge des écoles — et la marge est heureusement étendue — profitant néanmoins des découvertes et inno-vations de celles-ci tout en suivant un chemin qui leur est propre, de nouveaux « romanciers » apparaissent qui mériteraient ici plus qu'un coup d'œil rapide. Signalons du moins la place importante que prend parmi eux Jean-Claude Hémery avec *Rapport au Grand Conseil* (1963),

Curriculum Vitae (1966) et surtout *Anamorphoses* (1970),
« textes » (au sens telquellien) où se voit au mieux la
double démarche de l'écriture : déchiffrer le monde,
tout en lui donnant, fût-ce à l'aide d'un nouveau chiffre,
une nouvelle lisibilité.

C'est à quoi s'occupe également, avec un souci plus
sociologique, Georges Perec dans *les Choses* (Prix Renaudot 1965), alors que *la Disparition* (1969) montre des
intentions ouvertement rhétoriques à travers un langage devenu jeu.

16. J. M. G. Le Clézio

Au moment où Philippe Sollers et le groupe *Tel Quel* changeaient leur fusil d'épaule : ne pas se contenter de « représenter » la réalité, mais intervenir, par l'écriture, dans le champ des « signifiés », un tout jeune homme (vingt-trois ans), intervenait dans le champ de la littérature romanesque pour reprendre les problèmes de plus loin et les poser d'une tout autre façon. Il donnait en même temps une preuve si éclatante de son savoir-faire qu'il obtenait le prix Théophraste-Renaudot. Il a donné, depuis, une demi-douzaine d'ouvrages qui jalonnent une recherche toujours plus approfondie, avec des moyens dont il s'est de mieux en mieux rendu maître, tandis que son but s'éclaire davantage. A côté de toutes les tentatives, individuelles et collectives, qui visent à faire du roman la forme privilégiée d'une certaine volonté d'intervention, plus efficace et mieux fondée dans le monde où nous vivons, et qui aboutit, comme pour les époques précédentes, à cette sorte d'écriture du temps qu'y verront nos arrière-petits-enfants, l'irruption de J. M. G. Le Clézio risque d'être tenue pour l'une des plus significatives.

L'auteur du *Procès-verbal* n'est pas venu au roman
à la suite de longues réflexions théoriques ou par une
sorte de pari intellectuel aujourd'hui à la portée de
tout adolescent qui a fait des études et appris à manier
le langage. A lire ses phrases pressées, au rythme parfois
haletant, télescopique, ses descriptions qui, ou tombent
dans la pure énumération des objets, des faits, des
situations (comme pour prendre pied au plus vite dans
le concret) ou s'élargissent en visions cosmiques, on
sent qu'un besoin essentiel le pousse : la nécessité de dire
et de dire vite et fort (parce que les hommes sont sourds,
parce que le temps est court), et le désir quasi désespéré
d'alerter ses contemporains sur ce qui, pour un individu
délivré de ses entraves, de son rôle fonctionnel, de la
vue peu exaltante qu'il prend de lui-même en tant que
lieu de rencontre des forces biologiques, historiques et
sociales, constitue sa réalité primordiale : d'être un
vivant parmi les vivants et dans un ensemble cosmique
qu'une seule grande loi résume : le passage de la naissance à la mort, sur des rythmes qui vont de la pulsation
éphémère à la permanence apparente. En même temps
que nous sommes transportés au cœur de l'individu,
de ses problèmes, de ses joies, de ses inquiétudes, que
nous explorons les formes sociales que prend son existence (par exemple au sein du complexe urbain ou dans
l'inhumaine organisation des loisirs), nous sommes
constamment invités par l'auteur à surplomber les
histoires individuelles, à les relier au vaste ensemble
des forces — à la fois présentes et venues du fond des
âges — dont ces aventures particulières procèdent et
qui sont en définitive déterminées par elles.

Avec une dextérité remarquable, Le Clézio manie
un appareil qui rapetisse ou agrandit à l'infini ce qui
se présente sous son objectif. Au regard des galaxies
l'homme n'a pas plus d'importance qu'un insecte dont

les comportements obéissent à de simples tropismes.
Au regard de l'insecte il est un dieu tout-puissant,
maître de la vie et de la mort. Qu'il se dissolve dans
l'indéterminé — qui commence avec le plus petit
rassemblement humain — ou bien qu'il se prenne
abusivement pour le centre du monde (dans les conditions que procure par exemple la solitude), ses aventures, ses passions, le sens qu'il entend donner à son
existence, même s'il vit tout cela dans l'intensité et
l'apparence d'une autonomie complète, ne seront
toujours que tristement communes et écrites d'avance.
Seul compte, avec la parcelle de vie qu'il détient,
précisément le sentiment qu'il a de vivre et qui se manifeste par l'envahissement de sensations simples : la joie,
la douleur, la crainte. A la joie est attachée la compréhension et l'adoration, à la douleur le repliement sur
soi, à la crainte le besoin irrépressible de fuir. Tous les
comportements qui ne se ramènent pas, peu ou prou,
à ces manifestations du vivant ne sont que manières
de passer le temps, un temps pourtant très court et
qui demanderait à être mieux employé au regard de ce
hasard, heureux ou malchanceux, qui nous a fait naître.
La réussite de Le Clézio se situe là où d'autres tentatives
d'en finir avec une vision anthropocentrique du monde
n'ont pas donné tous les résultats qu'elles promettaient :
le Nouveau roman s'est finalement borné à évacuer
l'individu d'un monde qui reste malgré tout imprégné
de toute l'activité industrieuse des humains et qui
demeure son seul horizon, le « roman structuraliste »
(s'il faut ainsi l'appeler), en niant la réalité au profit
des réseaux d'écritures qui la constitueraient ramène
le problème à celui des seules activités de notre espèce.
La vue du monde que l'un et l'autre nous donnent, si
elle est plus exacte dans le détail, et plus conforme à ce
que nous apprennent d'autre part les sciences, les

mathématiques ou la linguistique, n'en est pas moins limitée, étroitement bornée au stade présent de nos connaissances et de nos pouvoirs. Celle que nous offre Le Clézio, toute intuitive certes, serait celle d'un habitant de Sirius momentanément intéressé par nos microscopiques agitations.

On ne niera pas toutefois que Le Clézio ne pouvait apparaître sur la scène qu'après Robbe-Grillet ou Butor, c'est-à-dire après que notre vue a été désencombrée de tout ce qui faisait l'essentiel du roman : une histoire, des personnages, des situations, après que Samuel Beckett ait cerné la vraie question : celle du difficultueux passage qu'on appelle la vie et qui n'est que l'histoire d'une progressive déchéance vers l'annihilation totale, après, en somme, que l'individu (sur qui reposait l'entreprise romanesque depuis au moins l'histoire d'Ulysse) a cessé d'être l'objet des préoccupations essentielles de ceux qui, par la fiction, avaient entrepris de nous le faire mieux connaître et, partant, de révéler le lecteur à lui-même. L'exploration du « cœur humain » n'est plus susceptible de réserver d'énormes surprises à ceux qui connaissent, même vaguement, la psychanalyse. L'étude des variations humaines selon les situations, les milieux, l'environnement social, les conditions de lieu et de temps, ne fait que compléter des inventaires dont nous possédons déjà de nombreuses collections. Ce qui risque en revanche de nous intéresser, en rendant plus aiguë et plus exacte la conscience que nous avons de notre présence au monde, c'est la confrontation de cette conscience (commune au moins à l'espèce occidentale et quasi anonyme) avec les forces de toute nature, de toutes provenances et de tous âges, qui ont contribué à la déterminer et que tout en dépendant d'elles, elle se révèle capable d'embrasser sous son regard. C'est là, peut-être encore, publier la supériorité de l'homme et le réinstaller par d'autres voies dans sa royauté. C'est aussi et davantage le réintégrer dans son essentielle relativité en tant qu'infime cellule d'un vaste organisme dont l'origine se perd dans la nuit des temps et dont la fin, la calculât-on en milliards d'années, n'en est pas moins inéluctable. Mesurée à cette aune, l'entreprise romanesque de Le Clézio acquiert le sens qu'il entend lui donner : celui d'une imperceptible palpitation de l'intelligence, des sens et du cœur, qui prend sa place au sein des grands rythmes cosmiques. C'est la voie ouverte à ce que, sur le modèle de la science-fiction, on pourrait appeler la philosophie ou la métaphysique-fiction. Sous la forme d'un voyage exploratoire entre le réel et le fantastique, avec longues stases en ces deux pôles. Elle ne se rattache plus au roman tel que nous l'entendons encore que par le fil mince et constamment rompu du récit.

Ce récit, Le Clézio entend le mener de la façon la plus naturelle, voire la plus populaire. Les innovations techniques auxquelles il se livre : collages, textes raturés, citations d'articles de journaux ou de prospectus, descriptions qui sont au paysage ce que la carte postale est au tableau, monologues se transformant en dialogues doublement imaginaires, actions qui tournent court et nous laissent en plan dans le vague et l'indéfini, passages d'une typographie à une autre, narration indirecte qui tourne brusquement à la confidence, substitutions du « je » au « il » et au « nous », passages brusques chez le même individu de l'enfance à l'âge adulte et réciproquement, relations de situations invraisemblables (dans *Terra Amata*, Chancelade décrit sa propre mort et les sentiments qu'il éprouve en tant que cadavre), cette licence que se donne l'auteur dans la façon dont il conçoit et mène son récit n'a d'autre but que de multiplier les points de vue sur son objet :

la peinture du vivant, comme si, de tous les horizons convergeaient les rayons susceptibles d'illuminer ce point focal. Sans doute l'auteur du *Procès-verbal* provoque-t-il son lecteur en déclarant qu'il n'a d'autres modèles que la littérature policière, le ciné-roman ou la bande dessinée. Il faut reconnaître néanmoins qu'après les gymnastiques intellectuelles auxquelles nous ont soumis les tenants du Nouveau roman et le groupe *Tel Quel*, la lecture d'un ouvrage de Le Clézio est aisée. Il suffit d'entrer dans le courant et de se laisser porter par lui, de se laisser envahir par la procession des visions. La collaboration demandée au lecteur s'effectue à un autre niveau : dans l'accommodation du regard aux spectacles qui lui sont présentés, dans les réglages brusques et successifs d'objectifs, dans la poursuite, à ses risques et périls, de la réflexion ou de la rêverie.

De même qu'il vient après le Nouveau roman, Le Clézio est contemporain des actuelles recherches linguistiques, et c'est un point de vue proche de celui de Sollers qu'il formule sur l'écriture : « L'écrivain est un facteur de paraboles. Son univers ne naît pas de l'illusion de la réalité, mais de la réalité de la fiction. Il avance ainsi, splendidement aveugle, par à-coups, par duperies, par mensonges, par minuscules complaisances... » Lui non plus ne croit ni aux « genres » ni aux « œuvres ». En même temps il diffère de Sollers en rétablissant l'écrivain dans son rôle qui est celui de donneur de significations, et s'il imagine une justification à l'art, c'est dans la mesure où celui-ci « tend vers une expression unique », quelque chose qui « doit être comme une approche de la conscience humaine ». « L'affabulation se risque vers la science, et la science retrouve les mythes. Avant toute spéculation formelle, c'est l'aventure d'être vivant qu'on veut exprimer. » Pour se comprendre elle-même, cette aventure ne peut se limiter au discours subjectif. Il lui faut retrouver les structures du monde afin de s'y insérer, laisser les choses se montrer « telles qu'elles sont » quand elles ont brisé les signes qui les désignent et, dans le magma, « fouiller au plus tragique, au plus vrai, pour trouver le langage déchirant qui soulève les émotions et transforme peut-être la nuit en ombre ». Loin de s'abstraire du processus par lequel tout phénomène accède par l'écriture à une seconde existence, loin de se considérer comme un intermédiaire passif, l'écrivain, selon Le Clézio, est à l'origine du branle des mots qu'il déclenche et il en surveille le cours, quelque hasardeux et inattendu que soit celui-ci.

Son premier ouvrage, *le Procès-verbal* (1963) faisait entendre une voix moins désespérée que tragique et qui ne prenait pas son parti d'un monde à la fois absurde, chaotique, incompréhensible, et cependant profus, riche, écrasant par son trop-plein de manifestations diverses et étonnantes. Retiré dans une villa déserte au bord de la mer, Adam Pollo poursuit des rêveries proches de l'hallucination ou bien, décidant de rompre sa solitude et de trouver une solution aux problèmes qu'il se pose il plonge, au cours d'une longue errance, dans le monde grouillant de la ville, d'une plage, d'un grand magasin, d'un bar très fréquenté, voire d'un zoo. Au sein de ces univers qui paraissent obéir à leurs propres lois, il mesure à la fois son peu de réalité en tant que personne et les aspects fantastiques que revêt la vie quotidienne. Doué de la curieuse faculté de se laisser envahir par tout ce qui est extérieur à son moi, de pomper la réalité comme une éponge, de s'évanouir dans les choses, il entre successivement dans la peau des personnages qu'il rencontre, voire dans celle des animaux du zoo ou encore sous l'écorce des arbres. Il voit le monde avec les yeux d'une vendeuse de grand

magasin, d'une jeune fille sur la plage, d'un chien errant
ou d'un mauvais garçon, il l'éprouve selon la conscience
qu'il prête au végétal ou au caillou.

Déjà, dans ce premier livre, Le Clézio manie sa
lunette à lentilles multiples. Adam Pollo, dans la villa
déserte, se bat contre un rat. Mais c'est le rat qui possède
la taille monstrueuse de l'homme et devient par là une
bête d'Apocalypse, tandis que son adversaire cherche
dans un coin de mur le trou par où il pourra s'enfuir.
Imagine-t-on la vue du monde que possède un chien,
le museau contre terre, perdu entre les jambes des
passants ? Réciproquement, à celui qui s'évade de notre
planète (depuis, cette éventualité est devenue réalité),
la Terre n'apparaît plus que comme une petite boule
bleue dans l'espace et le Soleil ressemble à une pieuvre
lançant au loin ses tentacules. La folie d'Adam Pollo,
si folie il y a, réside dans la perte d'une vision anthropocentrique : si le monde ne s'ordonne pas autour de
l'homme il n'existe plus de repères qui permettent à
celui-ci de légitimer sa royauté et de conduire raison-
nablement son existence. Il n'a plus qu'à s'en remettre
au hasard, ou bien se laisser guider par les forces qui,
de toute façon, l'animent en tant que parcelle d'un
énorme organisme vivant.

La Fièvre (1965), recueil de nouvelles appariées ou
d'études visant à caractériser des états insolites et
cependant communs comme la fièvre, une rage de dents,
la recherche du sommeil, une sensation de froid ou de
fatigue, l'approche de la mort (pour un vieillard), ou
encore les impressions d'un homme qui simplement
marche, nous plongent dans l'organique, ou dans ce
qu'on pourrait encore appeler les secrets de la mécanique
du vivant, avec la joie diffuse qu'elle procure quand
elle est en bon état et les sensations et sentiments qu'elle
fait naître quand elle est en dérangement. Avec minutie

et exactitude, l'auteur décrit ce qu'il caractérise comme
« des passions aussi fortes et aussi désespérantes que
l'amour, la torture, la haine ou la mort » et il montre
du même coup cette faculté qu'il a de se mouvoir dans
le concret le plus quotidien, de nous le rendre présent
et sensible.

Le Déluge (1966) révèle des ambitions plus vastes
que *le Procès-verbal* et une hantise dont l'auteur cherche
ailleurs à s'évader et qu'il combat par une célébration
de la vie sous toutes ses formes : la hantise de la mort.
Il se meut une fois de plus ici entre le quotidien et le
fantastique. D'une part, une jeune fille fait savoir par
un enregistrement sur bande magnétique qu'elle vient
de s'empoisonner et donne du même coup la photographie sonore de ses derniers moments. D'autre part,
la ville où se déroule l'action et qui symbolise le monde,
subit d'étranges effets de nettoyage par le vide, dus
vraisemblablement moins à un cataclysme naturel qu'à
l'industrieuse méchanceté des hommes. Ces deux faits
qui semblent n'avoir aucun lien entre eux, se recoupent
cependant dans l'histoire en treize journées de François
Besson qui parcourt les cercles d'un enfer personnel : de
dépouillements successifs en successives formes de déchéance, il en arrive à se laisser brûler les yeux par le soleil. Ses motifs ne sont pas clairs et il y entre autant de volonté d'auto-humiliation (ou d'autodestruction) que de
révolte contre un monde où il refuse d'occuper la place
qui lui est dévolue. Il fallait qu'il se livrât à cette sorte
de sacrifice pour ne pas devenir complice, fût-ce comme
spectateur, de ce déchaînement des forces qui font
bientôt de la ville le squelette de ce qui fut un univers
grouillant de vie, d'activités, de passions. Le Clézio
montre ici une fois de plus ses dons de visionnaire. La
hantise de la mort personnelle, individuelle, qui pourrait s'accompagner d'indifférence pour le sort du genre

humain en général est au contraire renforcée par cette attente d'une nouvelle Apocalypse.

À cette hantise de la mort s'oppose (doit s'opposer, car c'est le devoir du vivant) la célébration de la vie dans *Terra Amata* (1967) : « On pouvait essayer de dire quel bonheur c'était d'être vivant, en ce temps-là... Cette histoire est intéressante parce que c'est la vôtre. C'est même la seule histoire intéressante qui vous sera jamais arrivée. » Le Clézio montre Chancelade à divers stades de son existence : enfance, âge adulte, vieillesse (et même il lui prête des sentiments *post mortem*), dans les situations les plus communes en même temps que très personnelles : la disparition d'un père, l'amour pour une femme, etc. Ouvrage apaisé, mais qui part néanmoins d'une remarque de vieillard : « La vie est si courte ! » pour inciter le lecteur, à qui l'on offre l'exemple d'une existence on ne peut plus banale, à vivre avec une attention de tous les instants le merveilleux cadeau des jours qui lui a été fait en naissant. La leçon pourrait être celle des *Nourritures terrestres* si cette célébration ne visait en même temps trop ouvertement à nous distraire de notre inquiétude fondamentale : la perspective de notre propre fin.

Le thème de l'errance, de la fuite sans fin ni raison, de la recherche d'un nouveau cadre qui pourrait être un nouvel univers, mais fuite qui est également traduction grossière de refus divers : celui du monde routinier où la naissance vous a placé, comme celui des problèmes auxquels on ne voit pas de solution, ce thème, qui est celui du *Procès-verbal* et qu'on retrouve dans *le Déluge* comme dans *Terra Amata*, constitue la matière même du *Livre des fuites* (1969). Plus nettement encore que dans les romans précédents, le héros est à la fois le porte-parole de l'auteur et l'anonyme représentant de notre espèce : Jeune Homme Hogan, qui, comme

l'auteur (d'après ce que nous savons de sa biographie)
court de l'Asie à l'Amérique, déambule de Toronto à
Mexico en passant par New York pour retrouver partout, peinte de couleurs diverses, la même peine des
hommes, la même misère, parfois physiologique et
toujours morale, le même cadre de vie dit moderne
(ou en voie de modernisation) qui incarne tous les défis
mortels à la simple joie de vivre. Bien entendu, l'insatisfaction majeure que ressent J. H. Hogan (et qui, pas
plus ici qu'ailleurs ne mène vraiment à la révolte),
c'est à lui-même qu'elle est attachée, à sa condition de
vivant. Où qu'il aille il la transporte avec lui. L'ouvrage
se termine sur un « à suivre ».

Le Livre des fuites est en même temps plus bon enfant
que les romans précédents. L'auteur s'y pastiche et se
moque de lui-même, se livre à intervalles plus ou moins
réguliers à son « autocritique », ruine à mesure avec
humour ce qu'il vient d'édifier, coiffe tous les masques,
fait usage de toutes les supercheries permises par l'affabulation ou l'écriture, révèle lui-même ses propres
ficelles.

Parmi les jeunes romanciers d'aujourd'hui on ne voit
personne qui, au même titre que J. M. G. Le Clézio,
ait tiré profit avec autant d'intelligence des découvertes,
trouvailles, innovations ou points de vue des devanciers
immédiats pour faire entendre une voix aussi personnelle, aussi émouvante parfois, et même d'autant plus
émouvante que l'auteur éprouve le besoin d'évoquer
la nuit des temps ou le mouvement des galaxies pour
faire admettre au lecteur ce que celui-ci a appris des
romanciers d'environ 1930 : que l'homme se définit
essentiellement par sa condition tragique et qu'il doit
vivre cette condition en pleine conscience et lucidité.

L'avenir du roman

Il y a longtemps qu'on tient le roman pour malade.
On se presse à son chevet, on lui tâte le pouls, on l'aus-
culte, on lui ordonne toutes sortes de traitements.
Pour les uns, il se meurt ; pour les autres, il est mort ;
pour d'autres encore il ressuscite et retrouve une nouvelle
jeunesse. Outre qu'il n'en allait guère mieux au début
du siècle, deux constatations s'imposent : le genre n'a
jamais été plus florissant qu'aujourd'hui, du moins en
quantité ; pour l'écrivain, le roman reste le mode favori
de l'expression littéraire. Véhiculant tous les courants
d'idées, exprimant tous les modes de la sensibilité,
se pliant à toutes les situations, suivant même tous les
entraînements suscités par les circonstances, il constitue
le matériau sur lequel peuvent travailler philosophes, his-
toriens, sociologues. A travers le roman se voient ou se
cachent les maladies du corps social. D'une société et
d'une époque il figure assez bien la feuille de température.

Toutefois, le graphique d'une fièvre n'est pas la fièvre
elle-même, il en est seulement la lecture, et il y aurait
péril à faire une moyenne des divers tracés qu'en donnent
les romanciers. Les uns, tournés vers le passé, voient le
monde comme il apparaissait à leurs grands-parents,

d'autres sont sensibilisés du présent, d'autres encore
s'occupent à déceler dans le présent les germes de l'avenir. Pour chacun, il ne peut s'agir que d'une lecture
personnelle et particulière. Si bien que, hors de toute
école, de tout mouvement, quels que soient la théorie
mise en œuvre, les procédés ou recettes utilisés, tant
vaut le romancier, tant vaut le roman. Plus les conceptions de l'écrivain seront vastes ou profondes, sa sensibilité aiguisée, et perfectionnés ses moyens d'expression,
plus le résultat auquel il aboutit sera susceptible de
toucher en extension et en intensité, plus il sera à même
de manifester, de manière privilégiée et circonstanciée,
une totalité qui, à travers lui, prend forme et sens.
Toutes les formes d'expression littéraire peuvent prendre
place dans le roman et il peut les englober toutes.
S'il en naît de nouvelles (qui conviendraient mieux à
des sociétés que nous n'imaginons pas encore, ou à
d'inattendues formes de la sensibilité), il serait étonnant qu'il ne les portât pas, en temps voulu, en son sein.

Le cinéma, les techniques audio-visuelles, d'autres
moyens de communication fondés sur de nouvelles
découvertes peuvent-ils le faire mourir d'inanition ou
trancher brusquement ses jours ? Le présent ne répond
pas de l'avenir, mais renvoie à un passé où l'on croyait
que la photographie remplacerait la peinture, et le
cinéma le théâtre. Un moyen d'expression s'ajoute à
d'autres, qu'il n'annule pas forcément. Il les invite au
contraire à se perfectionner et à s'enrichir, parfois à se
transformer. Face à des techniques établies sur des
formes d'agression puissantes, et qui n'en sont point
au stade (qu'atteint tout art) de solliciter la participation
active de l'auditeur ou du spectateur, qui le traitent au
contraire très souvent comme un objet, le roman exprime
une réalité rétive et qui ne se laisse pas si facilement
circonvenir. Seul le romancier peut en explorer les laby-

rinthes, seul il peut la sonder en profondeur. Il est
attelé à une entreprise que le lecteur doit mener à
terme en même temps que lui, et qui devient propriété
commune de l'un et de l'autre. Il crée ses lecteurs, de
même que ses lecteurs lui donnent vie. Seule la parole
(ou l'image) traitée en fin, non en moyen, permet à la
communication de s'établir au niveau convenable.

Le document, le reportage, le récit, voire la confidence, ne possèdent pas les vertus du roman. Si impres-
sionnants qu'ils aient été à propos de la guerre, des
exactions commises, de la vie concentrationnaire, ils
ne nous en auraient pas donné une image vraie si cette
image n'avait été sustentée par les ouvrages de David
Rousset, Robert Antelme, Jean Cayrol, Louis Martin-
Chauffier. L'horreur nue frappe, mais ne parle pas.
Elle ne dit pas que l'homme qu'on avait entrepris de
ruiner dans ce qui le fait essentiellement homme a
gagné, fût-ce épisodiquement et à travers un nombre
limité d'individus, la partie tragique dans laquelle il
était engagé. Elle passe à côté de ce qu'il importait
précisément de dire.

Le roman se fonde sur un savoir, une expérience,
une méditation qui sont par lui transmués en une vision
globale qu'échoueront toujours à donner le seul savoir,
l'expérience nue, la méditation sans support. On peut
accumuler toutes les images d'un monde absurde sans
que l'image de l'absurdité du monde nous soit perceptible comme elle l'est dans *l'Étranger*. Et si Sartre a
puissamment agi sur l'évolution du roman par des
ouvrages théoriques, c'est le roman existentialiste qui
nous a enlevé la croyance en une permanence du monde
ou de la conscience. Après avoir vu à l'œuvre bourreaux et victimes, profiteurs et exploités, « salauds »
et innocents, nous concevons qu'il ne saurait exister en
effet une « nature humaine » dont chacun serait en nais-

sant le propriétaire et l'incarnation. Nous pesons à leur
poids croyances, valeurs, morales. Quelle autre forme
de communication serait plus persuasive et de plus grand
secours ? Ce dont le roman garde la trace, c'est toujours
d'une révélation sur nous-mêmes, faite par nous-mêmes,
en étroite collaboration avec le romancier qui nous la
découvre.

La réaction des années cinquante met en apparence
un terme à des recherches où le romancier tendait à
céder le pas au philosophe, à l'écrivain engagé, à l'intellectuel responsable. On assiste à un retour en force
du roman traditionnel, distrayant, d'assouvissement.
Il est illustré par des écrivains de talent qui voudraient
noyer le poisson dans le « bien dire », emprisonner une
révolte anarchique et suicidaire à l'intérieur de formes
moins déconcertantes, en finir avec ce qui leur paraît
être discours pédants et ennuyeux. Ils ne peuvent
masquer l'inquiétude qui corrode leur parti pris de
gratuité, d'élégance, d'humour : ils tombent dans la
frivolité. La parole se dévalorise à vouloir distraire
l'homme de son tourment. Le roman ne peut passer
pour un simple canton de l'art d'écrire.

Devenu « global » et « totalitaire », il prend partout
son bien, jusque dans les techniques qui voudraient se
substituer à lui et dont il utilise à bon escient les procédés. Il fait craquer ses limites. Quand l'homme et le
monde se trouvent mis en question, comment cette
question pourrait-elle être posée à l'intérieur d'un cadre
tout fait ? Georges Bataille n'écrit pas des « romans »,
et l'on est bien en peine d'étiqueter son œuvre où fiction,
poésie, méditation cheminante, illumination se mêlent.
Dira-t-on que Maurice Blanchot écrit, d'une part des
études critiques, de l'autre des romans, quand paraît
l'Attente, l'Oubli qui ne relève d'aucun de ces genres ?
Que Genet ou Sartre confient le sort de leur parole à des

acteurs ou l'enferment entre les pages d'un livre, elle est de même nature, ici et là. Il en va de même pour Samuel Beckett qui demande à la fiction le minimum de secours : histoire, décors, personnages servent de conducteurs à une parole quasi anonyme et qui puise sa seule force en elle-même. Nier la parole, par la parole, ce n'est point s'enfermer dans un cercle vicieux. La parole est elle-même et ce qui la dépasse. C'est cet au-delà que vise à rendre perceptible l'écrivain que l'appellation de romancier définit assez mal mais qui ne peut néanmoins se passer de cette transgression de dire qu'est la fiction.

Les tenants du « nouveau roman » prennent ouvertement leur parti du genre. Peut-on se laisser prendre à un piège qui s'avoue ? Nous évoluons en connaissance de cause dans l'univers du « comme si ». Tout n'y est pas simplement reflet et faux-semblant. Le temps, l'espace, la conscience, concassés et fragmentés à l'infini, n'y composent pas un tohu-bohu. Ils s'organisent selon les grandes lois de l'esprit qui, par-là, prennent un autre contenu et une autre apparence. Ils se mettent à l'ordre d'une approximation plus approchée de la vie. Tout ce chemin difficile entre chaos et ruines nous conduit à ce que nous sommes, à ce qu'est le monde autour de nous. Il nous permet de ne pas continuer à vivre en étrangers dans notre propre vie.

Et c'est bien parce que le roman est une leçon de vie, non une leçon d'écriture, qu'on peut nourrir quelque scepticisme sur les résultats auxquels parviendront ceux qui voudraient lui assigner les limites d'un exercice intellectuel à base de pur langage. Un texte, quel qu'il soit, n'est pas la somme des mots qui le composent. Ce doit être un organisme qui vit, respire, suscite ou non la sympathie et qui jouit d'un étrange pouvoir sur le lecteur. Quelque forme que prenne le roman — et dût-il y perdre son nom — tant qu'il sera cet organisme vivant chargé de pouvoirs, il sera inutile de se préoccuper de son avenir. On peut briser les cadres, s'évader des anciennes formes, en inventer de nouvelles, mettre le genre en doute, la littérature en question, nier la réalité, aspirer au silence et au néant, tous ces massacres, ces négations, ces renaissances prennent corps dans une « fable » dont nous avons besoin parce qu'elle s'adresse à l'ensemble du complexe humain, sur tous les plans, de la réalité quotidienne au mythe. Elle durera aussi longtemps que, les hommes, afin de s'expliquer leur présence au monde, auront recours aux métaphores.

Textes théoriques

DOCUMENTS

Après l'expérience des camps

JEAN CAYROL

POUR UN ROMANESQUE LAZARÉEN

Il n'y a rien à expliquer. Les camps de concentration ont été subis en différentes façons par leurs victimes. Certains en sont morts, d'autres en meurent lentement, coupés du retour, et vieillissent dans cette forme larvaire d'une terreur à demi éteinte ; beaucoup en vivent et tentent de se frayer un chemin à travers cet Insaisissable Camp qui, à nouveau, les entoure, les envoûte, les déroute. Le choc émotif demeure plus puissant que jamais, avec des relents de cette misère exaspérée jusque dans les recoins les plus cachés de la paix : ça sent plus fort que jamais le concentrationnaire. Et ceux qui n'ont connu que par ouï-dire les camps commencent à avoir les tics majeurs de cet univers. Si on repousse du pied, aujourd'hui, le corps torturé qui apparaît sous le soc d'une charrue, si on se tait pour laisser à chacun la chance d'être un homme, il n'en est pas moins vrai que l'influence, la sollicitude concentrationnaire ne cessent de s'accroître, non seulement dans leurs réalisations ininterrompues (on imagine de nouvelles cartes géographiques où les principautés du Meurtre sont marquées pour les prochains « explorateurs » de ces terres de désolation) mais encore dans le psychisme européen et même mondial.

La Littérature qui achève de vivre dans les derniers soubresauts d'un capitalisme intellectuel ruiné n'a jamais assez de sources pour tous ces écrivains ignorés ou révélés. Ne peut-elle se renouveler, elle aussi, par cette intime filiation, avec cette effervescence démoniaque ? Ne peut-elle esquisser en quelque sorte un Romanesque concentrationnaire, créant ainsi les personnages d'une nouvelle Comédie inhumaine, c'est-à-dire, pour prendre un mot à la mode, un réalisme concentrationnaire dans chaque scène de notre vie privée ?

Je dois avouer tout de suite une certaine méfiance, un certain malaise devant une telle quête spirituelle dans laquelle les assises d'une psychologie traditionnelle seraient volatilisées ; mais il n'est pas possible de passer sous silence l'ascendant que paraît avoir le camp de concentration sur nos âmes, le pouvoir fascinateur dans lequel il tient de nombreuses nations. Notre avenir le plus proche peut en ressentir les premières manifestations et faire renaître ses étranges cohortes. Il n'y a pas de mythe concentrationnaire, il y a un quotidien concentrationnaire.

Il me semble qu'il est temps de témoigner de ces étranges *poussées* du Concentrationnat, de ses timides accès dans ce monde que nous vivons, issu de la grande peur ; nous en portons les stigmates.

Aussi n'est-il pas absurde d'envisager un Art né directement d'une telle convulsion humaine, d'une catastrophe qui a ébranlé les fondements mêmes de notre conscience, un Art qui serait peu propice au chantage qu'exerce tout mode littéraire, un Art, qui par suite de ses créations et de ses procédés mêmes, porterait le nom d'art lazaréen. Il existe déjà en formation dans notre histoire littéraire (il serait facile de trouver un côté diurne et un côté nocturne dans son développement).

Et cet Art dont la nature est exceptionnelle et déroutante, où l'invraisemblable et le naturel se confondraient, n'est, au fond, dans son paroxysme, qu'un des aspects très ordinaires que pourrait prendre peu à peu, à notre insu, l'Art tout court, aussi bien en littérature qu'en peinture ou en musique dans ces nouvelles œuvres. On peut prévoir et, déjà, nous avons pu le déceler chez quelques jeunes peintres, un certain courant concentrationnaire ou lazaréen dans l'inspiration de nombreux tableaux exposés (répétition continuelle des mêmes formules, état hypnotique des formes et des volumes, tension de la couleur, monde panique des objets, etc.) ; le trait refuse de se plier aux exigences de la plaie, d'en prendre la sinuosité ou le frémissement. Picasso est le peintre par excellence qui aurait pu installer son chevalet sur l'Appel-Platz de Mauthausen ou de Buchenwald. Nous traversons une période sournoise de la peinture contemporaine où tout peut arriver, se dégénérer, s'altérer sans que le peintre sache quelle main conduit son pinceau, quel regard épouvanté saisit sa vision sans rachat.

En littérature, la suggestion est plus discrète, plus mesurée, l'écrivain croit encore aux dogmes stendhaliens ou balzaciens ; il sait ce qu'il trouvera derrière les portes même les plus verrouillées. Il a ses aises dans la fiction romanesque, malgré certains, qui s'inquiètent de ne plus voir de nom écrit aux portes et s'avancent, une arme à la main. Nous attendons aujourd'hui des écrivains conquérants, qui n'ont pas honte d'enjamber les cadavres ou la pourriture et dont, je suis sûr, la porte s'ouvrira sur le grand royaume de Dieu ; nous avons plus que jamais besoin d'écrivains de *salut public*, de ceux qui n'ont pas peur de se salir les doigts, de descendre dans les âmes même les plus dévoyées : l'illustre maison de l'homme. (...)

... Il nous semble qu'on peut déjà dégager quelques principes d'un Art lazaréen ou concentrationnaire et je crois que les déceler, en dévoiler tous les signes, de peur de la contagion, en abattre tous les masques est de première importance ; il ne faut rien laisser dans l'ombre, les ténèbres sont si vite arrivées.

En effet, cet Art mystérieux, subtil, encore furtif peut devenir, si nous continuons à côtoyer les charniers de toutes sortes, les hommes qu'on abat en Chine sur les places publiques sous l'œil indifférent des caméras, l'Art unique, inséparable de notre condition précaire d'homme, un art qui a déjà, peut-être, son premier historien et chercheur dans l'inquiet Albert Camus. (...)

(1950)

L'engagement

JEAN-PAUL SARTRE

M. FRANÇOIS MAURIAC ET LA LIBERTÉ

(Conclusion)

... *La Fin de la Nuit* n'est pas un roman. Appellerez-vous « roman » cet ouvrage anguleux et glacé, avec des parties de théâtre, des morceaux d'analyse, des méditations poétiques ? Ces démarrages heurtés, ces coups de frein violents, ces reprises pénibles, ces pannes, pouvez-vous les confondre avec le cours majestueux de la durée romanesque ? Vous laisserez-vous prendre à ce récit immobile, qui livre au premier coup d'œil son armature intellectuelle, où les figures muettes des héros sont inscrites comme des angles dans un cercle ? S'il est vrai qu'un roman est une *chose*, comme un tableau avec des consciences libres et de la durée, comme on peint un tableau avec des couleurs et de l'huile, *la Fin de la Nuit* n'est pas un roman — tout au plus une somme de signes et d'intentions. M. Mauriac n'est pas un romancier.

Pourquoi? Pourquoi cet auteur sérieux et appliqué n'a-t-il pas atteint son but? C'est un péché d'orgueil, je crois. Il a voulu ignorer, comme font du reste la plupart de nos auteurs, que la théorie de la relativité s'applique intégralement à l'univers romanesque, que, dans un vrai roman, pas plus que dans le monde d'Einstein, il n'y a pas de place pour un observateur privilégié, et que dans un système romanesque, pas plus que dans un système physique, il n'existe d'expérience permettant de déceler si ce système est en mouvement ou en repos. M. Mauriac s'est préféré. Il a choisi la toute-connaissance et la toute-puissance divines. Mais un roman est écrit par un homme pour des hommes. Au regard de Dieu, qui perce les apparences sans s'y arrêter, il n'est point de roman, il n'est point d'art, puisque l'art vit d'apparences. Dieu n'est pas un artiste ; M. Mauriac non plus.

(1939)

JEAN-PAUL SARTRE

PRÉSENTATION DES « TEMPS MODERNES »

Tous les écrivains d'origine bourgeoise ont connu la tentation de l'irresponsabilité : depuis un siècle, elle est de tradition dans la carrière des lettres. L'auteur établit rarement une liaison entre ses œuvres et leur rémunération en espèces. D'un côté, il écrit, il chante, il soupire ; d'un autre côté, on lui donne de l'argent. Voilà deux faits sans relation apparente ; le mieux qu'il puisse faire c'est de se dire qu'on le pensionne pour qu'il soupire. Aussi se tient-il plutôt pour un étudiant titulaire d'une bourse que comme un travailleur qui reçoit le prix de ses peines. Les théoriciens de l'Art pour l'Art et du Réalisme sont venus l'ancrer dans cette opinion. A-t-on remarqué qu'ils ont le même but et la même origine? L'auteur qui suit l'enseignement des premiers a pour souci principal de faire des ouvrages qui ne servent à rien ; s'ils sont bien gratuits, bien privés de racines, ils ne sont pas loin de lui paraître beaux. Ainsi se met-il en marge de la société ; ou plutôt il ne consent à y figurer qu'au titre de pur consommateur : précisément comme le boursier. Le Réaliste, lui aussi, consomme volontiers. Quant à produire, c'est une autre affaire : on lui a dit que la science n'avait pas le souci de l'utile et il vise à l'impartialité inféconde du savant. Nous a-t-on assez dit qu'il « se penchait » sur les milieux qu'il voulait décrire. Il se penchait! Où était-il donc? En l'air? La vérité, c'est que, incertain sur sa position sociale, trop timoré pour se dresser contre la bourgeoisie qui le paye, trop lucide pour l'accepter sans réserves, il a choisi de juger son siècle et s'est persuadé par ce moyen qu'il lui demeurait extérieur, comme l'expérimentateur est extérieur au système expérimental. Ainsi le désintéressement de la science pure rejoint la gratuité de l'Art pour l'Art. Ce n'est pas par hasard que Flaubert est à la fois pur styliste, amant pur de la forme et père du naturalisme ; ce n'est pas par hasard que les Goncourt se piquent à la fois de savoir observer et d'avoir l'écriture artiste.

Cet héritage d'irresponsabilité a mis le trouble dans beaucoup d'esprits. Ils souffrent d'une mauvaise conscience littéraire et ne savent plus très bien s'il est admirable d'écrire ou grotesque. Autrefois, le poète se prenait pour un prophète, c'était honorable ; par la

suite, il devint paria et maudit, ça pouvait encore aller.
Mais aujourd'hui, il est tombé au rang des spécialistes
et ce n'est pas sans un certain malaise qu'il mentionne,
sur les registres d'hôtel, le métier d' « homme de lettres »,
à la suite de son nom. Homme de lettres : en elle-même
cette association de mots a de quoi dégoûter d'écrire ;
on songe à un Ariel, à une Vestale, à un enfant terrible,
et aussi à un inoffensif maniaque apparenté aux halté-
rophiles ou aux numismates. Tout cela est assez ridicule. L'homme de lettres écrit quand on se bat ; un
jour, il en est fier, il se sent clerc et gardien des valeurs
idéales ; le lendemain il en a honte, il trouve que la littérature ressemble fort à une manière d'affectation spéciale.
Auprès des bourgeois qui le lisent, il a conscience de sa
dignité ; mais en face des ouvriers, qui ne le lisent pas,
il souffre d'un complexe d'infériorité, comme on l'a vu
en 1936, à la Maison de la Culture. C'est certainement
ce complexe qui est à l'origine de ce que Paulhan nomme
terrorisme, c'est lui qui conduisit les surréalistes à mé-
priser la littérature dont ils vivaient. Après l'autre
guerre, il fut l'occasion d'un lyrisme particulier ; les
meilleurs écrivains, les plus purs, confessaient publiquement ce qui pouvait les humilier le plus et se montraient satisfaits lorsqu'ils avaient attiré sur eux la
réprobation bourgeoise : ils avaient produit un écrit
qui, par ses conséquences, ressemblait un peu à un
acte. Ces tentatives isolées ne purent empêcher les
mots de se déprécier chaque jour davantage. Il y eut
une crise de la rhétorique, puis une crise du langage.
A la veille de cette guerre, la plupart des littérateurs
s'étaient résignés à n'être que des rossignols. Il se trouva
enfin quelques auteurs pour pousser à l'extrême le
dégoût de produire : renchérissant sur leurs aînés, ils
jugèrent qu'ils n'eussent point assez fait en publiant
un livre simplement inutile, ils soutinrent que le but

secret de toute littérature était la destruction du langage et qu'il suffisait pour l'atteindre de parler pour ne rien dire. Ce silence intarissable fut à la mode quelque temps et les Messageries Hachette distribuèrent dans les bibliothèques des gares des comprimés de silence sous forme de romans volumineux. Aujourd'hui, les choses en sont venues à ce point que l'on a vu des écrivains, blâmés ou punis parce qu'ils ont loué leur plume aux Allemands, faire montre d'étonnement douloureux. « Eh quoi ? disent-ils, ça engage donc, ce qu'on écrit ? »

Nous ne voulons pas avoir honte d'écrire et nous n'avons pas envie de parler pour ne rien dire. Le souhaiterions-nous, d'ailleurs, que nous n'y parviendrions pas : personne ne peut y parvenir. Tout écrit possède un sens, même si ce sens est fort loin de celui que l'auteur avait rêvé d'y mettre. Pour nous, en effet, l'écrivain n'est ni Vestale, ni Ariel : il est « dans le coup », quoi qu'il fasse, marqué, compromis, jusque dans sa plus lointaine retraite. Si, à de certaines époques, il emploie son art à forger des bibelots d'inanité sonore, cela même est un signe : c'est qu'il y a une crise des lettres et, sans doute, de la Société, ou bien c'est que les classes dirigeantes l'ont aiguillé sans qu'il s'en doute vers une activité de luxe, de crainte qu'il ne s'en aille grossir les troupes révolutionnaires. Flaubert, qui a tant pesté contre les bourgeois et qui croyait s'être retiré à l'écart de la machine sociale, qu'est-il pour nous sinon un rentier de talent ? Et son art minutieux ne suppose-t-il pas le confort de Croisset, la sollicitude d'une mère ou d'une nièce, un régime d'ordre, un commerce prospère, des coupons à toucher régulièrement ? Il faut peu d'années pour qu'un livre devienne un fait social qu'on interroge comme une institution ou qu'on fait entrer comme une chose dans les statistiques ; il faut peu de recul pour qu'il se confonde avec l'ameublement d'une

époque, avec ses habits, ses chapeaux, ses moyens de
transport et son alimentation. L'historien dira de nous :
« Ils mangeaient ceci, ils lisaient cela, ils se vêtaient
ainsi. » Les premiers chemins de fer, le choléra, la révolte
des Canuts, les romans de Balzac, l'essor de l'industrie
concourent également à caractériser la Monarchie de
Juillet. Tout cela, on l'a dit et répété, depuis Hegel :
nous voulons en tirer les conclusions pratiques. Puisque
l'écrivain n'a aucun moyen de s'évader, nous voulons
qu'il embrasse étroitement son époque ; elle est sa
chance unique : elle s'est faite pour lui et il est fait pour
elle. On regrette l'indifférence de Balzac devant les
Journées de 48, l'incompréhension apeurée de Flaubert
en face de la Commune ; on les regrette *pour eux* :
il y a là quelque chose qu'ils ont manqué pour toujours.
Nous ne voulons rien manquer de notre temps : peut-
être en est-il de plus beaux, mais c'est le nôtre ; nous
n'avons que *cette* vie à vivre, au milieu de *cette* guerre,
de *cette* révolution peut-être. Qu'on n'aille pas conclure
de là que nous prêchons une sorte de populisme : c'est
tout le contraire. Le populisme est un enfant de vieux,
le triste rejeton des derniers réalistes ; c'est encore un
essai pour tirer son épingle du jeu. Nous sommes con-
vaincus au contraire qu'on ne *peut pas* tirer son épingle
du jeu. Serions-nous muets et cois comme des cailloux,
notre passivité même serait une action. Celui qui consa-
crerait sa vie à faire des romans sur les Hittites, son
abstention serait par elle-même une prise de position.
L'écrivain est *en situation* dans son époque : chaque
parole a des retentissements. Chaque silence aussi.
Je tiens Flaubert et Goncourt pour responsables de la
répression qui suivit la Commune parce qu'ils n'ont
pas écrit une ligne pour l'empêcher. Ce n'était pas leur
affaire, dira-t-on. Mais le procès de Calas, était-ce
l'affaire de Voltaire ? La condamnation de Dreyfus,

était-ce l'affaire de Zola ? L'administration du Congo, était-ce l'affaire de Gide ? Chacun de ces auteurs, en une circonstance particulière de sa vie, a mesuré sa responsabilité d'écrivain. L'occupation nous a appris la nôtre. Puisque nous agissons sur notre temps par notre existence même, nous décidons que cette action sera volontaire. Encore faut-il préciser : il n'est pas rare qu'un écrivain se soucie, pour sa modeste part, de préparer l'avenir. Mais il y a un futur vague et conceptuel qui concerne l'humanité entière et sur lequel nous n'avons pas de lumières : l'histoire aura-t-elle une fin ? Le soleil s'éteindra-t-il ? Quelle sera la condition de l'homme dans le régime socialiste de l'an 3000 ? Nous laissons ces rêveries aux romanciers d'anticipation ; c'est l'avenir de *notre* époque qui doit faire l'objet de nos soins : un avenir limité qui s'en distingue à peine — car une époque, comme un homme, c'est d'abord un avenir. Il est fait de ses travaux en cours, de ses entreprises, de ses projets à plus ou moins long terme, de ses révoltes, de ses combats, de ses espoirs : quand finira la guerre ? Comment rééquipera-t-on le pays ? comment aménagera-t-on les relations internationales ? que seront les réformes sociales ? les forces de la réaction triompheront-elles ? y aura-t-il une révolution et que sera-t-elle ? Cet avenir nous le faisons nôtre, nous ne voulons point en avoir d'autre. Sans doute, certains auteurs ont des soucis moins actuels et des vues moins courtes. Ils passent au milieu de nous, comme des absents. Où sont-ils donc ? avec leurs arrière-neveux, ils se retournent pour juger cette ère disparue qui fut la nôtre et dont ils sont seuls survivants. Mais ils font un mauvais calcul : la gloire posthume se fonde toujours sur un malentendu. Que savent-ils de ces neveux qui viendront les pêcher parmi nous ! C'est un terrible alibi que l'immortalité : il n'est pas facile de vivre avec un pied au-delà de la tombe et un pied en deçà. Comment expédier les affaires courantes quand on les regarde de si loin ! Comment se passionner pour un combat, comment jouir d'une victoire ? Tout est équivalent. Ils nous regardent sans nous voir : nous sommes déjà morts à leurs yeux — et ils retournent au roman qu'ils écrivent pour des hommes qu'ils ne verront jamais. Ils se sont laissé voler leur vie par l'immortalité. Nous écrivons pour nos contemporains, nous ne voulons pas regarder notre monde avec des yeux futurs, ce serait le plus sûr moyen de le tuer, mais avec nos yeux de chair, avec nos vrais yeux périssables. Nous ne souhaitons pas gagner notre procès en appel et nous n'avons que faire d'une réhabilitation posthume : c'est ici même et de notre vivant que les procès se gagnent ou se perdent. (...)

(1945)

La réaction contre l'existentialisme

JACQUES LAURENT

PAUL ET JEAN-PAUL

(...) Orgueilleux l'un et l'autre de leurs études universitaires, fiers, Sartre d'avoir été professeur et Bourget de se présenter comme une sorte de médecin non diplômé, d'ailleurs « docteurs ès-sciences sociales », ils sont au départ bouillonnants d'idées et leur ambition est de les exploiter. Mais ce sont des idées confuses. Les unes toutes faites, les autres neuves, elles s'apparentent par une égale gratuité, une même arrogance dans l'affirmation sans preuves, un même flou dans la structure logique.

Le cousinage des deux écrivains s'établit donc au niveau d'idées confuses dont ils ont bien senti qu'elles menaient loin, à condition d'en sortir. Leur utilisation directe n'était en effet pas possible. Bourget, par exemple, s'était mis dans la tête que la philosophie kantienne était diabolique et conduisait les jeunes hommes à la débauche et au crime. Il savait bien que c'était là une idée en l'air, parfaitement indémontrable et qu'il avait peu de chose, sinon le ridicule, à attendre d'un essai intitulé : « Des raisons pour lesquelles un intellectuel, s'il lit Kant, abuse d'une vierge et la tue. »

De son côté, Sartre avait eu son idée, qui était d'expliquer — d'expliciter, pour parler sa langue — le fascisme par l'inversion. C'était là une de ces bonnes petites convictions, géniales sans doute, mais rebelles à toute démonstration logique comme à toute ébauche d'exposé historique. Une idée à la Bourget. Sartre comprit à son tour que son essai « De l'homosexualité considérée comme la phase préparatoire au fascisme » ne serait peut-être même pas publié dans la collection « Une œuvre, un portrait » avec illustrations de Dubuffet, et du même coup se trouva ramené au problème précédent devant lequel nous avions laissé Bourget.

Le tragique, c'est que ces problèmes se répétaient sans arrêt. Les idées continuaient à leur venir, mais toujours des idées de la même famille, je veux dire qu'elles restaient, pour la raison, indomptables. Ainsi Sartre découvrit sans pouvoir l'expliquer davantage que, par chaque geste, un homme engageait l'humanité, que notamment, s'il se mariait, il l'engageait tout entière sur la voie du mariage et il vint à se demander si, en préférant un éclair au café à un éclair au chocolat, le client d'une pâtisserie n'engageait pas le monde dans sa totalité sur la voie de l'éclair au café. Puis il s'inquiéta

de savoir si, après tout, un homme était autre chose que
ce que les autres voyaient en lui. D'où l'angoisse « d'être
un objet, c'est-à-dire de me reconnaître dans cet être
dégradé, dépendant et figé que je suis pour autrui...
J'ai besoin de la médiation d'autrui pour être ce que je
suis. » Il y avait une métaphysique à tirer de là, et
même une sociologie, puisque cette découverte permettait des formules aussi décisives que : « Un Juif n'est
rien d'autre qu'un homme que les autres hommes appellent juif » ; « le voleur n'est rien d'autre qu'un homme
que les autres hommes appellent voleur », et ainsi qu'il
le conclut : « Je deviens un homme que les autres hommes
considèrent comme un écrivain. »

Entre autres idées à la Sartre, Bourget en avait eu
qui ressemblent à celles de son élève par le fond même.
Lui aussi avait examiné le cas d'autrui et avait énoncé
le dilemme du civilisé : « Celui pour qui la conscience
des autres existe et qui ne peut pas se sentir juger... il
n'a pas le pouvoir de s'isoler en son âme, face à face
avec son idée... il lui faut l'opinion des autres. »

Il lui passait également par la tête que le divorce
était un crime contre la société, ou que deux générations
étaient nécessaires pour se hausser de l'état ouvrier à
l'état bourgeois. Deux, pourquoi pas une, pourquoi pas
trois ? C'était comme ça.

C'était comme ça, mais Sartre et Bourget eussent
risqué de rester des penseurs du dimanche s'ils avaient
commis l'imprudence d'essayer de justifier des théories
qui s'étaient formées à la sauvette et qu'aucun engagement, aucun sophisme même, n'accepterait jamais
d'étayer. (...)

... Pitoyable bilan donc, que celui de la pensée et de
la raison chez Sartre, comme chez Bourget. Voici deux
universitaires, deux produits de la Sorbonne qui n'arri-
vent pas à voir clair dans leurs idées et dont l'ambition

demeure cependant de les imposer au grand public.
Ou : comment naît le roman à thèse.

Car ses essais « Des raisons pour lesquelles un intellectuel, s'il lit Kant, abuse d'une vierge et la tue » ou
« De l'homosexualité considérée comme la phase préparatoire au fascisme », leurs auteurs le savent, sont
promis au ricanement des éditeurs. Il y a trop de concurrence littéraire pour qu'on puisse espérer se faire une
place en affirmant sans prouver, jargonnerait-on ou
déclamerait-on à ravir. Devant un essai, on un traité,
le lecteur est un examinateur qui consent ou ne consent
pas et dont il faut se gagner l'adhésion par de bonnes
raisons. Dans un récit, il est au contraire complice. Si
on lui dit que Julien Sorel a le poil noir, il le croit sans
qu'il soit nécessaire de le lui prouver. Il s'empresse même
de combler ce que le signalement d'un personnage, la
description d'un site ont nécessairement d'incomplet.
Qu'on lui propose « un visage radieux » et de cette dési-
gnation vague il va tirer une image singulière. C'est un
collaborateur de toutes les lignes pour le romancier et
non un censeur, comme pour l'essayiste. De ce qu'il
participe au roman, le lecteur devient vite un témoin
partisan qui, puisqu'il a concouru au déroulement du
récit, est mal placé pour en douter.

Aussi Bourget, au lieu d'essayer de démontrer l'indémontrable, nous propose-t-il un garçon studieux,
intelligent et aimant sa mère. Cet enfant, le lecteur le
voit, l'adopte, contribue à sa croissance. Une fois que,
grâce à nous, il existe, ce brave garçon se met à lire
Kant et quelques mauvais maîtres. Ayant lu, il séduit
lâchement et empoisonne la fille du château où il est
précepteur. Eh bien! nous nous inclinons : on ne peut
pas dire le contraire, Robert était un brave enfant que
je vois encore aider sa mère. Il a eu de pernicieuses
lectures, il a débauché une pure jeune fille et l'a en-

traînée dans la mort. C'est donc bien la faute à
Kant. (...)

... La leçon de Bourget n'a pas été perdue et le « coup
du *Disciple* » Sartre a réussi à le refaire avec maîtrise
un demi-siècle plus tard. Il s'est gardé de publier un
traité pour démontrer les rapports de l'inversion et du
fascisme : C'est Lucien dans *l'Enfance d'un Chef*, et
Daniel dans *les Chemins de la Liberté* qui se chargeront
d'imposer ce tandem illégitime, aussi dociles à Sartre
que Robert Greslou à Bourget. (...)

(1951)

Les mœurs littéraires

JULIEN GRACQ

LA LITTÉRATURE A L'ESTOMAC

(...) Le Français se *classe* au contraire par la manière
qu'il a de parler littérature, et c'est un sujet sur lequel
il ne supporte pas d'être pris de court : certains noms
jetés dans la conversation sont censés appeler automa-
tiquement une réaction de sa part, comme si on l'entre-
prenait sur sa santé ou ses affaires personnelles — il le
sent vivement — ils sont de ces sujets sur lesquels il
ne peut se faire qu'il n'ait pas son mot à dire. Aussi se
trouve-t-il que la littérature en France s'écrit et se
critique sur un fond sonore qui n'est qu'à elle, et qui n'en
est sans doute pas entièrement séparable : une rumeur de
foule survoltée et instable, et quelque chose comme le
murmure enfiévré d'une perpétuelle Bourse aux valeurs.
Et en effet — peu importe son volume exact et son
nombre — ce public en continuel frottement (il y a
toujours eu à Paris des « salons » ou des « quartiers

littéraires ») comme un public de Bourse a la particularité bizarre d'être à peu près constamment en « état
de foule » : même happement avide des nouvelles fraî-
ches, aussitôt bues partout à la fois comme l'eau par le
sable, aussitôt amplifiées en bruits, monnayées en échos,
en rumeurs de coulisses, — même nervosité, même insta-
bilité féminine dans les réactions — même besoin continuel d'aliment pour sa fièvre, de *nouveau* — même
léger délire d'interprétation à propos de tout ce qui se
présente : pas un livre, pas un auteur jeté en pâture à
cette foule qu'une espèce de levain travaille qui ne soit
aussitôt supputé, disséqué, interprété, sondé, prolongé
déjà par un avenir imaginaire, évalué dans toutes ses
possibilités. Le contact de ce public enfiévré et enfiévrant
dont le pouls bat très légèrement au-dessus de la normale
— contact qui s'oublie malaisément — n'est d'ailleurs
pas pour l'écrivain sans tirer à conséquence. Le public,
pour un écrivain étranger, ce sont ces petites lampes
anonymes qui s'allument paisiblement après le repas du
soir, quelque chose comme l'image bucolique d'une
tranquille rumination éparse dans la campagne —
pour l'écrivain français c'est une drogue, constamment
à portée de sa main. (L'écrivain français, quand il a
commencé à publier, ne cesse jamais d'écrire, pas plus
que l'acteur de jouer, tant qu'il le peut ; on n'a pas encore
fini chez nous de s'ébahir du *scandale* Rimbaud — rien
de plus fréquent au contraire en Amérique que de voir
un écrivain changer de « job ».) De cet entrechoquement
perpétuel des opinions émises résulte une adultération,
une aliénation même de son goût dont le public n'est
souvent qu'à demi conscient. Tout d'abord, à partir
du moment où on consent à mettre en discussion des
préférences personnelles — et cela dans un pays où,
depuis qu'elle existe, la littérature a l'habitude de se
référer à des valeurs-types qu'elle révère sans les avoir

créées (la littérature française s'est conçue elle-même
pendant des siècles comme un épigone des grandes anti-
ques et cela l'a marquée) il y a dans leur expression un
excès de singularité qui n'est plus recevable. Les angles
s'arrondissent. Si j'avance par exemple (et je le fais)
en arguant d'une préférence brute, sentie, que je donne-
rais presque toute la littérature des dix dernières années
pour le seul livre peu connu d'Ernst Jünger *Sur les
Falaises de marbre*, ou bien que le seul roman français
qui m'ait vraiment intéressé depuis la libération est un
ouvrage obscur de Robert Margerit *Mont Dragon*, je
me lasse tout de même assez vite de le répéter : on
tolère une fois ou deux que je m'amuse ou que je « provoque » — davantage, on me prendrait pour un *mauvais
coucheur*. Une espèce de veulerie à la fin se fait jour. par
omission : imaginons un homme qui percevrait par accident l'ultra-violet ou l'infra-rouge : on se chargerait
vite de le persuader d'en rabattre, pour sa sûreté —
et après tout il y a des causes plus graves à plaider que
les causes littéraires. Quand on observe une fois, sans y
prendre part, sans entrer dans le jeu, une conversation
littéraire, on éprouve avec un léger vertige l'impression qu'on a affaire pour plus de moitié à des *dalto-
niens* qui font « comme si » : ils parlent, ils parlent inta-
rissablement de choses qu'ils ne perçoivent, à la lettre,
même pas, qu'ils ne percevront jamais ; ils s'en font
pourtant une espèce de représentation immunisante,
avec ce flair particulier aux aveugles : ils peuvent *tourner
autour*, et la conversation chemine, aisée, entre les préci-
pices, comme le somnambule sur la gouttière. C'est
qu'il faut se prononcer et trancher à tout prix ; on n'y
échappe pas : le public français ne se saisit pas lui-
même, à la manière étrangère, comme une catégorie de
citoyens inoffensifs que rapproche un commun « hobby »,
mais où chacun n'en choisit pas moins sans s'inquiéter

des autres son coin pour pêcher à la ligne — il se conçoit
plutôt à la manière d'un corps électoral où le vote est
obligatoire, et où chaque écrivain, chaque livre un peu
voyant, par sa seule apparition remet en route un perpétuel référendum. Les autres, dans le fouillis de ce qui
s'imprime, cherchent à tâtons une nourriture faite à
leur estomac ; le public français sait, lui, que sa desti-
nation de naissance est d'élire des Présidents de la
République des Lettres. De là cette cuisine parlemen-
taire, ces jalousies, ces intrigues de sérail, ces manœuvres
de couloirs, ces débauchages de clientèle, ces débinages
journalistiques, ces scrutins à double fond, plus machia-
véliques que ceux de la République Sérénissime, ce
cursus honorum plein de pièges et de détours, qui rendent
la vie littéraire française si bassement excitante. Car
l'écrivain français se donne à lui-même l'impression
d'exister bien moins dans la mesure où on le lit que dans
la mesure où « on en parle ». Il lui faut sans cesse relancer
la presse prompte à s'endormir (et moins la critique
encore que les *échos*, qui sont la récompense suprême)
il faut tenir les langues en haleine. Un anxieux, un
essoufflé « Je suis là !... j'y suis — j'y suis toujours ! »
est parfois ce qui s'exprime de plus pathétique, pour
l'œil un peu prévenu, au travers des pages de tel romancier en renom, auxquelles on se prend distraitement à
souhaiter tout à coup que la poussière soit légère :
ce n'est rien toutefois, ou du moins ce n'est pas forcément qu'il n'ait plus rien à nous dire ; mais c'est son
livre annuel : il s'agit à nouveau de donner le branle,
d'empêcher qu'il y ait prescription. Saine ou véreuse,
dans cette rue Quincampoix où se cote au jour le jour
notre littérature, rien n'égale pour lui la sensation
qu'il est une de ces « valeurs-pilotes » dont les hauts
et bas enfièvrent le marché — et à cette sensation
exigeante — et ruineuse — d'être porté à la crête de la

vague, on connaît des carrières qui ont tout sacrifié. (...)

... L'écart entre la réputation faite à un auteur et la somme de ferveur réelle et éclairée qu'on lui voue traduit simplement, si l'on veut, ce fait d'observation courante : c'est que, dès qu'il s'agit de littérature, il y a en France plus de gens qu'ailleurs pour « réciter le journal ». Tant que l'écart observé ne dépasse pas certaines limites, on aurait tort de s'en formaliser : il est le signe, après tout, que la littérature se porte bien, comme un parti qui voit monter le tirage de son quotidien et s'élargir son halo de *sympathisants* : c'est ainsi que nul grand écrivain, au fond, ne s'est jamais jugé lésé par le respect que porte le public à l'Académie. La perspective au contraire s'assombrit quand, comme c'est le cas en ce milieu de siècle, la circulation des « valeurs fiduciaires » commence à dépasser exagérément l'encaisse, on veut dire lorsque les opinions émises (ou répétées) sur les ouvrages de l'esprit ne sont plus fondées sur le contact direct et intime avec l'œuvre que dans une très minime proportion. Cette espèce particulière d'inflation signifie alors, comme on ne l'ignore pas, que la production littéraire s'appauvrit dangereusement (il n'y a plus à proprement parler production littéraire là où il n'y a plus de gens pour la lire, fussent-ils une demi-douzaine) et en même temps qu'un risque se précise à terme : celui d'une assez ruineuse dévaluation. (...)

(1950)

Expériences d'écrivains

MICHEL LEIRIS

DE LA LITTÉRATURE CONSIDÉRÉE
COMME UNE TAUROMACHIE

(...) Donc, je rêvais corne de taureau. Je me résignais mal à n'être qu'un littérateur. Le matador qui tire du danger couru occasion d'être plus brillant que jamais et montre toute la qualité de son style à l'instant qu'il est le plus menacé : voilà ce qui m'émerveillait, voilà ce que je voulais être. Par le moyen d'une autobiographie portant sur un domaine pour lequel, d'ordinaire, la réserve est de rigueur — confession dont la publication me serait périlleuse dans la mesure où elle serait pour moi compromettante et susceptible de rendre plus difficile, en la faisant plus claire, ma vie privée — je visais à me débarrasser décidément de certaines représentations gênantes en même temps qu'à dégager avec le maximum de pureté mes traits, aussi bien à mon usage propre qu'afin de dissiper toute vue erronée de moi que pourrait prendre autrui. Pour qu'il y eût *catharsis* et que ma délivrance définitive s'opérât, il était nécessaire que cette autobiographie prît une certaine forme, capable de m'exalter moi-même et d'être entendue par les autres, autant qu'il serait possible. Je comptais pour cela sur un soin rigoureux apporté à l'écriture, sur la lueur tragique également dont serait éclairé l'ensemble de mon récit par les symboles mêmes que je mettais en œuvre : figures bibliques et de l'antiquité classique, héros de théâtre ou bien le Torero — mythes psychologiques qui s'imposaient à moi en raison de la valeur révélatrice qu'ils avaient eue pour moi et constituaient, quant à la face littéraire de l'opération, en même temps que les thèmes directeurs, les truchements par quoi s'immiscerait quelque grandeur apparente là où je ne savais que trop qu'il n'y en avait pas. (...) Je crois donc que si enjeu il y a eu et corne de taureau, ce n'est pas sans un peu de duplicité que je m'y suis aventuré : cédant, d'une part, encore une fois à ma tendance narcissique ; essayant, d'autre part, de trouver en autrui moins un juge qu'un complice. De même, le matador qui semble risquer le tout pour le tout soigne sa ligne et fait confiance, pour triompher du danger, à sa sagacité technique.

Toutefois, il y a pour le torero menace réelle de mort, ce qui n'existera jamais pour l'artiste, sinon de manière extérieure à son art (ainsi, pendant l'occupation allemande, la littérature clandestine, qui certes impliquait un danger mais dans la mesure où elle s'intégrait à une lutte beaucoup plus générale et, somme toute, indépendamment de l'écriture elle-même). Suis-je donc fondé à maintenir la comparaison et à regarder comme valable mon essai d'introduire « ne fût-ce que l'ombre d'une corne de taureau dans une œuvre littéraire » ? Le fait d'écrire peut-il jamais entraîner pour celui qui en fait profession un danger qui, pour n'être pas mortel, soit du moins positif ?

Faire un livre qui soit un acte, tel est, en gros, le but qui m'apparut comme celui que je devais poursuivre, quand j'écrivis *l'Age d'homme*. (...)

(1946)

RAYMOND QUENEAU
LANGAGE LITTÉRAIRE ET LANGAGE PARLÉ

Il pourrait sembler qu'en France il y ait des questions plus urgentes ou plus vitales que celle de la Défense de la Langue Française. Pourtant un certain nombre de journaux ou hebdomadaires consacrent une ou plusieurs colonnes d'une façon régulière à ladite défense. Je ne trouve pas le propos futile, mais il me semble que l'entreprise est en général marquée par l'esprit de défaite, car c'est toujours du point de vue de la défensive qu'une pareille défense est faite et cette défense se réduit toujours à des « défenses » et à des interdictions. On ne pense qu'à entretenir, conserver, momifier. C'est du point de vue de l'offensive qu'il faut défendre la langue française, si l'on peut encore employer ce mot — mais depuis le *Serment de Strasbourg* ne l'applique-t-on pas à des langages qui sont devenus pour nous à peu près incompréhensibles ?

Les philologues et les linguistes n'ignorent pas que la langue française écrite (celle que l'on « défend » en général) n'a plus que des rapports assez lointains avec la langue française véritable, la langue parlée. Toutes sortes de raisons font que cet abîme n'apparaît pas clairement : le maintien de l'orthographe, l'enseignement obligatoire, l'automatisme qui fait passer d'une langue à l'autre dans les circonstances officielles, administratives et solennelles. Mais le changement est profond. Le vocabulaire se modifie insensiblement, enrichi surtout par les actualités et les événements, mais c'est surtout la syntaxe du français parlé qui s'éloigne de plus en plus de la syntaxe du français écrit.

On comprend que les pouvoirs aient toujours cherché à cacher cet état de choses. Ce n'est certes pas aux professeurs à faire cette révolution du langage. Ce qui est étrange c'est que cette transformation ait échappé à la plupart des écrivains, disons à presque tous jusqu'à ces dernières années. Ils ont cherché l'originalité dans des domaines certes infiniment respectables, et souvent métaphysiques. Mais ils n'ont pas vu que c'est dans l'emploi d'un nouveau « matériau » que surgirait une nouvelle littérature, vivante, jeune et vraie. L'usage même d'une langue encore intacte des souillures grammairiennes et de l'emprise des pédagogues devrait créer les idées elles-mêmes. Dans un article récent un jeune poète que j'estime déclarait qu'il était persuadé que la langue dont se sont servis Racine, Voltaire, Chateaubriand, Anatole France et Paul Valéry contenait dans sa substance toutes les possibilités. Voilà très précisément ce que je mets en doute. C'est l'usage de l'allemand qui a créé l'existentialisme de Luther, c'est l'usage du néo-français de la Renaissance qui a fondé le sentiment de la liberté chez Rabelais et Montaigne. Un langage nouveau suscite des idées nouvelles et des penseurs nouveaux veulent une langue fraîche. Il ne s'agit pas de « forger de toutes pièces un nouveau langage », comme m'en accuse le poète dont je parlais plus haut, mais bien de donner forme à ce qui ne saurait se couler dans le moule cabossé d'une grammaire défraîchie.

Le français contemporain ne deviendra une langue véritable et féconde que lorsque les philosophes eux-mêmes l'utiliseront, et naturellement les savants. Je salue donc ici le premier mathématicien qui écrira une algèbre dans cette langue nouvelle qui est un des rares biens qui restent à ce pays.

(1950)

PRÉSENTATION
DES « LETTRES NOUVELLES »

La revue *Les Lettres Nouvelles* veut servir avant tout la littérature. Écrasée sous les idéologies et les partis pris, arme de propagande ou échappatoire, assimilée le plus souvent à un discours pour ne rien dire, la littérature est pourtant autre chose qu'un souci d'esthète, qu'une forme plus ou moins distinguée de distraction, qu'un moyen inavouable pour des fins qui la ruinent. Maintenir la littérature dans sa dignité peut suffire à notre dessein.

Il se fonde sur quelques principes simples :

La littérature est expression. Expression de l'homme qui écrit, cela va sans dire et, au-delà, expression de tous les hommes qui se reconnaissent en lui. Le domaine de l'homme est vaste et particulier. Il comprend aussi bien les formes de la vie idéologique et sociale que les formes individuelles de la sensibilité. Celle-ci peut être monstrueuse ou aberrante, il n'importe. Toute littérature est licite du moment qu'elle s'établit comme moyen privilégié de communication, hors de toute censure morale, politique, ou même logique. Elle ne relève que de ses propres critères.

La littérature est création. Produit de l'activité de certains hommes, elle vise, par l'intermédiaire de l'écrit, à commander, influencer, modifier à son tour d'autres hommes. Activité désintéressée et tirant sa valeur de sa liberté même, elle répugne autant à s'établir dans les musées et les académies qu'à fournir des mots d'ordre pour l'action immédiate. C'est par de plus subtils chemins qu'elle se transforme en pensées, en sentiments, en motifs nouveaux de comportements, qu'elle est vie s'incorporant à la vie.

La littérature est art. C'est-à-dire forme d'expression liée à une technique. Cette technique peut revêtir toutes les apparences, procéder de tous les attendus ; elle peut même être invisible ; il n'empêche que son absence est l'absence même de la littérature.

Si, fût-ce pour les meilleures raisons du monde, l'une de ces conditions disparaît ou s'estompe, elle emporte avec elle la littérature, dont il ne reste que les sous-produits. Si, au contraire, elle s'affirme, elle mène par l'art à la vie, qui n'est pas seulement la vie durable des chefs-d'œuvre, mais également cet univers de pensées, de sentiments, de sensations, de désirs, où chacun d'entre nous se meut, le plus souvent, aveuglément, avant que la littérature qui, à ce prix, est à la fois conscience et maîtrise, lui en donne la clé.

Il est faux qu'à des époques menacées comme la nôtre la littérature doive perdre de son intérêt ou de son importance puisqu'elle s'établit précisément contre l'obnubilation des consciences et qu'en tous temps, fût-ce clandestinement, elle fait entendre notre voix la plus grave et la plus profonde.

Nous voulons donner à cette voix la possibilité de se faire mieux entendre, en laissant les gloires assises à leur admiration mutuelle, les vedettes et chefs de files à leurs querelles cu leurs parades, en accueillant tous ceux qui ont quelque chose à dire et qui s'efforcent de le dire aussi bien que possible. Il suffit que le moins averti de leur lecteur perçoive l'adéquation de leurs moyens à la fin qu'ils se sont donnée, autrement dit : leur probité.

Il n'existe pas d'autre critère en France, à l'heure actuelle, pour défendre et illustrer une littérature qui ne saurait être, passée, présente ou à venir, qu'une littérature en marche.

(Mars 1953)

ROLAND BARTHES
LE DEGRÉ ZÉRO DE L'ÉCRITURE

On peut discerner chez certains écrivains d'aujour-
d'hui la recherche d'une écriture neutre, d'un style au
degré zéro, d'une sorte d'état inerte de la forme. Une
comparaison empruntée à la linguistique rendra peut-
être assez bien compte de ce fait nouveau : on sait que
certains linguistes, comme le Danois Viggo Brondal,
établissent entre les deux termes d'une polarité (singu-
lier-pluriel, prétérit-présent) l'existence d'un troisième
terme, terme neutre ou terme zéro ; ainsi entre les
modes subjonctif et impératif, l'indicatif paraît comme
une forme amodale.

Toute proportion gardée, le style au degré zéro
est au fond un style indicatif, ou si l'on veut, un style
amodal ; il serait juste de dire que c'est un style de journaliste, si précisément le journalisme ne développait
en général des formes optatives ou impératives (c'est-
à dire pathétiques) de la pensée. Le nouveau style
neutre se place au milieu de ces cris et de ces jugements
sans participer à aucun d'eux ; il est fait précisément
de leur absence ; mais cette absence est totale, elle
n'implique aucun refuge, aucun secret ; on ne peut
donc dire que c'est un style impassible ; c'est plutôt
un style innocent.

Ainsi, par exemple, dans *l'Étranger*, Camus a obtenu
un style de l'absence qui atteignait presque une absence
idéale de style, cette pierre philosophale des écrivains
d'aujourd'hui. Malheureusement la création d'une
absence de style est assimilable au paradoxe de l'équi-
libriste qui produit un pur repos entre deux oscillations ;
elle ne peut se développer dans le temps ; car l'exercice

d'un langage (et objectivement la littérature n'est rien d'autre qu'un langage) produit fatalement des automatismes, des constantes, des thèmes, à l'intérieur desquels il n'y a plus d'innocence, puisqu'ils marquent le retour du mythe, c'est-à-dire la littérature ; du jour où l'écrivain est vraiment lui-même, c'est-à-dire où il exploite la particularité de son talent (ce qui est pour lui la forme même de la perfection), la littérature le reconquiert ; il n'est plus à même de la surmonter. Il aura beau réduire impitoyablement toute tentation d'emphase, dans cet effort même, il ne pourra que créer une nouvelle préciosité, celle de la concision. Un écrivain de la race de Camus peut-il échapper à la flaubertisation de l'écriture ? Voilà la mesure tragique du dilemme.

La tentative de Sartre est plus détournée ; avec sa perspicacité coutumière, Sartre place son écriture en deçà (disons bien en deçà et non au-delà) de tout travail (ou non-travail) sur le vocabulaire ; il accorde aux mots un pouvoir primaire de description, ce qui supprime le principe de l'effet, qu'il soit d'amplification ou de retenue. Par là un élément important de l'ancienne écriture disparaît : la rhétorique elle-même, c'est-à-dire essentiellement les procédés allusifs qui supposent une sorte de disjonction, de démesuré entre la pensée et la forme, et par là même l'existence d'un certain dualisme entre l'écriture comme phénomène et la pensée comme essence. C'est là une écriture absolument offerte, et brutale, si l'on veut, dans la mesure où elle ne détient aucun secret. Son absence de secret est un élément très nouveau de l'écriture ; et ce n'est certainement pas chez les réalistes qu'il faut en chercher la première indication, car chez eux, le mythe, la référence à un univers secret, est d'un poids constant. Les écrivains sans thématique personnelle, c'est-à-dire qui

pratiquent le degré zéro du style, sont extrêmement
rares, et il faut penser au moment très court représenté
par Voltaire pour en avoir une idée. Aujourd'hui la
nécessité d'un langage universel est aussi contraignante
qu'alors, mais elle ne se pose pas dans les mêmes termes
historiques. Les solutions d'ordre (au sens décoratif)
et d'anarchie de l'écriture sont également écartées,
car elles sont trop liées historiquement au principe
d'une littérature gratuite et donc coupable. Le souci
d'engager son œuvre devait amener Sartre à l'usage
d'une écriture neutre et comme innocente, qui laissât
jouer à fond la compromission de sa pensée sans l'em-
barrasser d'une compromission accessoire, celle de
la manière ou du style. Se privant également de la
somptuosité et de la simplicité qui est encore un produit
de l'art, Sartre ne garde que l'indispensable qualité
du débit, de la pression, du temps, de « l'entrain »
comme disait Sainte-Beuve. C'est incontestablement
une victoire de Sartre, qu'on n'ait jamais dit qu'il
écrivait bien. Mais c'est là une victoire incertaine,
durement limitée par les conditions historiques de la
littérature présente, et menacée, comme celle de Camus,
par l'exploitation à peu près fatale d'une écriture qui
ne peut être neutre qu'au départ.

Une autre solution à cette quadrature du cercle
qu'est une œuvre littéraire sans littérature, ce serait
une transformation verbale absolument « naturelle »,
mais en comprenant qu'ici la nature ne peut être que
la société ; il s'agirait alors, selon le dessein de Queneau par exemple, d'ouvrir grande la littérature à
l'irruption des formes parlées dans la simplicité entière
d'un état de nature (et non plus comme peinture réaliste ou populiste ; voir la différence d'écriture d'un
Céline et d'un Prévert). On parviendrait enfin à cette
révolution rhétorique proclamée et avortée par Hugo.

Il ne faut pas oublier que le langage littéraire est essentiellement anachronique ; il a à peu près la particularité d'un dialecte. On ne peut donc concevoir de révolution plus complète que de rendre ce langage historique. Mais ici les écrivains se divisent : les uns, comme Sartre et Camus, veulent atteindre l'universalité en ôtant du langage tout ce qu'il peut avoir de conventionnel et d'absolu ; les autres, comme Queneau et Prévert, dans certains de leurs textes, approchent le plus près possible d'un langage effectivement parlé, remis dans sa nature sociale la plus concrète ; les uns s'appuient sur une sorte de norme immédiate du langage ; les autres sur sa diversité réelle.

Il reste à savoir si la solution de ces problèmes d'écriture dépend des écrivains seulement. Chaque écrivain qui naît, ouvre en lui le procès de la littérature ; mais s'il la condamne, il lui accorde toujours un sursis que la littérature emploie à le reconquérir ; il a beau créer un langage libre, on le lui renvoie fabriqué, car le luxe n'est jamais innocent ; et c'est de ce langage rassis et clos par l'immense poussée de tous les hommes qui ne parlent pas, qu'il faut continuer d'user. Il y a donc une impasse du style, et c'est l'impasse de la société même ; les écrivains d'aujourd'hui le sentent : pour eux la recherche d'un non-style, d'un degré zéro de l'écriture, c'est en somme l'anticipation d'un état absolument homogène de la société ; la plupart comprennent qu'il ne peut y avoir de langage universel en dehors d'une universalité concrète, et non plus mystique ou nominale, du monde civil. La question posée par ces problèmes d'écriture est donc finalement celle-ci : est-il possible de libérer la parole avant l'Histoire ?

(1947)

MAURICE BLANCHOT

LA LITTÉRATURE ET LE DROIT A LA MORT

(...) Je dis : cette femme. Hölderlin, Mallarmé et,
en général, tous ceux dont la poésie a pour thème
l'essence de la poésie ont vu, dans l'acte de nommer, une
merveille inquiétante. Le mot me donne ce qu'il signifie, mais d'abord il le supprime. Pour que je puisse dire :
cette femme, il faut que, d'une manière ou d'une autre,
je lui retire sa réalité d'os et de chair, la rende absente et
l'anéantisse. Le mot me donne l'être, mais il me le donne
privé d'être. Il est l'absence de cet être, son néant,
ce qui demeure de lui lorsqu'il a perdu l'être, c'est-à-
dire le seul fait qu'il n'est pas. De ce point de vue,
parler est un endroit étrange. Hegel, en cela l'ami et le
prochain de Hölderlin, dans un texte antérieur à *la
Phénoménologie*, a écrit : « Le premier acte, par lequel
Adam se rendit maître des animaux fut de leur imposer
un nom, c'est-à-dire qu'il les anéantit dans leur existence (en tant qu'existants). » Hegel veut dire qu'à
partir de cet instant, le chat cessa d'être un chat uniquement réel, pour devenir aussi une idée. Le sens de la
parole exige donc, comme préface à toute parole, une
sorte d'immense hécatombe, un déluge préalable, plon-
geant dans une mer complète toute la création. Dieu
avait créé les êtres, mais l'homme dut les anéantir.
C'est alors qu'ils prirent un sens pour lui, et il les créa à
son tour à partir de cette mort où ils avaient disparu;
seulement au lieu des êtres et, comme on dit, des existants, il n'y eut plus que de l'être, et l'homme fut condamné à ne pouvoir rien approcher et rien vivre que par
le sens qu'il lui fallait naître. Il se vit enfermé dans le

jour, et il est sûr que ce jour ne pouvait pas finir, car
la fin elle-même était lumière, puisque c'est de la fin
des êtres qu'était venue leur signification qui est l'être.

Sans doute, mon langage ne tue personne. Cependant : quand je dis « cette femme », la mort réelle est
annoncée et déjà présente dans mon langage ; mon langage veut dire que cette personne-ci, qui est là, maintenant, peut être détachée d'elle-même, soustraite à son
existence et à sa présence et plongée soudain dans un
néant d'existence et de présence ; mon langage signifie
essentiellement la possibilité de cette destruction ; il est,
à tout moment, une allusion résolue à un tel événement.
Mon langage ne tue personne. Mais, si cette femme
n'était pas réellement capable de mourir, si elle n'était
pas à chaque moment de sa vie menacée de la mort,
liée et unie à elle par un lien d'essence, je ne pourrais
pas accomplir cette négation idéale, cet assassinat différé
qu'est mon langage.

Il est donc précisément exact de dire, quand je parle :
la mort parle en moi. Ma parole est l'avertissement que
la mort est, en ce moment même, lâchée dans le monde,
qu'entre moi qui parle et l'être que j'interpelle elle a
brusquement surgi : elle est entre nous comme la distance qui nous sépare, mais cette distance est aussi ce
qui nous empêche d'être séparés, car en elle est la condition de toute entente. Seule, la mort me permet de
saisir ce que je veux atteindre ; elle est dans les mots la
seule possibilité de leur sens. Sans la mort, tout s'effon-
drerait dans l'absurde et dans le néant.

De cette situation, il résulte diverses conséquences.
Il est clair qu'en moi le pouvoir de parler est lié aussi
à mon absence d'être. Je me nomme, c'est comme si je
prononçais mon chant funèbre : je me sépare de moi-
même, je ne suis plus ma présence ni ma réalité, mais
une présence, objective, impersonnelle, celle de mon

nom, qui me dépasse et dont l'immobilité pétrifiée
fait exactement pour moi l'office d'une pierre tombale
pesant sur le vide. Quand je parle, je nie l'existence de
ce que je dis, mais je nie aussi l'existence de celui qui
le dit : ma parole, si elle révèle l'être dans son inexistence,
affirme de cette révélation qu'elle se fait à partir de
l'inexistence de celui qui la fait, de son pouvoir de
s'éloigner de soi, d'être autre que son être. C'est pourquoi, pour que le langage vrai commence, il faut que la
vie qui va porter ce langage ait fait l'expérience de son
néant, qu'elle ait « tremblé dans les profondeurs et que
tout ce qui en elle était fixe et stable ait vacillé ». Le
langage ne commence qu'avec le vide ; nulle plénitude,
nulle certitude ne parle ; à qui s'exprime, quelque chose
d'essentiel fait défaut. La négation est liée au langage.
Au point de départ, je ne parle pas pour dire quelque
chose, mais c'est un rien qui demande à parler, rien ne
parle, rien trouve son être dans la parole et l'être de la
parole n'est rien. Cette formule explique pourquoi
l'idéal de la littérature a pu être celui-ci : ne rien dire,
parler pour ne rien dire. Ce n'est pas là la rêverie d'un
nihilisme de luxe. Le langage aperçoit qu'il doit son
sens, non à ce qui existe, mais à son recul devant l'existence, et il subit la tentation de s'en tenir à ce recul,
de vouloir atteindre la négation en elle-même et de
faire de rien tout. Si des choses on ne parle qu'en disant
d'elles ce par quoi elles ne sont rien, eh bien, ne rien
dire voilà le seul espoir d'en tout dire (...)

(1949)

JEAN REVERZY

EXPÉRIENCES DE LITTÉRATURE

Très tard, au décours de ma vie, à l'âge des grandes
sécheresses, il m'advint de vouloir écrire. Non une page,
mais des pages, un livre, des livres. Projet encombrant
que longtemps je traînai derrière moi, hésitant à m'en
délester : le seul poids d'un stylo me brisait le poignet.
Et cependant un soir, surmontant ma lassitude, je
me mis à l'ouvrage.

Jusque-là l'écriture m'avait été imposée : lettres de
félicitations, de condoléances, certificats, aide-mémoire.
Mon œuvre graphique, somme de mots ajoutés les uns
aux autres, n'était pas de la littérature ; c'en était même
le contraire. Dorénavant je m'imposai l'écriture ; une
page d'abord chaque jour, puis davantage.

En commençant cet exercice librement pratiqué,
je préférai ignorer mes mobiles : je constatai seulement
que c'était une action grave et douloureuse, confirmant
une solitude et une liberté que naguère, avant d'écrire,
j'avais redouté de perdre.

A l'épreuve de la feuille blanche il s'avérait cependant
que je n'étais capable que de gribouillages. Mais je
me soutenais en me répétant que « cela viendrait ».
Je jugeai d'ailleurs prudent de ne pas me relire et, par
une sage précaution, dès qu'une phrase était formée,
je l'oubliais. Mais nul ne peut parler au néant : n'osant
me dédier mes écrits, je les adressais à un lecteur de
l'avenir, si hypothétique que je n'en avais rien à
craindre.

L'épreuve se poursuivit des mois, toujours aussi
douloureuse qu'au premier soir : je redoutais qu'elle
n'eût pas de fin. Certains jours, en deux heures, j'écri-

vais trois pages ; d'autres durant le même temps j'addi-
tionnais une dizaine de mots sans suite. Une fois mon
devoir accompli, dans les deux cas, je me sentais pareillement brisé. Mais j'eus le courage de me relire, et même
de me corriger : ce faisant, j'appris que la création littéraire est l'art de transformer les balbutiements en paroles... Et cela aboutit à un premier livre, à un second,
à des poèmes, à un journal. Victorieux de l'épreuve
puisque je ne l'avais pas abandonnée, et prêt à la poursuivre, je devins curieux des raisons de mon acharnement. Et je commençai, la plume en main, à me regarder
faire.

J'avais imaginé des personnages dont je voulais
rendre compte. Il m'était facile de distinguer leur visage
ou d'interpréter leurs gestes ; mais j'avais du mal à
entendre leurs paroles car ils manœuvraient assez loin,
sur un arrière-plan de mon imagination, en s'exprimant
à voix basse. Et lorsqu'ils s'approchaient, je devenais
sourd. En fait, j'étais à traduire mon langage intérieur
en français correct : ce sont deux langues différentes. Le
mot marmonné par l'esprit possède des ramifications
et une vie dont est dépourvu le mot écrit. La pensée ne
connaît pas la liaison, l'harmonie, le verbe ; elle est un
tintamarre de substantifs. Je conclus que chaque jour
je faisais une version ; mais je me repris en m'affirmant
que c'était un thème. Enfin je suspendis mon jugement,
ne sachant plus quelle était ma vraie langue.

Parfois, au bout d'une phrase, j'éprouvais un sentiment nouveau : le doute. Non de la valeur littéraire
de la phrase mais de sa sincérité ; je veux dire de son
identité à l'émotion qu'elle voulait exprimer. Et pour
la première fois j'entrevis le danger du style, artifice
par lequel le langage intérieur se projette, selon des

normes, sur le papier et qui, par sa séduction sur l'auteur devenu lecteur de lui-même, risque de lui faire
oublier son objet : le hasard des mots, leur conjonction,
leur résonance concourant à l'expression d'une émotion
que l'écrivain n'avait pas ressentie et que, non sans surprise et joie, il découvre en se relisant. De la même façon
qu'un peintre perdant le contrôle de son dessin et de
ses couleurs, construit une œuvre dont l'éclat l'exalte
au point de lui faire oublier que sa peinture est sans
ressemblance avec la nature qu'il avait prise pour
modèle.

Je m'aperçus que bien des sentiments et des émotions
ne pouvaient être transcrits que par un travestissement
dans lequel le mot écrit, parent éloigné du même mot
du langage intérieur, perdait de sa valeur propre,
jusqu'à ne plus exister. J'essayai du symbole, de l'allégorie, de l'anecdote et, les maniant assez facilement, je
me jugeai moins obtus. Si la forme symbolique, au
lecteur hypothétique, mais plus redoutable qu'au début,
depuis que mon œuvre me paraissait lisible, ne révé-
lerait que ma pensée falsifiée, pour moi, possédant la
clé de l'énigme, elle exprimait sans ambiguïté ce que
j'avais ressenti et souhaité de dire.

Ainsi j'entrepris de décrire un paysage de plaine —
une zone parfaitement plate où la banlieue se confond
avec une campagne incolore, polluée par le voisinage
de la ville, et qui dès longtemps m'avait séduit au point
que j'allais chaque soir la contempler. Tâche redoutable étant donné la complexité du paysage subur-
bain, morcelé par des chemins innombrables, bordé
d'immeubles de ciment armé et de maisonnettes ouvrières
dont le charme se dissipe dans la monotonie d'une image
sans reflet. Pour en venir à bout j'usai du symbole et
d'un nouvel artifice : mon poème voulut être une suite
de contre-vérités. Je le commençai ainsi :

Je n'aime pas cette colline.

Au premier mot je perçus l'accord entre l'écriture et
le sentiment intérieur que reliait le secret de mon mensonge : j'aimais la plaine. Cette plaine complexe, aux
limites douteuses, fut traitée avec un même soin de
falsification ; je la voulais simple :

> *Au-dessus de la pierraille et de la broussaille comme
> une image de Chine, elle porte le poids léger d'un don-
> jon écroulé et de trois pins piqués sur son sommet.*

Le mensonge s'aggravait ; la plaine urbaine devenait
colline agreste. Sa population ouvrière envers qui
j'éprouvais une tendresse familière devint rurale et
perfide :

> *Ici je n'ai rien à craindre des hommes, les premiers
> temps où j'étais dans le pays j'en ai tué une dizaine
> parce qu'ils m'avaient frôlé. Maintenant je n'ai pas
> à leur dire : Passez au large! Dans les chemins, quand
> ils voient ma tête d'épervier et mes poings de brute, ils
> s'envolent comme une compagnie de perdreaux.*

A l'écrire je n'avais eu nulle peine. Le lecteur hypothétique, et somme toute gênant, avait disparu sans
que je fusse tenté de le rappeler. J'écrivis dorénavant
sous mon regard, et pour moi seul. Mes vérités entrevues
— ce que j'appelais maintenant, moi aussi, ma vision du
monde — me concernaient exclusivement, bien qu'elles
pussent paraître destinées à des lecteurs que je ne connaî-
trais pas et qui ne me connaîtraient pas non plus. Mes
moyens d'expression étaient soumis à des conventions
établies dans le secret, avec moi-même. Certes d'autres

interpréteraient, jugeraient : ce serait leur agrément, leur loisir. Ils admireraient ou blâmeraient une image fallacieuse, à travers une épaisseur d'incompréhension que la littérature n'a pas le pouvoir de percer.

La plaine ouvrière m'avait inspiré quatre pages ; le dernier mot écrit, je l'oubliai : elle ne serait plus le but de mes promenades. Pour moi tout était dit de ce qui m'attirait vers ses terrains vagues et si, par nécessité, je devais la traverser encore, je passerais à côté d'un paysage lisse dont pas un détail n'accrocherait mon esprit. La plaine, l'émotion à laquelle chaque soir était suspendu un moment de ma vie étaient mortes : je l'avais d'ailleurs écrit à la fin de mon texte, en rompant avec ma convention de contre-vérité.

J'avais usé d'un procédé sournois, j'imaginais qu'il en était bien d'autres, et de meilleurs. Je gardais l'espoir de les découvrir. Peu à peu, d'ailleurs, la littérature se montrait sous un jour nouveau : les écrivains n'étaient que des hommes rompus au jeu tortueux de l'écriture qui leur permettait de traduire une vérité par eux fortement ressentie et, au même instant, de ne plus la ressentir. Traduction que le lecteur retraduirait comme bon lui semblerait. On leur attribuerait plus ou moins de talent : ce mot m'avait été tour à tour inintelligible et odieux. Je sus que le talent, fausse monnaie des Lettres, n'était qu'un don du lecteur à l'auteur qui seul connaissait sa réussite ou son échec.

Et je n'ignorais plus le sens de mes efforts : l'écriture représentait une tentative d'anéantissement pur et simple. Un instinct de destruction personnelle m'avait imposé une tâche longtemps douloureuse ; il avait eu raison de mes appréhensions et de ma lassitude. Je savais maintenant que la réussite d'une phrase abolit la pensée qui l'inspira, et qu'il en est de même de l'œuvre entière dont le dernier mot marque le terme d'une dissolution recherchée au cours d'un long apprentissage. Le point final n'était d'ailleurs pas une récompense ; au-delà, la vie physique se poursuivrait : l'être conditionné, créature de réflexes, survivrait à la mort de cet autre être, le vrai, anéanti, exprimé, éparpillé dans les pages.

Je pensais parfois aux livres que j'avais lus ; leurs personnages vivaient comme si je les eusse connus. Mais je n'étais plus dupe de mon illusion. Ces personnages étaient mon œuvre ; je les avais réinventés, à ma façon, pour mon bon plaisir. Ils étaient encore pour moi des vivants ; pour leurs inventeurs ils avaient été des morts. Comme j'avais oublié les héros de mes histoires, les écrivains avaient oublié les leurs : on se souvient de la mort des autres, non de la sienne.

Aussi je m'étonnais de cette ambition de pérennité de maint auteur du passé. Par quelle aberration celui qui s'abolissait peu à peu rêvait-il d'atteindre un jour ces « mémoires humaines » d'un monde où il n'aurait pas accès ? L'homme qui avait écrit le message, aussitôt oublié, et qui pouvait seul le déchiffrer, ne serait plus ; donc il n'y aurait pas de message. Contradiction même de l'écrivain concevant sa survie et imaginant que son œuvre, son soi mort, vidé de sa substance, défiguré, intraduisible, puisse subsister après lui, après sa double mort spirituelle et matérielle. L'homme vivant travaillait à mourir, l'homme mort aspirait à survivre.

Que m'importait d'ailleurs la mort des autres ? Je commençai de connaître la mienne : elle était au bout de ma longue patience. Et déjà, fort de mon expérience,

m'adressant à un auteur à venir hésitant devant sa
première phrase, fraternellement je lui donnais mon
conseil : « Vous voulez écrire ; apprenez à mourir. »

(1955)

Le « *Nouveau roman* »

NATHALIE SARRAUTE

L'ÈRE DU SOUPÇON

(...) Selon toute apparence, non seulement le romancier ne croit plus guère à ses personnages, mais le lecteur,
de son côté, n'arrive plus à y croire. Aussi voit-on le
personnage de roman, privé de ce double soutien, la
foi en lui du romancier et du lecteur, qui le faisait tenir
debout, solidement d'aplomb, portant sur ses larges
épaules tout le poids de l'histoire, vaciller et se défaire.

Depuis les temps heureux d'*Eugénie Grandet* où,
parvenu au faîte de sa puissance, il trônait entre le
lecteur et le romancier, objet de leur ferveur commune,
tels les saints des tableaux primitifs entre les donateurs,
il n'a cessé de perdre successivement tous ses attributs
et prérogatives.

Il était très richement pourvu, comblé de biens de
toute sorte, entouré de soins minutieux ; rien ne lui
manquait, depuis les boucles d'argent de sa culotte
jusqu'à la loupe veinée au bout de son nez. Il a, peu à
peu, tout perdu : ses ancêtres, sa maison soigneusement
bâtie, bourrée de la cave au grenier d'objets de toute
espèce, jusqu'aux plus menus colifichets, ses propriétés
et ses titres de rente, ses vêtements, son corps, son visage
et, surtout, ce bien précieux entre tous, son caractère
qui n'appartenait qu'à lui et, souvent, jusqu'à son nom.

Aujourd'hui, un flot toujours grossissant nous inonde, d'œuvres littéraires qui prétendent encore être des romans et où un être sans contours, indéfinissable, insaisissable et invisible, un « je » anonyme qui est tout et qui n'est rien et qui n'est le plus souvent qu'un reflet de l'auteur lui-même, a usurpé le rôle du héros principal et occupe la place d'honneur. Les personnages qui l'entourent, privés d'existence propre, ne sont plus que des visions, rêves, cauchemars, illusions, reflets, modalités ou dépendances de ce « je » tout-puissant. (...)

... (Cette évolution) témoigne, à la fois chez l'auteur et chez le lecteur, d'un état d'esprit singulièrement sophistiqué. Non seulement ils se méfient du personnage de roman, mais, à travers lui, ils se méfient l'un de l'autre. Il était le terrain d'entente, la base solide d'où ils pouvaient d'un commun effort s'élancer vers des recherches et des découvertes nouvelles. Il est devenu le lieu de leur méfiance réciproque, le terrain dévasté où ils s'affrontent. Quand on examine sa situation actuelle, on est tenté de se dire qu'elle illustre à merveille le mot de Stendhal : « le génie du soupçon est venu au monde ». Nous sommes entrés dans l'ère du soupçon. (...)

... La vie à laquelle, en fin de compte, tout en art se ramène (cette « intensité de vie » qui, « décidément, disait Gide, fait la valeur d'une chose ») a abandonné ces formes autrefois si pleines de promesses, et s'est transportée ailleurs. Dans son mouvement incessant qui la fait se déplacer toujours vers cette ligne mobile où parvient à un moment donné la recherche et où porte tout le poids de l'effort, elle a brisé les cadres du vieux roman et rejeté, les uns après les autres, les vieux accessoires inutiles. Les loupes et les gilets rayés, les caractères et les intrigues pourraient continuer à varier à l'infini sans révéler aujourd'hui autre chose qu'une réalité dont chacun connaît, pour l'avoir parcourue en tous sens, la moindre parcelle. Au lieu, comme au temps de Balzac, d'inciter le lecteur à accéder à une vérité qui se conquiert de haute lutte, ils sont une concession dangereuse à son penchant à la paresse — et aussi à celui de l'auteur — à sa crainte du dépaysement. Le coup d'œil le plus rapide jeté autour de lui, le plus fugitif contact, révèlent plus de choses au lecteur que toutes ces apparences qui n'ont d'autre but que de vêtir le personnage de vraisemblance. Il lui suffit de puiser dans le stock immense que sa propre expérience ne cesse de grossir pour suppléer à ces fastidieuses descriptions.

Quant au caractère, il sait bien qu'il n'est pas autre chose que l'étiquette grossière dont lui-même se sert, sans trop y croire, pour la commodité pratique, pour régler, en très gros, ses conduites. Et il se méfie des actions brutales et spectaculaires qui façonnent à grandes claques sonores les caractères ; et aussi de l'intrigue qui, s'enroulant autour du personnage comme une bandelette, lui donne, en même temps qu'une apparence de cohésion et de vie, la rigidité des momies. (...)

... Ce qu'il a appris, chacun le sait trop bien, pour qu'il soit utile d'insister. Il a connu Joyce, Proust et Freud ; le ruissellement que rien au-dehors ne permet de déceler, du monologue intérieur, le foisonnement infini de la vie psychologique et les vastes régions encore à peine défrichées de l'inconscient. Il a vu tomber les cloisons étanches qui séparaient les personnages les uns des autres, et le héros de roman devenir une limitation arbitraire, un découpage conventionnel pratiqué sur la trame commune que chacun contient tout entière et qui capte et retient dans ses mailles innombrables tout l'univers. Comme le chirurgien qui fixe son regard sur l'endroit précis où doit porter son effort, l'isolant du corps endormi, il a été amené à concentrer toute son attention et sa curiosité sur quelque état psychologique nouveau, oubliant le personnage immobile qui lui sert de support de hasard. Il a vu le temps cesser d'être ce courant rapide qui poussait en avant l'intrigue pour devenir une eau dormante au fond de laquelle s'élaborent de lentes et subtiles décompositions ; il a vu nos actes perdre leurs mobiles courants et leurs significations admises, des sentiments inconnus apparaître et les mieux connus changer d'aspect et de nom.

Il a si bien et tant appris qu'il s'est mis à douter que l'objet fabriqué que les romanciers lui proposent puisse recéler les richesses de l'objet réel. Et puisque les auteurs qui pratiquent la méthode objective prétendent qu'il est vain de s'efforcer de reproduire l'infinie complexité de la vie, et que c'est au lecteur de se servir de ses propres richesses et des instruments d'investigation qu'il possède pour arracher son mystère à l'objet fermé qu'ils lui montrent, il préfère ne s'efforcer qu'à bon escient et s'attaquer aux faits réels.

« Le petit fait vrai », en effet, possède sur l'histoire inventée d'incontestables avantages. Et tout d'abord celui d'être vrai. De là lui vient sa force de conviction et d'attaque, sa noble insouciance du ridicule et du mauvais goût, et cette audace tranquille, cette désinvolture qui lui permet de franchir les limites étriquées où le souci de la vraisemblance tient captifs les romanciers les plus hardis et de faire reculer très loin les frontières du réel. Il nous fait aborder à des régions inconnues où aucun écrivain n'aurait songé à s'aventurer, et nous mène d'un seul bond aux abîmes. (...)

... Tous ces sentiments du lecteur à l'égard du roman, l'auteur, il va sans dire, les connaît d'autant mieux que, lecteur lui-même, et souvent assez averti, il les éprouve.

Aussi, quand il songe à raconter une histoire et qu'il se dit qu'il lui faudra, sous l'œil du lecteur, se résoudre à écrire : « La marquise sortit à cinq heures », il hésite, le cœur lui manque, non, décidément, il ne peut pas.

Si, rassemblant son courage, il se décide à ne pas rendre à la marquise les soins que la tradition exige et à ne parler que de ce qui, aujourd'hui, l'intéresse, il s'aperçoit que le ton impersonnel, si heureusement adapté aux besoins du vieux roman, ne convient pas pour rendre compte des états complexes et ténus qu'il cherche à découvrir. Ces états, en effet, sont comme ces phénomènes de la physique moderne, si délicats et infimes qu'un rayon de lumière ne peut les éclairer sans qu'il les trouble et les déforme. Aussi, dès que le romancier essaie de les décrire sans révéler sa présence, il lui semble entendre le lecteur, pareil à cet enfant à qui sa mère lisait pour la première fois une histoire, l'arrêter en demandant : « Qui dit ça ? »

Le récit à la première personne satisfait la curiosité légitime du lecteur et apaise le scrupule non moins légitime de l'auteur. En outre, il possède au moins une apparence d'expérience vécue, d'authenticité, qui tient le lecteur en respect et apaise sa méfiance.

Et puis, personne ne se laisse plus tout à fait égarer par ce procédé commode qui consiste pour le romancier à débiter parcimonieusement des parcelles de lui-même et à les vêtir de vraisemblance en les répartissant, forcément un peu au petit bonheur (car si elles sont prélevées sur une coupe pratiquée à une certaine profondeur, elles se retrouvent, identiques, chez tous) entre des personnages d'où, à son tour, le lecteur, par un travail de décortication, les dégage pour les replacer, comme au jeu de loto, dans les cases correspondantes qu'il retrouve en lui-même.

Aujourd'hui, chacun se doute bien, sans qu'on ait

besoin de le lui dire, que « la Bovary — c'est moi ».
Et puisque ce qui maintenant importe c'est, bien plutôt
que d'allonger indéfiniment la liste des types littéraires,
de montrer la coexistence de sentiments contradictoires
et de rendre, dans la mesure du possible, la richesse et la
complexité de la vie psychologique, l'écrivain, en toute
honnêteté, parle de soi.

(1950)

ALAIN ROBBE-GRILLET

UNE VOIE POUR LE ROMAN FUTUR

Il ne semble guère raisonnable, à première vue, de
penser qu'une littérature *nouvelle* soit un jour — maintenant par exemple — possible. Les nombreuses tentatives qui se sont succédé depuis plus de cinquante ans
pour faire sortir le récit de ses ornières n'ont abouti,
au mieux, qu'à des œuvres isolées. Aucune de ces œuvres,
quel qu'en fût l'intérêt, n'a remporté l'adhésion d'un
public comparable à celui du roman bourgeois. La seule
conception romanesque qui ait cours aujourd'hui est,
en fait, celle de Balzac.

Sans mal on pourrait même remonter jusqu'à Mme de
La Fayette. La sacro-sainte analyse psychologique
constituait, déjà à cette époque, la base de toute
prose : c'est elle qui présidait à la conception du livre,
à la peinture des personnages, au déroulement de l'intrigue. Un *bon* roman, depuis lors, est resté l'étude d'une
passion — ou d'un conflit de passions, ou d'une absence
de passion — dans un milieu donné. La plupart de nos
romanciers contemporains du type traditionnel —
c'est-à-dire ceux qui justement recueillent l'approbation
des consommateurs — pourraient recopier de longs

passages de *la Princesse de Clèves* ou du *Père Goriot*
sans éveiller les soupçons du vaste public qui dévore
leur production. A peine y faudrait-il changer quelque
tournure, ou briser certaines constructions, donner çà
et là le ton particulier de chacun au moyen d'un mot,
d'une image « hardie », d'une chute de phrase... Mais
tous avouent, sans voir là rien d'anormal, que leurs
préoccupations d'écrivains datent de plusieurs siècles.

Pourquoi s'en étonner ? Le matériau — la langue
française — n'a subi que des modifications bien légères
depuis trois cents ans ; et, si la société s'est transformée
peu à peu, si les techniques industrielles ont fait des
progrès considérables, notre civilisation mentale, elle,
est bien restée la même. Nous vivons pratiquement
sur les mêmes habitudes et les mêmes interdits, moraux, alimentaires, religieux, sexuels, hygiéniques, fami-
liaux, etc. Enfin, il y a le « cœur » humain qui — c'est
bien connu — est éternel. Tout est dit et l'on vient trop
tard, etc.

Le risque de telles rebuffades s'accroît encore si l'on
ose prétendre que cette littérature nouvelle non seulement est désormais possible, mais est en train déjà de
voir le jour, et qu'elle va représenter — en s'accom-
plissant — une révolution plus totale que celles d'où
naquirent, jadis, le romantisme ou le naturalisme.

Il y a forcément du ridicule dans une pareille pro-
messe : « Maintenant les choses vont changer ! » Comment feraient-elles pour changer ? Vers quoi iraient-
elles ? Et, surtout, pourquoi maintenant ?

Devant l'art actuel cependant, la lassitude est si
grande — enregistrée et commentée par l'ensemble de
la critique — qu'on imagine mal que cet art puisse survivre bien longtemps sans quelque changement radical.
La solution qui vient à l'esprit de beaucoup est simple :
ce changement est impossible, l'art romanesque est en

train de mourir. Cela n'est pas certain. L'histoire dira,
dans quelques dizaines d'années, si les divers sursauts
que l'on enregistre sont des signes de l'agonie ou du
renouveau.

De toute façon, il ne faudrait pas se faire d'illusions
sur les difficultés d'un bouleversement de ce genre.
Elles sont considérables. Toute l'organisation littéraire
en place (depuis l'éditeur jusqu'au plus modeste lecteur,
en passant par le libraire et le critique) ne peut lutter
que contre la forme inconnue qui tente de s'imposer.
Les esprits les mieux disposés envers l'idée d'une transformation nécessaire, ceux qui sont les plus prêts à
reconnaître la valeur d'une recherche, restent malgré
tout les héritiers d'une tradition. Or, inconsciemment
jugée par référence aux formes consacrées, une forme
nouvelle paraîtra toujours plus ou moins une absence
de forme. (...)

... Le nouveau-né balbutiant sera toujours considéré
comme un monstre, même par ceux que l'expérience
passionne. Il y aura de la curiosité, des mouvements
d'intérêt, des réserves quant à l'avenir. Parmi les
louanges sincères, la plupart s'adresseront aux vestiges
des temps révolus, à tous ces liens que l'œuvre n'aura
pas encore rompus, et qui la tirent désespérément en
arrière.

Car, si les normes du passé servent à mesurer le présent, elles servent aussi à le construire. L'écrivain lui-
même, en dépit de sa volonté d'indépendance, est
en situation dans une civilisation mentale, dans une
littérature — c'est-à-dire celle du passé. Il lui est impossible d'échapper du jour au lendemain à cette tradition dont il est issu. Parfois les éléments qu'il aura le
plus tenté de combattre sembleront s'épanouir au
contraire, plus vigoureux que jamais, dans l'ouvrage
où il pensait leur porter un coup décisif ; et on le félici-

tera, bien entendu, avec soulagement, de les avoir
cultivés avec tant de zèle.

Ainsi les spécialistes du roman (romanciers ou critiques, ou lecteurs trop assidus) seront sans doute ceux
qui éprouveront les plus grandes peines à se dégager
de l'ornière.

Déjà l'observateur le moins « conditionné » ne parvient
pas à voir le monde qui l'entoure avec des yeux libres.
Précisons tout de suite qu'il ne s'agit pas, ici, du naïf
souci d'objectivité, dont les analyseurs de l'âme (subjective) ont beau jeu de sourire. L'objectivité au
sens courant du terme — impersonnalité totale du
regard — est trop évidemment une chimère. Mais
c'est la *liberté* qui devrait du moins être possible, et qui
ne l'est plus, elle non plus. A chaque instant des franges
de culture (psychologie, morale, métaphysique, etc.)
viennent s'ajouter aux choses, leur donnant un aspect
moins étranger, plus compréhensible, plus rassurant.
Parfois le camouflage est complet ; un geste s'efface de
notre esprit au profit des émotions supposées qui lui
auraient donné naissance, nous retenons qu'un paysage
est *austère* ou *calme*, sans pouvoir en citer aucune ligne,
aucun de ses éléments principaux. Même si nous pensons
aussitôt : « c'est de la littérature », nous n'essayons pas
de nous révolter. Nous sommes habitués à ce que
cette *littérature* (le mot est devenu péjoratif) fonctionne
comme une grille, munie de verres diversement colorés,
qui décompose notre champ de perception en petits
carreaux assimilables.

Et si quelque chose résiste à cette appropriation systématique, si un élément du monde crève la vitre, sans
trouver aucune place dans la grille d'interprétation,
nous avons encore à notre service la catégorie commode
de l'absurde, qui absorbera cet encombrant résidu.

Or le monde n'est ni signifiant ni absurde. Il *est*, tout

simplement. C'est là, en tout cas, ce qu'il a de plus
remarquable. Et soudain cette évidence nous frappe avec
une force contre laquelle nous ne pouvons plus rien.
D'un seul coup toute la belle construction s'écroule :
ouvrant les yeux à l'improviste, nous avons éprouvé,
une fois de trop, le choc de cette réalité têtue dont nous
faisions semblant d'être venus à bout. Autour de nous,
défiant la meute de nos adjectifs animistes ou ménagers, les choses *sont là*. Leur surface est nette et lisse,
intacte, mais sans éclat louche ni transparence. Toute
notre littérature n'a pas encore réussi à en entamer le
plus petit coin, à en amollir la moindre courbe.

Les innombrables romans filmés qui encombrent
nos écrans nous offrent l'occasion de revivre à volonté
cette curieuse expérience. Le cinéma, héritier lui aussi
de la tradition psychologique et naturaliste, n'a le
plus fréquemment pour but que de transposer un récit
en images : il vise seulement à imposer au spectateur,
par le truchement de quelques scènes bien choisies, la
signification que les phrases commentaient à loisir
pour le lecteur. Mais il arrive à tout moment que le récit
filmé nous tire hors de notre confort intérieur, vers ce
monde offert, avec une violence qu'on chercherait
en vain dans le texte écrit correspondant, roman ou
scénario.

Chacun peut apercevoir la nature du changement
qui s'est opéré. Dans le roman initial, les objets et les
gestes qui formaient le tissu de l'intrigue disparaissaient
complètement, pour laisser la place à leur seule signification : la chaise inoccupée n'était plus qu'une absence
ou une attente, la main qui se pose sur l'épaule n'était
plus que marque de sympathie, les barreaux de la
fenêtre n'étaient que l'impossibilité de sortir... Et
voici que maintenant on *voit* la chaise, le mouvement
de la main, la forme des barreaux. Leur signification

demeure flagrante, mais, au lieu d'accaparer notre attention, elle est comme donnée en plus ; en trop, même, car ce qui nous atteint, ce qui persiste dans notre mémoire, ce qui apparaît comme essentiel et irréductible à de vagues notions mentales, ce sont les gestes eux-mêmes, les objets, les déplacements et les contours, auxquels l'image a restitué d'un seul coup (sans le vouloir) leur _réalité_.

Il peut sembler bizarre que ces fragments de réalité brute, que le récit cinématographique ne peut s'empêcher de nous livrer à son insu, nous frappent à ce point, alors que des scènes identiques, dans la vie courante, ne suffiraient pas à nous sortir de notre aveuglement. Tout se passe en effet comme si les conventions de la photographie (les deux dimensions, le noir et blanc, le cadrage, les différences d'échelle entre les plans) contribuaient à nous libérer de nos propres conventions. L'aspect un peu inhabituel de ce monde « reproduit » nous révèle, en même temps, le caractère _inhabituel_ du monde qui nous entoure : inhabituel, lui aussi, dans la mesure où il refuse de se plier à nos habitudes d'appréhension et à notre ordre.

A la place de cet univers des « significations » (psychologiques, sociales, fonctionnelles), il faudrait donc essayer de construire un monde plus solide, plus immédiat. Que ce soit d'abord par leur _présence_ que les objets et les gestes s'imposent, et que cette présence continue ensuite à dominer, par-dessus toute théorie explicative qui tenterait de les enfermer dans un quelconque système de référence, sentimental, sociologique, freudien, métaphysique ou autre.

Dans cet univers romanesque futur, gestes et objets seront « là » avant d'être « quelque chose » ; et ils seront encore là après, durs, inaltérables, présents pour toujours et se moquant de leur propre sens, qui cherche en vain à les réduire au rôle d'ustensiles précaires, entre un passé informe et un avenir indéterminé.

Ainsi les objets peu à peu perdront leur inconstance et leurs secrets, renonceront à leur faux mystère, à cette intériorité suspecte que Roland Barthes a nommée le « cœur romantique des choses ». Celles-ci ne seront plus le vague reflet de l'âme vague du héros, l'image de ses tourments, le support de ses désirs. Ou plutôt, s'il arrive encore aux choses d'accepter cette tyrannie, ce ne sera plus qu'en apparence, pour mieux montrer à quel point elles lui restent étrangères.

Quant aux personnages du roman, ils pourront eux-mêmes être riches de multiples interprétations ; ils pourront, selon les préoccupations de chacun, donner lieu à tous les commentaires, psychologiques, psychiatriques, religieux ou politiques. On s'apercevra vite de leur indifférence à l'égard de ces prétendues richesses. Alors que le héros traditionnel est constamment sollicité, accaparé, détruit, par ces « interprétations » que l'auteur lui propose, rejeté sans cesse dans un *ailleurs* immatériel et instable, toujours plus lointain, toujours plus flou, le héros futur, au contraire, demeurera « là ». Et ce sont les commentaires qui resteront « *ailleurs* » ; en face de sa présence irréfutable, ils apparaîtront comme inutiles, superflus, voire malhonnêtes.

Tout cela semblerait peut-être bien théorique, bien illusoire, si précisément quelque chose n'était en train de changer — et même d'une façon totale, sans doute définitive — dans les rapports que nous entretenons avec l'univers. Aussi entrevoyons-nous la réponse à cette question pleine d'ironie : « Pourquoi maintenant ? » Il y a aujourd'hui, en effet, un élément nouveau, qui nous sépare cette fois radicalement de Balzac, comme de Gide ou de Mme de La Fayette : c'est la destitution des vieux mythes de la « profondeur ».

On sait que toute la littérature romanesque reposait sur eux, sur eux seuls. Le rôle de l'écrivain consistait traditionnellement à creuser la Nature, à *l'approfondir*, pour atteindre des couches de plus en plus intimes et finir par mettre au jour quelque bribe d'un secret troublant. Descendu dans l'abîme des passions humaines, il envoyait au monde tranquille en apparence (celui de la surface) des messages de victoire décrivant les mystères qu'il avait touchés du doigt. Et le vertige sacré qui envahissait alors le lecteur, loin d'engendrer l'angoisse ou la nausée, le rassurait au contraire quant à son pouvoir de domination sur le monde. Il y avait des gouffres, certes, mais, grâce aux vaillants spéléologues, on pouvait en sonder le fond.

Il n'est pas étonnant, dans ces conditions, que le phénomène littéraire par excellence ait résidé dans cet adjectif, global et unique, qui tentait de rassembler toutes les qualités internes, toute l'*âme* cachée des choses. Le mot fonctionnait ainsi comme un piège où l'écrivain enfermait l'univers pour le livrer à la société.

La révolution qui s'est accomplie est de taille : non seulement nous ne considérons plus le monde comme notre bien, notre *propriété* privée, calquée sur nos besoins et domesticable, mais par surcroît nous ne croyons plus à cette « profondeur ».

Tandis que les conceptions essentialistes de l'homme voyaient leur ruine, l'idée de « condition » remplaçant désormais celle de « nature », la *surface* des choses a cessé d'être pour nous le masque de leur « cœur » (porte ouverte aux pires « au-delà » de la métaphysique).

C'est donc tout le langage littéraire qui devrait changer, qui déjà change ? Nous constatons, de jour en jour, la répugnance croissante des plus conscients devant le mot à caractère viscéral, analogique, ou incantatoire. Cependant que l'adjectif optique, descriptif, celui qui

se contente de mesurer, de situer, de limiter, de définir,
montre probablement le chemin difficile d'un nouvel
art romanesque.

(1956)

MICHEL BUTOR
LE ROMAN COMME RECHERCHE

I

Le roman est une forme particulière du récit.

Celui-ci est un phénomène qui dépasse considérablement le domaine de la littérature ; il est un des constituants essentiels de notre appréhension de la réalité. Jusqu'à notre mort, et depuis que nous comprenons des paroles, nous sommes perpétuellement entourés de récits, dans notre famille tout d'abord, puis à l'école, puis à travers les rencontres et les lectures.

Les autres, pour nous, ce n'est pas seulement ce que nous en avons vu de nos yeux, mais ce qu'ils nous ont raconté d'eux-mêmes, ou ce que d'autres nous en ont raconté ; ce n'est pas seulement ceux que nous avons vus, mais aussi tous ceux dont on nous a parlé.

Ceci n'est pas seulement vrai des hommes, mais des choses même, des lieux, par exemple, où je ne suis pas allé mais que l'on m'a décrits.

Ce récit dans lequel nous baignons prend les formes les plus variées, depuis la tradition familiale, les renseignements, que l'on se donne à table sur ce que l'on a fait le matin, jusqu'à l'information journalistique ou l'ouvrage historique. Chacune de ces formes nous relie à un secteur particulier de la réalité.

Tous ces récits véridiques ont un caractère en com-

mun, c'est qu'ils sont toujours en principe vérifiables.
Je dois pouvoir recouper ce que m'a dit un tel par des
renseignements venus d'un autre informateur, et ceci
indéfiniment ; sinon, je me trouve devant une erreur
ou une fiction.

Au milieu de tous ces récits grâce auxquels se constitue
en grande partie notre monde quotidien, il peut y en
avoir qui sont délibérément inventés. Si, pour éviter
toute méprise, on donne aux événements racontés des
caractéristiques qui les distinguent d'emblée de tous
ceux auxquels nous avons l'habitude d'assister, nous
nous trouvons devant une littérature fantastique,
mythes, contes, etc. Le romancier, lui, nous présente des
événements quotidiens, il veut leur donner le plus
possible l'apparence de la réalité, ce qui peut aller
jusqu'à la mystification (Defoe).

Mais ce que nous raconte le romancier est invérifiable
et, par conséquent, ce qu'il nous en dit doit suffire à lui
donner cette apparence de réalité... A partir du moment où un écrivain met sur la couverture de son livre
le mot roman, il déclare qu'il est vain de chercher (toute
espèce) de confirmation. (...)

... Alors que le récit véridique a toujours l'appui, la
ressource d'une évidence extérieure, le roman doit
suffire à susciter ce dont il nous entretient. C'est pourquoi il est le domaine phénoménologique par excellence,
le lieu par excellence où étudier de quelle façon la réalité
nous apparaît ou peut nous apparaître ; c'est pourquoi
le roman est le laboratoire du récit.

II

Le travail sur la forme dans le roman revêt dès lors
une importance de premier plan.

En effet, peu à peu, en devenant publics et historiques

les récits véridiques se fixent, s'ordonnent, et se rédui-
sent, selon certains principes (ceux-là mêmes de ce
qu'est aujourd'hui le roman « traditionnel », le roman
qui ne se pose pas de question). A l'appréhension primitive s'en substitue une autre incomparablement moins
riche, éliminant systématiquement certains aspects ;
elle recouvre peu à peu l'expérience réelle, se fait passer
pour celle-ci, aboutissant ainsi à une mystification généralisée. L'exploration de formes romanesques différentes révèle ce qu'il y a de contingent dans celle à
laquelle nous sommes habitués, la démasque, nous en
délivre, nous permet de retrouver au-delà de ce récit
fixé tout ce qu'il camoufle ou qu'il tait, tout ce récit
fondamental dans lequel baigne notre vie entière.

D'autre part, il est évident que la forme étant un
principe de choix (et le style à cet égard apparaît
comme un des aspects de la forme, étant la façon dont
le détail même du langage se lie, ce qui préside au choix
de tel mot ou de telle tournure plutôt que de telle autre),
des formes nouvelles révéleront dans la réalité des choses
nouvelles, des liaisons nouvelles, et ceci, naturellement,
d'autant plus que leur cohérence interne sera plus
affirmée par rapport aux autres formes, d'autant plus
qu'elles seront plus rigoureuses.

Inversement, à des réalités différentes correspondent
des formes de récits différentes. Or, il est clair que le
monde dans lequel nous vivons se transforme avec une
grande rapidité. Les techniques traditionnelles du récit
sont incapables d'intégrer tous les nouveaux rapports
ainsi survenus. Il en résulte un perpétuel malaise ; il
nous est impossible d'ordonner dans notre conscience
toutes les informations qui l'assaillent parce que nous
manquons des outils adéquats.

La recherche de nouvelles formes romanesques dont
le pouvoir d'intégration soit plus grand joue donc un

triple rôle par rapport à la conscience que nous avons
du réel : de dénonciation, d'exploration et d'adaptation.
Le romancier qui se refuse à ce travail, ne bouleversant
pas d'habitudes, n'exigeant de son lecteur aucun effort
particulier, ne l'obligeant point à ce retour sur soi-
même, à cette mise en question de positions depuis
longtemps acquises, a certes, un succès plus facile,
mais il se fait le complice de ce profond malaise, de
cette nuit dans laquelle nous nous débattons. Il rend
plus raides encore les réflexes de la conscience, plus difficile son éveil, il contribue à son étouffement, si bien
que même s'il a des intentions généreuses, son œuvre
en fin de compte est un poison.

L'invention formelle dans le roman, bien loin de
s'opposer au réalisme comme l'imagine souvent une
critique à courte vue, est la condition *sine qua non* d'un
réalisme plus poussé.

III

Mais la relation du roman à la réalité qui nous entoure
ne se réduit pas au fait que ce qu'il nous décrit se présente comme un fragment illusoire de celle-ci, fragment
bien isolé, bien maniable, qu'il est donc possible d'étudier
de près. La différence entre les événements du roman
et ceux de la vie, ce n'est pas seulement qu'il nous est
possible de vérifier les uns, tandis que les autres nous
ne pouvons les atteindre qu'à travers le texte qui les
suscite. Ils sont aussi, pour rendre l'expression courante,
plus « intéressants » que les réels. L'émergence de ces
fictions correspond à un besoin, remplit une fonction.
Les personnages imaginaires comblent les vides de la
réalité et nous éclairent sur celle-ci. (...)

... Cette application du roman à la réalité est d'une
extrême complexité, et son « réalisme », le fait qu'il se

présente comme fragment illusoire du quotidien, n'en
est qu'un aspect particulier, celui qui nous permet de
l'isoler comme genre littéraire.

J'appelle « symbolisme » d'un roman l'ensemble des
relations qu'il nous décrit avec la réalité où nous vivons...
Le symbolisme externe du roman tend à se réfléchir
dans un symbolisme interne, certaines parties jouant
par rapport à l'ensemble le même rôle que celui-ci par
rapport à la réalité.

IV

Cette relation générale de la « réalité » décrite par le
roman à la réalité qui nous entoure, il va de soi que
c'est elle qui détermine ce que l'on appelle couramment
son thème ou son sujet, celui-ci apparaissant comme
une réponse à une certaine situation de la conscience.
Mais ce thème, ce sujet, ne peut se séparer de la façon
dont il est présenté, de la forme sous laquelle il s'exprime. A une nouvelle situation, à une nouvelle conscience de ce qu'est le roman, des relations qu'il entretient avec la réalité, de son statut, correspondent donc
des formes nouvelles à quelque niveau que ce soit,
langage, style, technique, composition, structure. Inversement, la recherche de formes nouvelles, révélant de
nouveaux sujets, révèle des relations nouvelles.

A partir d'un certain degré de réflexion, réalisme,
formalisme et symbolisme dans le roman apparaissent
comme constituant une indissociable unité. (...)

... Il résulte de tout ceci que toute véritable transformation de la forme romanesque, toute féconde recherche dans ce domaine, ne peut que se situer à l'intérieur d'une transformation de la notion même de
roman, qui évolue très lentement mais inévitablement
(toutes les grandes œuvres romanesques du xxᵉ siècle

sont là pour l'attester) vers une espèce nouvelle de poésie à la fois épique et didactique.

A l'intérieur d'une transformation de la notion même de littérature qui se met à apparaître non plus comme simple délassement ou luxe, mais dans son rôle essentiel à l'intérieur du fonctionnement social, et comme expérience méthodique.

(1955)

PHILIPPE SOLLERS

LE ROMAN ET L'EXPÉRIENCE DES LIMITES

(...) Nous appellerons *roman* le discours incessant, inconscient, mythique des individus. Par là nous voulons dire que ce discours relève d'une interprétation tendant à faire ressortir ses *déterminations*, alors qu'il est officiellement déclaré spontané, naturel. L'inconscient, qu'on le veuille ou non, est désormais au cœur de notre existence et c'est pourquoi les déclarations optimistes sur la « création » ne trouvent plus en nous que des auditeurs sceptiques. Nous abordons sans doute une période d'interprétation générale à laquelle aucun domaine ne restera étranger, le langage moins que tout autre puisque, justement, c'est lui dont la venue insistante au premier plan de notre attention devrait entraîner une révision globale de nos connaissances. Il apparaît de plus en plus nécessaire, par exemple, de ne plus considérer la littérature seulement dans le temps, mais également, pour ainsi dire, *dans l'espace*, dans son *sens* et sa *fonction*, c'est-à-dire à ses différents niveaux d'énonciation plus ou moins constants. Cela suppose que nous avons le *droit* d'exiger des

écrivains une attitude critique et pratiquement scientifique vis-à-vis d'eux-mêmes, en rupture définitive
avec l'individualisme du prétendu créateur de formes.
Il n'y a pas de formes innocentes, de formes brutes,
originelles, pures, immédiates, populaires, premières
ou dernières, il n'y a pas de degré zéro de la signification. Il n'y a donc pas de roman « vrai » ou « réaliste »
a priori, à quelque degré qu'on veuille le prendre, que
ce soit le plus apparent ou le plus profond. Cette distinction entre superficiel et caché est d'ailleurs devenue
incompréhensible, comme toutes les classifications ar-
bitraires de type dualiste (intérieur-extérieur, pensée-
vie, imaginaire-réel, bien-mal, dieu-diable, etc.), et la
difficulté pour nous, dans cette phase de transition qui
est la nôtre, est évidemment de pouvoir nous situer en
dehors de ces distinctions et des limites qu'elles font
jouer à notre insu de façon permanente. Le roman, le
genre littéraire appelé roman, nous pourrions dire ainsi
qu'il a survécu longtemps comme fiction inoffensive à
condition d'ignorer hypocritement l'événement le
plus considérable de son histoire, et le romancier qui,
d'avance détruisait la laborieuse production des personnages, des intrigues, des niaiseries sociales ou psychologiques : cet événement, le romancier qui lui donne
son nom (et qui est d'ailleurs l'auteur d'une *Idée sur
les romans* où nous pouvons lire : « quand les *écarts*
même de l'homme ne lui paraissent plus que des *erreurs*
légitimées par ses études, ne doit-on pas alors lui parler
avec la même énergie qu'il emploie à se conduire ? »),
cet événement et ce romancier furent exclus dans la
mesure même où, à notre avis, ils montraient sous le
jour le plus clair, dans le langage le plus clair et le plus
ferme, la tartuferie romanesque de toute une culture.
Nous voulons parler bien entendu de Sade. Sade est
pour nous le feu où jeter, aujourd'hui encore, la plupart

des romans. Mais il est à craindre que, malgré les pré-
cisions apportées à ce sujet par la pensée de notre époque, le langage de Sade, ne soit encore plus longtemps
illisible dans sa véritable perspective qui est celle, non
pas d'une sexualité pathologique, mais de la volonté de
tout dire. Maurice Blanchot, récemment, rappelait cette
phrase admirable de Sade : « A quelque point qu'en
frémissent les hommes, la philosophie doit tout dire. »
Telle pourrait être aussi la définition de la littérature.
Tout dire, cela signifierait d'ailleurs aujourd'hui bien
autre chose qu'une sorte de verbalisation indéfinie et
manifestement scandaleuse ; tout dire, et il n'y a là
aucun paradoxe, ce serait plutôt se refuser énergique-
ment à dire quoi que ce soit *mais en le disant*, ou encore
dénoncer cette verbalisation dans la mesure où elle couvre et justifie sans cesse la mystification romanesque.
Cette position entraîne aussitôt, on le voit, un choix des
plus concrets :

— ou bien nous acceptons en tant qu'individus sociaux (et au-delà de la simple nécessité matérielle) la
garantie de réalité que nous donne cette société en
échange d'un abandon implicite de toute revendication fondamentale (de toute atteinte aux principes de
cette société) — et dans ce cas le langage devient pour
nous un phénomène secondaire, c'est « l'art » ;

— ou bien nous décidons de nous vivre nous-mêmes et
quoi qu'il nous en coûte comme *fiction*, et c'est alors
que se produit un renversement décisif, scandaleux
sans doute, mais dont la nature singulière constitue l'expérience littéraire. La littérature n'est rien si elle ne
touche pas ce renversement.

Nous parlons ici d'une expérience qui fonde la mise en
question du roman comme *expression* et par consé-

quent de la vie qui nous est donnée. Pour essayer d'en avoir idée, nous devons sortir de l'espace clos de la culture, de nos habitudes, de notre sommeil. L'opinion commode et frivole qui veut qu'une telle expérience n'intéresserait que celui qui la vit (c'est-à-dire « l'auteur ») dévoile ici le contresens sur lequel elle repose. Car la dimension nouvelle du livre dont nous avons parlé, nouvelle et cependant présente en lui depuis toujours, cette dimension qu'il semble s'être donné désormais pour tâche explicite de découvrir comme en sortant de lui-même, en se redoublant, c'est au contraire son *lecteur*, son lecteur *présent* et, avec lui, le drame de la communication posée, avouée, décrite. Il est significatif que ce soit justement sur cette communication que les interdits les plus forts soient jetés : tantôt l'accent est mis sur l'auteur comme personnage, un auteur dont les œuvres ne feraient en somme que confirmer l'existence mythologique ; tantôt — mais c'est souvent du même mouvement — se constitue une sorte de fétichisme de l'œuvre comme dogme et comme absolu. D'un côté nous avons l'auteur sans œuvre, de l'autre, l'œuvre sans lecteur. Or il est élémentaire de faire remarquer

— qu'un auteur n'est pas vraiment la cause de ce qu'il écrit, mais bien plutôt son produit ; qu'il se rend donc sans cesse virtuel et pluriel par rapport à son écriture ;

— qu'une œuvre n'existe par elle-même que virtuellement et que son actualisation (ou sa production) dépend de ses lectures et des moments où ces lectures s'accomplissent activement.

(...) Quand Breton écrit en 1953 : « On n'a pas assez insisté sur le sens et la portée de l'opération qui tendait à rendre le langage à sa vraie vie, soit bien mieux que de remonter de la chose signifiée au signe qui lui survit, ce qui s'avérerait d'ailleurs impossible, de se reporter d'un bond à la naissance du signifiant », il fait apparaître un événement jusque-là trop négligé qui permet à Blanchot d'écrire par exemple : « La recherche de la littérature est la recherche de ce moment qui la précède. » Or cet événement entraîne la dénonciation du prétendu *réalisme* (de quelque nom qu'il se travestisse, qu'il soit naturaliste ou mental), ce préjugé qui consiste à croire qu'une écriture doit *exprimer* quelque chose qui ne serait pas donné dans cette écriture, quelque chose sur quoi l'unanimité pourrait être réalisée immédiatement. Mais il faut bien voir que cet accord ne peut porter que sur des conventions préalables, la notion de *réalité* étant elle-même une convention et un conformisme, une sorte de contrat tacite passé entre l'individu et son groupe social : est déclaré réel, dans des circonstances historiques données, ce que le plus grand nombre à travers le nombre au pouvoir, et pour des raisons économiques précises, est obligé de tenir pour réel. Ce réel, d'autre part, n'est pas manifesté ailleurs que dans un langage, et le langage d'une société, ses mythes, est ce qu'elle décide être sa réalité. Telle est d'ailleurs la raison pour laquelle les discussions sur le réalisme peuvent être interminables, chacun croyant de bonne et de mauvaise foi être plus réaliste que l'autre. Au fond, la censure sociale que nous subissons pourrait être définie ainsi : ce que notre société doit empêcher par son réseau de codes, son obsession monétaire, sa législation, sa *littérature*, c'est la prise de conscience du fait que nous sommes des signes parmi d'autres, des signes producteurs de signes. (...) C'est donc à l'intérieur du langage reconnu en quelque sorte mathématiquement comme étant notre *milieu de transformation*, que nous devons poser le problème qui nous occupe — c'est-à-dire en dehors de la notion de *personnage* (dans la mesure où

vous, acteurs, auteurs et lecteurs de cette vie, vous vous
prenez pour des personnages, vous cédez à la mythologie de notre société, vous vous identifiez à une identité
dérisoirement limitée qui n'est pas la vôtre) ; en dehors
de la notion de *produit* (dans la mesure où vous valori-
sez le produit, vous posez l'existence du musée et, tôt
ou tard, de l'académie ; vous favorisez la collection de
choses arrêtées et figées dans la pseudo-éternité de la
valeur, alors que ce que nous cherchons devrait nous
entraîner au delà de toute valeur).

Nous voyons donc que la question essentielle n'est
plus aujourd'hui celle de l'*écrivain* et de l'*œuvre* (encore
moins de « l'œuvre d'art »), mais celle de l'*écriture* et de
la *lecture*, et qu'il nous faut par conséquent définir un
nouvel espace où ces deux phénomènes pourraient être
compromis comme réciproques et simultanés, un espace
courbe, un milieu d'échanges et de réversibilité où nous
serions enfin du même côté que notre langage. (...)

(1965)

JEAN PIERRE FAYE

LE RÉCIT HUNIQUE

(...) Toute écriture, évidemment, n'est pas roman...
Toute écriture n'est pas « littérale » ou « littéraire ».
Autour de nous, sous nos yeux, passe le grand filet d'une
sorte d'écriture généralisée, qui découpe et articule le
monde, et en vient finalement à le produire tel qu'il
est... au moment où nous parlons. Ceux qui ont lu cette
grande narration des aventures de la marchandise,
intitulée *le Capital*, se le rappellent sûrement : jamais le
travail humain n'aurait produit les marchandises —
c'est-à-dire tous les objets humains — s'il n'avait été

enveloppé et lié de façon initiale par une action étrange
et invisible qui a nom l'appropriation, et qu'il s'agit
justement de transformer. L'appropriation ou, si l'on
aime mieux, la propriété. Ou encore le contrat. Autrement dit, pour parler comme le maître de Marx, **la**
déclaration, le signe, le langage, qui est « le moyen le
plus digne de représenter l'esprit », qui, plus littérale-
ment, « donne les éléments les plus dignes de la représentation ». Mais le contrat, pour être précis, qu'est-ce
que c'est ? Simplement ce double récit simultané, qui
accompagne la communication la plus égale, celle qui
fonde la parole : l'échange. Je te donne ces mots en
même temps que ces objets, afin d'être sûr que l'échange
vienne signifier la même chose, pour toi et pour moi.
Afin d'être certain que tu « penses » la même chose que
moi en ce moment.

Mais, bien entendu personne ne « pense » la même
chose, au moment de l'échange des langages. Et justement parce que, en deçà de cette convention tout algé-
brique (qui se résume en contrat), il y a l'instant vrai en
train de passer, pour cela il y a — le roman.

Ainsi le conte du *Château*, c'est ce contrat de travail
jamais exécuté. Parce que passe entre les termes opposés
du contrat un écart grandissant — et c'est dans cet in-
tervalle entre les écritures (au sens du greffier) que se
meut K. De son côté, du côté de Guermantes, Mᵐᵉ de Villeparisis a pareillement enfreint, à son insu, les termes
d'un contrat qui est comme on dit non écrit, mais que
lit fort bien « telle snob comme Mᵐᵉ Leroi », lorsqu'elle
se borne à lui corner un carton en allant chez les Guermantes, de peur de se déclasser en entrant dans son
salon. Ce contrat, c'est celui qui assure l'admission dans
le saint des saints, le Faubourg St-Germain. Quelles sont
les causes de la déchéance de Mᵐᵉ de Villeparisis, se
demande le narrateur. Sa « mauvaise langue » ? Sa liai-

son avec M. de Norpois, et le scandale, la rumeur ?
Bien plutôt, quelque chose de plus insaisissable et de
plus linguistique ou langagier également : les « qualités
littéraires » de sa conversation et de ses « traits acérés ».
Pour restaurer le contrat et rétablir sa situation, note
Marcel, Mme de Villeparisis aurait maintenant *troqué*
telles paroles que lui avait jadis adressées la reine Marie-
Amélie (« Je vous aime comme ma fille »), contre le
droit permanent d'être invitée que possédait, par exemple, Mme Leroi. Cette Mme Leroi qui, au contraire
d'elle, ne parlait pas outre mesure. Qui répondait, à une
indiscrète question : L'amour, je le fais souvent, mais
je n'en parle jamais.

Mais Mme de Villeparisis a beau faire, vivre sous sa
perruque blanche dans la plus grande réserve, elle ne
retrouvera pas son rang. La vérité d'ailleurs est sans
doute qu'elle ne le souhaite pas : car à tout moment nous
travaillons « à donner forme à notre vie, mais en co-
piant malgré nous comme un dessin les traits de la personne que nous sommes et non de celle qu'il nous serait
agréable d'être ». Le contrat ou le troc de paroles qui
donne à toute l'existence solide armature et armure —
car l'argent même, raconte Marx, le dur argent n'est que
ce « cristal spontanément formé dans les échanges » —
tout cela est secrètement tramé par ce dessin des
traits qu'on ne voit pas.

« *Physique* » du récit.

La voilà donc, l'écriture littérale, l'écriture sur le vif
dessinant, par opposition à la langue stéréotypée qui
transmet les informations déjà codées. Elle ne travaille
pas sur les mots, ainsi qu'on le dit volontiers. Encore
moins sur « les mots renvoyant aux mots » (...) Elle
prend au vol ce dessin qui passe entre mots et choses,

ce fil magnétique et courant qui met la flamme dans les
choses, et par quoi le monde vient s'annoncer. Si elle
peut dire le paysage, le *landscape*, c'est par cet *inscape* en
effet, comme disait Hopkins : ce profil vite saisi les
yeux fermés — ou les yeux ouverts sur les présences, et
en filigrane par-dessus, et rendant inflammable leur
tissu. Et c'est pourquoi elle seule a quelque chance de
capter ce médium unique et sans fin, qui tire l'action
avec lui. De saisir à son départ même l'émission active du
récit, et la production d'une action par lui.

Mais à l'écoute de ce récit et aux aguets devant ce
tracé, elle n'a que faire des bonnes vieilles règles du jeu.
D'abord, elle doit pouvoir dire *par* ses omissions : le
pictogramme brûlant est fait de segments interrompus,
elle n'a pas à les relier entre eux. Comme l'écriture
égyptienne, le pictogramme vivant est composite ; il
est cette écriture d'images, de mouvements, de sons,
pleine de vide, d'échappées, de trous. Et justement le
récit agit *par* ses lacunes mêmes, elles n'ont donc pas
à être comblées. Avec lui l'écriture doit donc s'aigui-
ser, il lui faut donc couper au-dessous de la narration.

Mais ensuite elle déborde celle-ci de tous les côtés.
Car sa propagation ne se fait pas au long de la ligne, et
rien ne l'arrête aux bords du livre. Fût-ce le livre mal-
larméen. A moins d'entendre par là ce texte ou tissu in-
terrompu et lacunaire par quoi nous nous mouvons et
nous sommes. Et dont la propagation n'admet pas de
fin. Pas même celle d'une succession et d'un développement de tonalité, Suite en si ou Recherche du temps
perdu ; moins encore d'une convergence fuguée, à la
façon de Manhattan Transfer, et de « USA ». Car cette
propagation n'a pas de terme ou de somme convergente,
mais seulement des recoupements : fortuits, divergeant
en tous sens. Le récit unique en lacis peut traverser plusieurs livres *latéralement*.

Et nulle part en effet ce récit actif ne se manifeste davantage qu'à ses intersections : c'est là que le langage, masse nulle, peut déclencher de massives énergies. C'est là qu'on le voit : la fonction-langage ne se ramène pas aux mots, aux mots de la futile conversation. Elle n'est pas forcément monologue, et elle n'est pas « intérieure », puisqu'elle s'articule ici, sous les yeux. Abstraite parce que brève, concrète parce que — aiguë. Qu'elle soit esquisse en courant n'exclut pas la précision des effets. Car ses déclenchements engagent les rapports entre les récitants. Entre ces animaux parlants qui ont deux pieds et deux mains, et qui voient, même munis d'un bandeau sur les yeux. Entre ces narrateurs « humains », s'il faut dire cet adjectif qui va sans dire, mais qui satisfait des complaisances bien curieuses. (Il faut se rappeler pourtant que dans l'écriture de l'ancienne Égypte, le verbe « exister » est figuré, non par un homme, mais par une sorte de lapin ou de lièvre couché...) Mais entre ces mouvements des récitants humains les rapports ne sont jamais sans danger : le seul fait que l'un reste ici, et dise ainsi, peut condamner un autre à mort là-bas, à son insu. La mort est ce mouvement-limite, que la narration atteint sans le dépasser.

Ce qu'il nous faut explorer ? Ce ne sont pas les choses car physiques et chimies sont là pour cela. Ni l'imaginaire, car on le savait bien, il n'existe pas... Mais *par la* fiction — car elle seule laisse percevoir le tracé imaginaire et l'émetteur caché — ce que nous avons sans cesse à découvrir et inventer, c'est cette sorte de « physique » du sens, — d'énergétique du récit. « Physique » sans nature. Qui de toute évidence, quoi qu'ait pu naïvement en penser le naturalisme obstiné, ne fonctionne pas comme la physique des lois naturelles. Bien plutôt, elle diffère de celle-ci un peu comme les singulières machines de *Locus solus* diffèrent de celles de Jules Verne : non plus machines à produire ou transmettre le mouvement, mais machines à stocker le sens. Tel ce cerveau de Danton, plongé dans l'eau diamantaire sous sa vitre de diamant, déconnecté et rebranché, répétant un discours illimité. Autour de nous les cités de la modernité, branchées en tous sens et partiellement déconnectées, sont ces machines à stocker, à transmettre — à inventer le procès du récit. (...)

(1966)

J. M. G. LE CLÉZIO

ÉCRIRE

Écrire, ça doit sûrement servir à quelque chose. Mais à quoi? Ces petits signes tarabiscotés qui avancent tout seuls, presque tout seuls, qui couvrent le papier blanc, qui gravent sur les surfaces planes, qui dessinent l'avancée de la pensée. Ils rognent. Ils ajustent. Ils caricaturent. Je les aime bien, ces armées de boucles et de pointillés. Quelque chose de moi vit en eux. Même s'ils n'ont pas de perfection, même s'ils ne communiquent pas vraiment, je les sens qui tirent vers moi la force de la réalité. Avec eux, tout se transforme en histoires, tout avance vers sa fin. Je ne sais pas quand ils s'arrêteront. Leurs contes sont vrais, ou faux. Ça m'est égal. Ce n'est pas pour ça que je les écoute. Ils me plaisent, et c'est avec plaisir que je me laisse tromper par le rythme de leur marche, que j'abandonne tout espoir de les comprendre un jour.

Écrire, si ça sert à quelque chose, ce doit être à ça : à témoigner. A laisser ses souvenirs inscrits, à déposer doucement, sans en avoir l'air, sa grappe d'œufs qui fermenteront. Non pas à expliquer parce qu'il n'y a peut-être rien à expliquer; mais à dérouler parallèlement. L'écrivain est un faiseur de paraboles. Son univers ne naît pas de l'illusion de la réalité, mais de la réalité de la fiction. Il avance ainsi, splendidement aveugle, par à-coups, par duperies, par mensonges, par minuscules complaisances. Ce qu'il crée n'est pas créé pour toujours. Ça doit avoir la joie et la douleur des choses mortelles. Ça doit avoir la puissance de l'imperfection. Et ça doit être doux à écouter, doux et émouvant comme une aventure imaginée. S'il pose des jalons, ce ne sont pas ceux de la vie humaine. Comme une formule d'algèbre, il réduit le monde à l'expression de figures en relation avec un quelconque système cohérent. Et le problème qu'il pose est toujours résolu. L'écriture est la seule forme parfaite du temps. Il y avait un début, il y aura une fin. Il y avait un signe, il y aura une signification. Puérile, délicate, tendre comédie du langage. Monde extrait, dessin accompli. Volonté implacable, éternelle avancée des armées de petits signes mystérieux qui s'ajoutent et se multiplient sur le papier. Qu'y a-t-il là ? Qu'est-ce qui est marqué ? Est-ce moi ? Ai-je fait rentrer le monde enfin dans un ordre ? Ai-je pu le faire tenir sur un seul petit carré de matière blanche ? L'ai-je ciselé ? Non, non, ne pas se tromper là-dessus : je n'ai fait que raconter des légendes des hommes.

Les formes que prend l'écriture, les genres qu'elle adopte ne sont pas tellement intéressants. Une seule chose compte pour moi : c'est l'acte d'écrire. Les structures des genres sont faibles. Elles éclatent facilement. Les lecteurs et les critiques se laissent abuser par ces formes : ils ne veulent pas juger des individus, mais des œuvres. Des œuvres ! Est-ce que cela existe ?

Évidemment les genres littéraires existent, mais ils n'ont aucune importance. Ils ne sont que des prétextes. Ce n'est pas en voulant faire un roman qu'on fait de

l'art. Ce n'est pas parce qu'on appelle son livre « poèmes »
qu'on est un poète. C'est en faisant de l'écriture, de
l'écriture pour soi et pour les autres, sans autre visée
que d'être soi, qu'on atteint l'art.

De plus en plus, actuellement, on tend vers une
expression unique de l'art, qui doit être quelque chose
comme une approche de la conscience humaine. L'affabulation se risque vers la science, et la science retrouve
les mythes. Avant toute spéculation formelle, c'est
l'aventure d'être vivant qu'on veut exprimer.

Mais le problème du « genre » est aussi plus important
qu'il n'en a l'air, parce que, pour trop de gens, il y a un
snobisme du genre comme il y a un snobisme de la mode
vestimentaire. On déclare n'aimer que le roman (et
dans le roman, qu'un seul « genre », le policier, etc.),
ou n'être sensible qu'à la poésie. Et tel poème, s'il portait sur sa couverture le mot « nouvelle » ou « récit »,
ne connaîtrait pas la même faveur de la part des initiés.
Ou bien, un critique portera sur un livre un jugement
péremptoire affirmant que ce ne saurait être « un bon
roman ». Couverture facile qui sert à rapporter à une
entité ce qui ne devrait être jugé qu'individuellement.
Dogmatisme, inconsistance qui dissimule le vide. Le
mensonge obtus du langage des hommes, ce n'est pas
qu'il essaie de créer des liens précaires, ou qu'il s'aveugle
sur l'essentielle solitude. C'est qu'il n'accepte pas
d'aller avant, d'aller profond et vite dans le cœur de la
communication. Là où les hommes sont dupes, ce n'est
pas quand ils tentent de s'appeler ; c'est quand ils
refusent de le faire en criant. C'est quand ils se con-
tentent des structures superficielles alors qu'il faudrait
fouiller au plus tragique, au plus vrai, pour trouver le
langage déchirant qui soulève les émotions et transforme peut-être la nuit en ombre. (...)

(1967)

INDEX DES NOMS CITÉS

Table 315

Table 317